Nuestras vidas anteriores

TOM SHRODER

NUESTRAS VIDAS ANTERIORES

PRUEBAS CIENTÍFICAS DE LA EXISTENCIA DE VIDAS PASADAS

Traducción de
Elvira Heredia Gracia

PLAZA & JANÉS EDITORES, S.A.

Título original: *Old Souls*

Primera edición en U.S.A.: julio, 2000

© 1999, Thomas Shroder
Publicado por acuerdo con Simon & Schuster, Inc.
Todos los derechos reservados.
© de la traducción: Elvira Heredia
© 2000, Plaza & Janés Editores, S. A.
Travessera de Gràcia, 47-49. 08021 Barcelona

Printed in Spain – Impreso en España

ISBN: 0-553-06118-6

Distributed by B.D.D.

Para Lisa

Índice

PRIMERA PARTE: PRÓLOGO. NIÑOS QUE RECUERDAN VIDAS ANTERIORES   13
1. La pregunta 15
2. Sólo se vive una vez 19
3. El hombre oculto tras el telón 33

SEGUNDA PARTE: BEIRUT. NIÑOS DE LA GUERRA 43
4. El libro de Daniel 45
5. La velocidad es mortal 71
6. El amor de su vida 87
7. El hereje 107
8. En nombre de la familia 123
9. Nueva Jersey, un estado mental 135
10. Detener un tren 155
11. La última pregunta 161

TERCERA PARTE: INDIA. NIÑOS DE LA POBREZA . . . 167
12. El lechero 169
13. Una ciudad de cristal y *glamour* 189
14. Marcado de por vida 201
15. Sumitra ya no vive aquí 221

CUARTA PARTE: ESTADOS UNIDOS. NIÑOS DEL VECINDARIO 237
16. Un territorio llamado Dixie 239
17. Los límites de la ciencia 249
18. Crisálida 265

AGRADECIMIENTOS 279
BIBLIOGRAFÍA SELECCIONADA 281
ACERCA DEL AUTOR 283

Hay más cosas en el cielo y la tierra, Horacio,
que cuantas se sueñan en nuestra filosofía.

SHAKESPEARE
Hamlet, acto I, escena 5

Niños que recuerdan vidas anteriores

1

La pregunta

Es tarde, casi ha oscurecido. Mientras el Maruti[1] avanza a trompicones por el estrecho camino de tierra lleno de baches, lo más parecido a una carretera asfaltada en el interior de la India, la luz de los faros corta la densa cortina de humo procedente de las miles de hogueras de carbón orgánico encendidas al atardecer. Estamos todavía muy lejos del hotel, un islote de comodidad del Primer Mundo en medio de este océano subdesarrollado del Tercer Mundo, y la posibilidad de no alcanzar nuestro destino es tan escalofriante como la imagen del camión destartalado que, cargado hasta los topes, se aproxima hacia nosotros por el centro de la carretera como un camicace. Cumpliendo religiosamente la ley del embudo que rige la conducción en la India (los vehículos más grandes tienen preferencia frente a los pequeños), el hábil conductor de nuestro Maruti gira bruscamente el volante para evitar la colisión y nos salimos de la carretera. Sin dar crédito a lo ocurrido, respiro profundamente y, a través de la fina chapa del microbús, percibo la vibración del motor y el zumbido entrecortado del tubo de escape del camión mientras éste se aleja. Pero, aunque hayamos sorteado el peligro, nuestra aventura no ha hecho más que comenzar. De nuevo en la carretera, el siguiente obstáculo es un carro tirado por una yunta de bueyes. Impasible en el ademán, nuestro conductor hace sonar la potente bocina del Maruti al tiempo que adelanta al carro en mitad de una curva cerrada. Mientras ruego al cielo no topar de frente con un autobús abarrotado de gente y ani-

1. Vehículo utilitario de la marca japonesa Suzuki fabricado en la India.

males de granja, evito pensar en que el vehículo no está equipado con cinturones de seguridad; en que el parabrisas es tan fino como el papel de fumar; en que, según un artículo de *Lonely Planet*, el riesgo de accidentes mortales de circulación en las carreteras indias es cuarenta veces superior que en las norteamericanas, o en la historia de un turista occidental que, tras alquilar coche y chófer en el norte de la India, exactamente en el mismo lugar en que nosotros lo hemos hecho, sufrió un accidente al chocar contra un camión y al que, hospitalizado en un vetusto hospital, le robaron el pasaporte, la cartera y los documentos del seguro. Mientras el Maruti prosigue su vertiginosa carrera de obstáculos, intento no pensar en la posibilidad de morir a dieciséis mil kilómetros de casa, de no volver a ver a mi esposa y mis hijos o imaginar siquiera qué sería de ellos sin mí. En definitiva, hago todo lo posible por no pensar en la total y absoluta oscuridad.

Sin embargo, y a pesar de mis temores, soy consciente de que la situación es un tanto irónica. Sentado en el asiento trasero, mostrando aparente despreocupación por los camicaces de dos toneladas que se abalanzan hacia nosotros, hay un hombre alto de cabello blanco, casi octogenario, que afirma haber reunido suficientes pruebas empíricas para demostrar que la muerte física no es necesariamente el final de nuestra existencia.

Su nombre es Ian Stevenson, un médico y psiquiatra que ha recorrido carreteras como ésta, e incluso en peores condiciones, durante treinta y siete años para volver a revisar expedientes de niños que dicen recordar vidas anteriores y proporcionan información detallada y precisa sobre personas que murieron antes de que ellos nacieran, sobre las personas que dicen haber sido en otra vida. Mientras yo temo morir en esta recóndita carretera, su temor es que la labor de toda su vida acabe siendo ignorada por sus colegas.

—¿Por qué los científicos ortodoxos se niegan a aceptar las pruebas que tenemos sobre la reencarnación? —pregunta por tercera vez desde que ha anochecido. ·

En el día de hoy, y durante los seis meses anteriores, Stevenson me ha demostrado a qué se refiere cuando afirma tener «pruebas» que justifican la reencarnación. Durante seis meses me ha permitido acompañarle en sus viajes de trabajo, primero por Beirut y ahora por la India; ha respondido a mis escépticas e insidiosas preguntas, e incluso me ha invitado a participar en sus entrevistas, pilar básico de su investigación. Las evidencias sobre la reencarnación a que se refiere Stevenson nada tienen que ver con la corriente espiritualista de moda, la New Age, ni con la literatura sobre regresiones hipnóticas en las que los sujetos que recuerdan vidas pasadas dicen ser una novia florentina del siglo XVI o un soldado de las guerras napoleónicas, el tipo de detalles que se podría obtener hojeando novelas de amor y de época. Los detalles que los niños de Stevenson recuerdan son mucho más familiares y específicos que los de cualquier sujeto sometido a una sesión de hipnosis. Uno de ellos recuerda haber sido una adolescente llamada Sheila que fue atropellada por un automóvil al cruzar la carretera cuando se dirigía al campo a recoger forraje para el ganado; otro recuerda la vida de un joven que murió de tuberculosis mientras llamaba a su hermano; un tercero recuerda ser una mujer de Virginia en espera de que le practiquen un trasplante de corazón y que trata en vano de llamar por teléfono a su hija antes de ser sometida a la operación quirúrgica, en la que morirá. Estos niños proporcionan nombres de pueblos y familiares, empleo y amigos, actitudes y emociones que, en cientos de casos en todo el mundo, son propios de una persona concreta, para ellos desconocida, que murió. Sin embargo, el hecho singular en todos estos casos es que los recuerdos de las personas que estos niños dicen haber sido pueden ser contrastados en la vida real y sus historias verificadas o refutadas por un gran número de testigos.

Ésta es precisamente la labor que Stevenson ha llevado a cabo durante casi cuarenta años y ahora está actualizando en el Líbano y la India. Su misión consiste en examinar grabaciones, entrevistar a testigos y contrastar los resultados obtenidos con posibles explicaciones alternativas. Gracias a la gentileza del profesor he sido testigo de lo convincentes que son algunos de estos casos, no sólo por la contundencia de los hechos, sino por la palpable emoción visible en los ojos y las voces de los niños, en sus familias y en los familiares de las personas que dicen haber sido en su anterior vida. En estos seis meses he visto y oído cosas sorprendentes y extraordinarias, hechos inexplicables que escapan a mi comprensión.

Nos encontramos casi en la recta final de nuestro viaje, quizá el último de la carrera de Stevenson. Mecido por el traqueteo del Maruti, no dejo de pensar en su pregunta, en absoluto retórica. Stevenson está preguntando al periodista escéptico que ha sido testigo de su método de investigación durante seis meses, cómo es posible que los científicos, que no suelen tener una actitud dogmática si las pruebas empíricas refutan cualquier hipótesis o teoría, sigan ignorando el volumen de evidencias razonables sobre la reencarnación que él mismo ha recogido durante cuarenta años.

Mi mente se sumerge en el caos de la duda razonable y llego a la conclusión de que el desconocimiento del funcionamiento del mecanismo de la transferencia (el medio por el cual la personalidad, la identidad y la memoria pueden transmigrar de un cuerpo a otro) justifica la dificultad de creer en cualquier evidencia. Sin embargo, transcurridos unos minutos de reflexión interna, finalmente comprendo que Stevenson trata de averiguar si, después de todo cuanto he visto y oído, creo en la reencarnación.

Stevenson me está preguntando qué opino sobre la reencarnación. A mí, que siempre me he considerado un ser mortal; a mí, que tras ver morir y desaparecer a personas muy cercanas he aprendido por experiencia que lo único perdurable es la naturaleza finita y limitada de nuestra vida.

Stevenson desea saber mi opinión y se merece una respuesta.

2

Sólo se vive una vez

La respuesta es larga, comienza diez años antes de que Stevenson me formule la pregunta, en una pequeña pero acogedora consulta médica a dos manzanas de mi casa en Miami Beach. La iluminación de la habitación es tenue. El tono del doctor Brian Weiss, jefe de psiquiatría del hospital Mount Sinai, es bajo pero atrayente; su voz es susurrante como el viento y asciende como el humo de una varilla de incienso, el tono adecuado para dirigir una sesión de hipnosis. Weiss lleva una bata blanca y gafas; su larga y cuidada melena gris enmarca un rostro franco. Está contando una historia:

En 1982 hipnotizó a una joven. Tumbada en el diván con las manos a ambos lados y los ojos cerrados, entró en trance guiada por la voz del doctor y la buena predisposición de su mente. Envuelta por un imaginario haz de luz blanca, Weiss le ordenó que retrocediera en el tiempo hasta sus recuerdos más tempranos, hasta encontrar la raíz de la ansiedad que asolaba su vida.

Hacía dieciocho meses que Weiss trataba dos veces por semana a aquella mujer que sufría agudas fobias, aquélla era la segunda vez que la sometía a una sesión de hipnosis. Durante la primera sesión la mujer desveló un revelador recuerdo de una experiencia vivida cuando tenía tres años de edad —un perturbador encuentro sexual con su padre borracho—; no obstante, tras la sesión no experimentó ninguna mejoría. A Weiss le sorprendió que aquel recuerdo no sirviera para aliviar o remitir los síntomas de su paciente y se planteó la posibilidad de que la causa de su enfermedad psíquica se hallara oculta en lo más profundo de su mente.

Así pues, durante aquella segunda sesión de hipnosis decidió cambiar de rumbo. Con un tono autoritario e imperativo dijo a la mujer: «Retrocede hasta el momento exacto en que aparecieron tus síntomas.»

En mitad de su trance, la mujer empezó a susurrar con voz entrecortada. Mientras lo hacía, se interrumpía para respirar profundamente como si le resultara difícil o doloroso hablar. «Veo unos escalones blancos que conducen a un edificio, un gran edificio blanco con columnas... Voy vestida con un largo vestido y llevo una saco. Mi nombre es Aronda. Tengo dieciocho años...»

Inseguro de lo que estaba ocurriendo, Weiss se dedicó a tomar notas. La mujer siguió susurrando: «Veo un mercado. Hay cestas. Las cestas se llevan sobre el hombro. Vivimos en un valle. No hay agua. El año es 1863 a. C.»

Antes de finalizar la sesión, la mujer empezó a gritar porque Aronda moría ahogada en una inundación.

Según Weiss, aquel momento fue crucial para la mujer. Sus temores angustiosos a la oscuridad y a morir ahogada remitirían después de vivir aquella experiencia. Durante sesiones posteriores, la voz susurrante y entrecortada de aquella mujer vagó por varios siglos: recordaría ser Johan, decapitado en Holanda en 1473; Abby, una criada de Virginia en el siglo XIX; Christian, un pescador galés; Eric, un aviador alemán, y un joven ucraniano de 1758 cuyo padre fue ejecutado en prisión. Entre los intervalos temporales que mediaban entre estos recuerdos, la mujer dijo ser también la anfitriona de espíritus desencarnados que le revelaban los misterios de la eternidad. Según Weiss, tras vivir aquellas inigualables regresiones, la mujer logró finalmente superar todas sus fobias.

Weiss escribió posteriormente un libro sobre aquella mujer, a quien decidió llamar Catherine. *Many Lives, Many Masters*, no tardó en convertirse en un *bestseller* y en la actualidad es considerado un clásico de la literatura espiritualista de la New Age.

En 1988, cuando el libro llegó a número uno en ventas en todas las listas locales, decidí escribir un artículo sobre Weiss para *Tropic*, la revista dominical del *Miami Herald*, del que entonces era editor. Lo que más me interesaba destacar era la personalidad y reputación de Weiss, que en absoluto podía considerarse un excéntrico y fanático de la New Age. Doctorado en medicina por la Universidad de Yale, Weiss era, a sus 44 años de edad, un reconocido experto en psicofarmacología, cirujía cerebral, toxicología y en la enfermedad de Alzheimer. En realidad, había esperado cuatro años para escribir su libro por temor al ostracismo de sus colegas. Sin embargo, dos años después de que finalmente reuniera el valor para publicarlo, comprobó gratamente que todos sus temores habían sido infundados.

Antes de entrevistarle, llamé al director de su hospital para que me diera su opinión respecto a Weiss. Todas sus palabras fueron de elogio: «Brian Weiss es un profesional muy respetado y toda una autoridad en su campo.» Tras preguntarle si consideraba que la publicación de aquel libro podría perjudicar su merecida reputación, respondió con un tajante y contundente «No».

Otros colegas de Weiss coincidieron: «Si el libro lo hubiera escrito otra persona, no daría crédito a sus afirmaciones —manifestó uno de sus colegas—. Pero lo hago porque Brian Weiss es un magnífico médico e investigador.»

El hecho de que el colectivo médico conservador tomara en serio la extravagante reivindicación de Weiss respecto a la evidencia científica de anteriores vidas me intrigó sobremanera. Si bien no sirvió para convencerme, por lo menos me sirvió para redactar un buen artículo.

Cuando leí su libro, lo primero que me sorprendió fue no hallar atisbo alguno de escepticismo. El hecho de que una de sus pacientes imaginara ser una egipcia llamada Aronda, no era prueba suficiente para justificar su teoría, sino la demostración palpable de que Catherine tenía mucha imaginación. Sin embargo, Weiss estaba convencido de estar en lo cierto y, personalmente, no entendía el porqué.

Durante aquella primera entrevista en su consulta no oculté mis dudas respecto a aquella historia. Comuniqué a Weiss mi deseo de tener la oportunidad de satisfacer mi curiosidad al respecto, y le informé de que mis preguntas serían muy incisivas. Weiss se encogió de hombros, esbozó una modesta sonrisa y dijo: «Es un nuevo campo de investigación. Todavía hay muchos cabos sueltos.»

Sentado tras su escritorio, con la voz ronca por haber participado en una conferencia en Pittsburgh, donde había pasado la noche en vela en una calurosa habitación de hotel, Weiss se dispuso a abordar el tema según su lógica. Había estado tratando dieciocho meses a Catherine, una técnico de laboratorio de su propio hospital. Durante ese tiempo había empleado terapia convencional y Catherine nunca había manifestado creer en el ocultismo o tratado de manipularle de una u otra forma. Lo único que resultaba extraño era que, a pesar de la terapia empleada, la paciente no parecía progresar. Según Weiss, de haber sido una embaucadora, Catherine habría demostrado tener mucha paciencia, pues semejante fraude hubiera requerido simular problemas psicológicos durante dieciocho meses, aguardar hasta que Weiss sugiriera la hipnosis e inventar una experiencia emocional derivada de un trauma infantil en la primera sesión para lograr finalmente representar las fingidas vidas pasadas.

Weiss alegó tener miles de horas de experiencia con una laraga serie de pacientes que acreditaban su capacidad de diagnóstico, y que respecto a Catherine podía asegurar que se trataba de una paciente con un imperioso y genuino deseo de aliviar sus síntomas. Catherine era una mujer sencilla, honesta, comprometida desde la infancia con la fe católica, y no presentaba síntomas psicopáticos, esquizofrénicos, maniacodepresivos o relacionados con personalidades múltiples.

Por otro lado, Catherine parecía incómoda al recordar sus vidas pasadas porque no eran conciliables con el catolicismo. Sin embargo, al comprobar que gracias a aquellas sesiones sus fobias remitían gradualmente, decidió continuar con el tratamiento hasta sentirse curada del todo. Según Weiss, no había nada en el comportamiento de Catherine que sugiriera algún interés por utilizar aquellas experiencias con otro propósito que no fuera el terapéutico. Aunque al principio albergaba muchas dudas finalmente le autorizó a que publicara su caso sin pedir a cambio ninguna retribución económica. Incluso ahora, dijo Weiss, cuando se encuentra con ella en el hospital Mount Sinai, muestra poco interés respecto a las implicaciones metafísicas de su experiencia.

Por todas estas razones, Weiss estaba convencido de que Catherine ni estaba loca ni le había engañado. El factor decisivo había sido que la paciente recordara vidas pasadas sencillas y cotidianas. De haber afirmado ser Cleopatra o Madame Curie en una vida anterior, Weiss hubiera puesto en duda su credibilidad, pero Catherine decía ser una criada, un leproso, un obrero. Además, durante sus trances, decía percibir el aroma de las flores o contemplar el lujo de una boda a la que no se le permitía asistir, es decir, aspectos mundanos de la vida cotidiana. Sus recuerdos eran a veces muy detallados. En una ocasión describió el proceso de producción de la mantequilla; en otra, el ritual de embalsamamiento de un cadáver. Para Weiss, las descripciones, lejos de ser complejas y técnicas, sobrepasaban los conocimientos generales que tenía Catherine. Una vez, tras regresar de un viaje a Chicago, le contó que se había sorprendido a sí misma durante una visita a un museo corrigiendo la descripción que en el catálogo se hacía sobre artefactos egipcios de hacía cuatro mil años.

La sinceridad de Weiss me sorprendió, pero no así la certeza de su testimonio. Si Weiss hubiera localizado el catálogo del museo y confirmado la historia de Catherine, admitiendo que había investigado los artefactos en cuestión y descubierto que él estaba equivocado y ella en lo cierto, aquel testimonio me hubiera impresionado realmente. Pero no había sido así. Por otra parte, en los recuerdos de sus vidas pasadas Catherine no había mencionado algún detalle que no hubiera podido proporcionar o inventar cualquier aficionado a la novela histórica. Catherine no hablaba en lenguas arcaicas o escribía en sánscrito, ni mucho menos mencionó el nombre de alguna persona de la que pudiera demostrarse su existencia.

«Estaba tan sorprendio por lo que estaba sucediendo que no se me ocurrió comprobar este tipo de cosas —me comentó Weiss—. Cuando intentaba guiar su mente por el pasado, solía ignorar mis órdenes. Investigar este aspecto sí que resultaría muy interesante. Por lo que a mí respecta, yo tan sólo he iniciado una vía de investigación. Catherine es sólo uno caso histórico.»

En efecto, un solo caso que, en mi opinión y cuanto más lo consideraba, resultaba cada vez menos convincente. Durante la sesión en que Catherine rememoró la vida de Aronda, la egipcia, había empleado el término «1863 a. C.». Sin duda la nomenclatura cronológica «antes de Cristo» no era susceptible de ser conocida por ningún egipcio y, de hecho, para un egiptólogo hubiera requerido un concienzudo cálculo. Es más, a pesar de su extraña visualización omnisciente como una egipcia de dieciocho años, Catherine reconoció no poder determinar la fecha exacta porque, según sus propias palabras, «no puedo ver ningún periódico». Por otra parte también advertí que, según Weiss, Catherine dijo ser un joven ucraniano en la misma fecha y época en la que más tarde aseguraría ser una prostituta española.

Sin embargo, ninguna de estas manifiestas incoherencias parecieron alterar la fe que Weiss tenía puesta en aquel caso: «Estas contradicciones son propias de la complejidad del caso. Éste es sin duda un terreno todavía sin abonar.»

Mientras entrevistaba a Weiss conocí a otra de sus pacientes. Al igual que Weiss, era terapeuta; se había especializado en casos de personalidad múltiple y también había practicado la técnica de la regresión a vidas pasadas con algunos de sus pacientes. Acudía a Weiss porque creía recordar débilmente traumas de su pasado que la perseguían. La terapeuta me explicó que durante una sesión de hipnosis dirigida por Weiss, tuvo la sensación de tomar un ascensor que, según ella, la condujo al sótano de su pasado:

> Vi una total y absoluta oscuridad y comprendí que tenía los ojos vendados. Luego me vi a mí misma desde fuera. Estaba de pie en la parte superior de una torre, uno de esos torreones de piedra de los castillos. Tenía las manos atadas a la espalda. Tenía unos veinte años y sabía que luchaba en el bando que había perdido la batalla. A continuación sentí un profundo dolor en mi espalda. Podía sentir crujir mis dientes, mis brazos y mis puños. Una lanza me había alcanzado. La sentía en mi espalda, pero me resistía a gritar. A continuación sentí cómo me desplomaba, caía en el foso y el agua me engullía. Siempre había sentido pavor por las alturas y de morir ahogada. Cuando desperté de la hipnosis todavía temblaba y durante un par de días seguí sintiendo aquella agonía. Ni siquiera podía tocarme la cara porque el dolor seguía siendo muy intenso. Sin embargo, cuando me desperté a la mañana siguiente me dije que todo había cambiado.

La terapeuta me confesó estar deseosa por volver a someterse a una regresión hipnótica que me invitó a presenciar. La mujer se tumbó en la alfombra de la consulta de Weiss y, siguiendo las sugestivas indicaciones del doctor, retrocedió a otra vida en la que vio cómo era ejecutada públicamente.

Al igual que en el caso de Catherine, las descripciones y detalles que la mujer dio durante la sesión me sorprendieron por su irrelevancia, por no hablar utilizando un lenguaje arcaico y propio de la época y por poseer de ésta el conocimiento que un mero licenciado en historia podría tener sin siquiera haber leído un libro. Mientras observaba a la mujer tumbada en la alfombra y escuchaba sus palabras, no pude por menos que pensar que estaba siendo testigo de algo evidente, cómo una mujer contemporánea norteamericana ponía en práctica la ley de asociación de ideas a partir de un tema medieval.

Sin embargo, quizá estaba obviando algo que sólo podía conocerse a través de una experiencia subjetiva. Así pues, pedí a Weiss que me recomendara a un especialista en hipnosis para que me guiara en mi propia regresión. Mi experiencia personal al respecto fue relajante, tranquilizante y extrañamente narcisista, pero mi memoria no se abrió a posibles vidas pasadas. Al contrario, tuve la clara sensación de intentar comunicar a la hipnotizadora lo que ella requería, es decir, escenas de un tiempo anterior a mi nacimiento. Durante la sesión, aguardaba hasta tener una imagen mental que luego trataba de adornar creando un contexto vital apropiado —exactamente lo mismo que solía hacer cuando trataba de escribir un cuento o dejaba volar mi imaginación antes de dormir. Sin embargo, he de admitir que cuando me sentí totalmente relajado, más profundamente sumido en un alterado estado de conciencia, las imágenes empezaron a fluir espontánea e inconscientemente. Pero incluso entonces el peso específico de aquellas imágenes seguía siendo fruto de mi imaginación y mis fantasías.

Cuando entrevisté a la terapeuta que en una vida anterior había sido ejecutada públicamente, le expliqué mis impresiones. Sin advertirlo, aquella mujer me reveló lo que más tarde llegaría a considerar un buen motivo para creer en los recuerdos de vidas pasadas:

«Nunca he comprendido por qué pasamos tan poco tiempo aquí si después de la vida no hay... nada.»

¿Quién no ha sentido en lo más profundo de su alma esta sensación de finitud? ¿Quién no se ha planteado alguna vez qué sentido tiene vivir para finalmente desvanecerse en la nada; pasar de la luz a la oscuridad? Con la vida se enciende la luz, con la muerte se apaga. No parece tener sentido o, para ser más precisos, no parece justo.

Siguiendo las recomendaciones de Weiss, visité a una médium especializada en «leer» vidas pasadas. He de admitir que, a pesar de que mi interés era puramente profesional, no pude evitar sentirme estúpido al hacerlo.

La médium trabajaba en una oficina situada en el segundo piso de un centro comercial de Miami Beach. Sentada a la mesa de su consulta, parecía disfrutar de su trabajo. Susurrando frases en mitad de un intrigante delirio, balbuceó: «Estoy calentando el hemisferio derecho de mi cerebro. Estoy esperando vislumbrar su pasado.»

Y de pronto, como si hubiera conectado con una extraña emisora televisiva de ultratumba empezó a visualizar mis vidas anteriores: yo había sido un alcóholico que se había bebido la fortuna de una vieja familia sureña tras la guerra de secesión; un anciano maestro japonés con artritis en las manos; una bruja hechicera jamaicana; un ranchero australiano y un médico alemán. Mientras ella hablaba, mis supuestas vidas pasadas se llenaron de amantes e hijos, luchas y éxitos, paisajes y vivencias de la historia mundial. A mi esposa y mi hija ya las había conocido en vidas anteriores y volvería a coincidir con ellas en mis futuras vidas.

Resultaba maravilloso imaginar no tener que despedirse de los seres queridos nunca; que el alma, libre de sus claustrofóbicas restricciones temporales y circunstanciales de nuestra sencilla y única vida, fuera eterna e inmortal.

Lamentablemente, nada de cuanto me dijo aquella médium despertó en mí sensaciones insólitas. Las vidas que ella bosquejó pertenecían a un extraño, o a la imaginación de alguien totalmente ajeno a mí. Lo único que saqué en claro de aquella experiencia fue que el ser humano posee una clara necesidad de creer en algo que le trascienda y que la motivación y el autoengaño pueden llegar a ser dos poderosas formas de alcanzar este anhelo. Sin profundizar más en ello, archivé este pensamiento en mi mente, quizá me sería de alguna utilidad en el futuro.

Aunque estaba un poco sorprendido de que Weiss me hubiera recomendado visitar a una médium —el haberlo hecho suponía que aceptaba los poco ortodoxos métodos empleados por aquélla—, sentí la imperiosa necesidad de encontrar posibles explicaciones alternativas a la hipótesis que había formulado a partir de la hipnosis regresiva. Otros psiquiatras a los que entrevisté, si bien reconocían no estar capacitados para corroborar las conclusiones de Weiss, parecían intrigados.

«A los que practicamos la hipnosis no nos sorprenden las afirmaciones contenidas en el libro del doctor Weiss —comentó uno de ellos durante una entrevista—. Muchos de nosotros hemos tenido pacientes que alguna vez han experimentado una regresión, pero personalmente no puedo afirmar que se tratara de una vida anterior. A todos nos interesa mucho el tema, pero nadie se atreve a hablar abiertamente de él.»

Un psicólogo, experto en hipnosis y trastornos de personalidad múltiple, dijo: «He tenido varios pacientes que han revivido experiencias pasadas cargadas de emotividad y que tuvieron repercusiones en su vida presente. Sin embargo, no puedo asegurar que estas experiencias fueran recuerdos reales de vidas pasadas. Es posible que se tratara de imágenes generadas por la imaginación del paciente a partir de datos registrados en su memoria. Por ejemplo, una persona que dice haber sido violada en una vida anterior puede realmente estar recordando una experiencia infantil de incesto. Sin embargo, no hay que olvidar las pulsiones ocultas en el subconsciente. Sea lo que fuere, no creo que estos recuerdos de vidas pasadas sean un fraude.»

Hace poco, este psicólogo me comentó que tenía una paciente que se despertaba a las dos de la madrugada «hambrienta» y muy alterada y que después ya no podía conciliar el sueño. Cuando la hipnotizó, le ordenó que retrocediera hasta llegar a la causa de su preocupación. De pronto la mujer esbozó una amplia sonrisa y exclamó: «¡Por supuesto! ¡Yo estuve allí!»

Está hablando de la *Kristallnacht*, la Noche de los Cristales Rotos, comienzo del Holocausto en Alemania. Durante aquella semana, en los medios de comunicación habían cubierto ampliamente el quincuagésimo aniversario de la noche de terror nazi contra las casas y los negocios de los judíos.

«Lo que me sorprendió fue que ella seguía empleando la palabra "hambrienta", un término que no formaba parte de su vocabulario habitual. *Fa-misht* es una palabra *yiddish* que significa "desconcierto, perplejidad" (una buena descripción del caos que debió vivirse durante la *Kristallnacht*). Cuando le pregunté por qué había empleado aquella palabra, me dijo que no lo sabía, que aquélla era la primera vez que la pronunciaba. He de decir que estoy abierto a investigar este tema. Es mi responsabilidad como científico estar dispuesto a aceptar cualquier posible explicación.»

Hay un viejo refrán escéptico que reza: «Si tienes la mente demasiado abierta se te caerá el cerebro.» Éste era el lema y la postura de algunos médicos que entrevisté, postura que yo también compartía. Al doctor Jack Kapchan, un psicólogo clínico de la Universidad de Miami y estudioso de la parapsicología, le preocupaba que Weiss afirmara que su tesis era científica. ¿Dónde estaban las evidencias concretas? ¿Dónde estaba el riguroso examen de los antecendentes del paciente?

«Lo que Weiss sostiene en su libro puede explicarse en términos normales», comentó Kapchan, y citó la sugestión, la imaginación, las personalidades múltiples. Según el psicólogo, justificar estos casos apelando a un «proceso paranormal» no es en absoluto riguroso. ¿Qué sentido tiene «explicar» un conjunto de hechos relativamente simples —una mujer que describe una escena del pasado histórico bajo hipnosis— apelando a un vasto despliegue de fenómenos, como la existencia del alma, la vida futura, la transmigración de un alma a un nuevo cuerpo, que nunca han podido ser detectados por ningún medio o método objetivos? Este tipo de explicación debería ser el último resorte que se utiliza cuando todas las explicaciones normales no han funcionado.

Prosiguiendo con mi investigación, decidí consultar a un experto entre expertos, el hombre que confeccionó el artículo de la *Enciclopedia Británica* sobre las regresiones a vidas pasadas a través de la hipnosis. Se trataba del doctor Martin Orne, entonces profesor de psiquiatría en la Universidad de Pensilvania, psiquiatra adjunto del hospital estatal y editor de *The Journal of Clinical and Experimental Hypnosis*. Cuando hablé con Orne por teléfono, éste se explayó ampliamente:

«Siempre tengo la sensación de ser Grinch, el personaje del cuento infantil que roba la Navidad y luego dice que la Navidad no existe, que Santa Claus no existe. La gente que promociona este tipo de tesis espiritualistas no son malintencionados, pero expresan su necesidad de creer en ellas a toda costa. Hay terapeutas convencidos de que todo cuanto emerge durante una sesión de hipnosis es cierto, cuando, de hecho, lo más probable es que no lo sea. La hipnosis puede generar pseudorrecuerdos. Los recuerdos de la reencarnación no son diferentes de los de la gente que, bajo hipnosis, relatan haber sido abducidos por alienígenas y examinados a bordo de la nave nodriza de un OVNI. A estas personas se las podría llamar "mitómanos honestos". Los terapeutas piden a sus pacientes que retrocedan hasta la causa de un problema. Conseguir esto resulta muy difícil y, por consiguiente, siempre hay pacientes que, al no hallar una causa justificada de sus problemas en su vida actual, retroceden a una vida anterior a través de la imaginación.»

Tras colgar el auricular, sentí que mi curiosidad por fin había sido satisfecha. Una vez más, como había visto tantas veces durante mi carrera como periodista, un artículo que a priori parecía tener una sólida explicación había sido desterrado, tras un riguroso análisis, del reino de la ciencia.

Sin ir más lejos, hace poco tuvo lugar un suceso que puede servirnos como ejemplo clásico de lo anteriormente dicho; me refiero a la famosa «cara» de Marte. Tras una misión de la NASA a Marte en 1970, se obtuvo una fotografía de una parte de la superficie que parecía reproducir la fisionomía de un rostro humano. A partir de esta fotografía se escribió mucho, incluso en Internet, promocionando la idea de que se trataba de una monumental obra de arquitectura que demostraba la existencia de vida inteligente en Marte. Algunos llegaron a afirmar que, más que vida inteligente, se trataba de una divinidad.

La mayoría de los científicos insistió en que la imagen no era más que una formación geológica y que el supuesto rostro no era más que una ilusión óptica provocada por la sombra que proyectaba dicha formación. Otros, sin embargo, sostuvieron que los científicos que intentaban desacreditar el rostro en cuestión eran estúpidos, que estaban predispuestos contra cualquier excusa que alterara el paradigma científico del universo, o que formaban parte de una vasta conspiración para ocultar al público la evidencia de una civilización alienígena.

Una mañana de primavera, en mi periódico se publicó la sorprendente noticia de que otra nave de la NASA había sido lanzada en dirección a la «cara» de Marte para tomar fotografías de alta resolución. Cuando la investigación concluyó, todos esperábamos ver si los primeros planos de las nuevas fotografías revelaban o no la evidencia de vida inteligente en Marte.

Conocía de antemano lo que iba a ocurrir: una vez publicadas, las fotografías confirmarían la hipótesis inicial de los científicos. Se trataba de una formación geológica natural, consecuencia de un posible terremoto producido hacía mil millones de años, algo que desconcertó a todos los que creían ver en Marte el rostro de Dios.

Entre el tema de Marte y el argumento de Weiss había cierta similitud: «Prestigiosos psiquiatras y científicos objetivos proporcionan pruebas convincentes de la reencarnación.» Una forma demasiado fácil de solucionar el enigma de la muerte. A aquellas alturas, yo estaba convencido de que Weiss, a quien había fascinado un interesante fenómeno, había asumido demasiado rápido que su método servía para demostrar un fenómeno sobrenatural, cuando en realidad lo único que había demostrado es el increíble potencial y la riqueza de la imaginación humana. (De hecho, cuando volví a entrevistar a Weiss, años después de la publicación de *Many Lives, Many Masters*, ya no sostenía tan dogmáticamente la tesis de que las regresiones demostraran la reencarnación. Lo que realmente le importaba entonces era que la opinión pública admitiera que, al margen de lo que dichas regresiones desvelaran, incluso aunque sólo fueran la manifestación del subconsciente del paciente, él había demostrado que la hipnosis regresiva era una buena terapia. Gracias a este método había comprobado cómo problemas que parecían irresolubles con otro tipo de tratamientos se desvanecían casi instantáneamente tras experimentar una dramática regresión. Al preguntarle si había realizado algún estudio clínico para verificar su nueva tesis, Weiss dijo que no, pero que dejaba la puerta abierta a todo aquel que quisiera seguir esta línea de investigación.

Entretanto y hasta que saliera a la luz otra Catherine, que sin haber completado la enseñanza primaria, pudiera decodificar los jeroglíficos egipcios o quizá desvelar las últimas palabras que una viuda bostoniana de 1947 susurró al oído de su hijo en su lecho de muerte —y el hijo confirmara a su vez no haber hablado con nadie del tema—, estaba deseoso de que algún día alguien descubriera la evidencia de la reencarnación.

Pero entonces y, casualmente, leí un artículo sobre un doctor Ian Stevenson, catedrático de psiquiatría de la Universidad de Virginia, que había estado investigando informes de recuerdos de vidas pasadas desde una perspectiva totalmente opuesta a la de Weiss. Stevenson se dedicaba a recoger información sobre los recuerdos espontáneos y conmovedores de experiencias pasadas de niños pequeños. Estos relatos a menudo incluían nombres, direcciones y detalles íntimos de personas fallecidas que los niños no podían conocer. Los miembros de las familias implicadas podían ser localizados y los supuestos recuerdos de los niños, comprobados empíricamente. En muchos casos, según el análisis de Stevenson, los recuerdos pasaban con éxito pruebas objetivas y convincentes.

Lo que realmente me sorprendió del artículo es que Stevenson no decía haber investigado sólo unos cuantos casos, sino más de dos mil y en todo el mundo. Mi primera impresión fue que Stevenson era un científico chiflado que posiblemente también tendría una caja con reliquias de la cruz de Cristo y un extraño aparato de radio con el que se comunicaba directamente con una raza de enanos de sangre roja en Io, la quinta luna de Júpiter. Sin embargo, tras analizar la investigación de Stevenson, descubrí que no era así. En un artículo de 1975 de la prestigiosa revista *The Journal of the American Medical Association* se decía de Stevenson que «ha recogido casos en que las pruebas son difíciles de explicar sobre cualquier base, excepto a través de la reencarnación».

En el artículo también se citaba un libro en el que Stevenson había recopilado sus casos. Sin embargo, tras visitar varias librerías, no encontré ningún libro de Stevenson sobre regresiones hipnóticas y otros temas relacionados. Aunque la biblioteca pública listaba varios volúmenes publicados por Stevenson, sólo pude localizar uno. Lo leí con inusitado interés. Por su estilo académico aquel libro me resultó muy engorroso y me recordó los difíciles libros de antropología que tuve que leer durante mis años de estudiante universitario. Sin embargo, el esfuerzo valió la pena. Los casos de Stevenson eran convincentes, incluso sorprendentes. Pero lo que realmente me impresionó fue la aparente imparcialidad y seriedad de su investigación. Stevenson abordaba el tipo de detalles que se obviaban en el libro de Weiss. Buscaba afirmaciones concretas, específicas, y verificables sobre una vida anterior, cosas que el sujeto jamás habría podido saber de forma normal.

¿Cómo era posible, me pregunté, que el trabajo de aquel hombre fuese casi desconocido? ¿Cómo era posible que un único y poco sólido caso de regresión hipnótica hubiera llegado a ser un *bestseller*, y yo tardara todo un día en encontrar el libro en que Stevenson recogía cientos de casos que demostraban la espontaneidad de recuerdos comprobables?

Y finalmente me pregunté: ¿Por qué estaba escribiendo un artículo sobre Brian Weiss en lugar de hacerlo sobre Ian Stevenson?

Tardaría una década en situar a este último y a su investigación en el lugar que realmente merecían.

3

El hombre oculto
tras el telón

Durante los años siguientes, la idea de localizar a Stevenson y escribir sobre su investigación continuó reafirmándose por sí misma. De vez en cuando me sorprendía hojeando los índices de libros sobre la reencarnación en las librerías, para descubrir que en muy pocas páginas se hablaba de Stevenson y su investigación. Sin embargo, esos pocos libros me sirvieron para averiguar aspectos básicos de su biografía. Stevenson había obtenido su licenciatura como médico en la Universidad McGill de Montreal en 1943, con la mejor nota de su promoción. Aunque había ejercido como médico de cabecera y realizado algún trabajo de bioquímica, finalmente se había especializado en psiquiatría. En 1957, a la edad de 39 años, ya era jefe del departamento de psiquiatría en la Universidad de Virginia, y había iniciado su investigación sobre informes de niños que recordaban vidas pasadas. Finalmente abandonó sus obligaciones administrativas para convertirse en un investigador de fenómenos paranormales, gracias al apoyo económico de Chester Carlson, el hombre que inventó la xerografía.

Al margen de los aspectos generales y de las pocas pero siempre positivas menciones de su trabajo, en la literatura popular no había logrado encontrar ningún análisis serio y detallado del trabajo de Stevenson. Salvo la positiva reseña de su investigación en *The Journal of the American Medical Association*, hasta entonces todo el mundo científico le había ignorado. Así pues, empecé a examinar los índices de publicaciones menos ortodoxas, como las conocidas *The Journal of the American Society for Psychical Research* y *The Journal of Scientific Exploration*.

Estas publicaciones, cuya existencia yo ignoraba, fueron para mí una auténtica revelación. Aunque en todas se abordaban temas alucinantes —apariciones, posesiones, OVNIS, psicoquinesis, anomalías en *continuum* físico espaciotemporal—, no se trataban con el tono ingenuo o demasiado dogmático propio de la literatura de la New Age. Al contrario, todas los informes, o al menos la mayoría de ellos, eran abordados con absoluta seriedad y rigor. En cada uno de ellos se detallaba la metodología empleada, se especificaban las observaciones y se exponían los razonamientos y conclusiones con imparcialidad y cautela.

Por su forma eran, de hecho, idénticos a los informes de los casos de Stevenson, lo cual no era una coincidencia anecdótica. En aquellos artículos, sus autores reconocían una y otra vez su deuda para con Stevenson por haberles enseñado a investigar con técnicas científicas temas vetados por la ciencia ortodoxa. Un autor incluso comparaba a Stevenson con Galileo. Así pues, por fin había encontrado artículos que abordaban seriamente el trabajo de Stevenson, incluidos algunos de investigadores que habían indagado casos similares, aunque sus conclusiones tendían a ser más cautas que las de Stevenson. Si bien consideraban positivamente la investigación de Stevenson, e interpretaban sus hallazgos como posibles evidencias de que los recuerdos de vidas pasadas probaban la reencarnación, no descartaban que también fueran pruebas de otros fenómenos paranormales.

Esta reticencia coincidía con otro grupo de investigadores que, aunque no habían estudiado los casos particularmente, basándose en la lógica no creían en la investigación de Stevenson como evidencia de la reencarnación. Según estos autores, tenía más sentido contemplar los datos como evidencia de alguna habilidad paranormal.

Una noche leí uno de esos artículos y solté una carcajada, pero no porque fuera ridículo sino porque era realmente sorprendente. Había alguien que desacreditaba a Stevenson arguyendo la existencia de un tipo de percepción extrasensorial relacionada con la omnisciencia.

El tono de estos artículos era fascinante. De alguna manera, aquellos tipos eran muy hábiles en el uso del lenguaje. En este sentido, cito a continuación cuatro parágrafos del artículo de Stephen E. Braude, profesor de filosofía de la Universidad de Maryland, publicado por *The Journal of Scientific Exploration* en 1992:

Muchos se han preguntado si el concepto esencial de la reencarnación (la vida después de la muerte) es inteligible. Como el lector podrá advertir, algunos han decidido que no lo es, y, en consecuencia, han arguido que deberíamos rechazar la hipótesis de la reencarnación.

Aunque no me oponga a los argumentos a priori contra ciertas afirmaciones científicas al respecto, en muchos casos dichas afirmaciones sólo se basan en presuposiciones filosóficas absolutamente indefendibles, presuposiciones que a menudo conducen a los investigadores a interpretar la información apelando a posibles vías alternativas... Sin embargo, algunos argumentos a priori son más persuasivos y profundos que otros y, por tanto, considero que los argumentos convencionales contra la reencarnación son bastante estrechos de miras.

Lo que realmente importa es que resulta fácil elaborar casos hipotéticamente ideales tan sólidos que no cabe otra opción que admitir (o por lo menos contemplar seriamente) que la reencarnación es un hecho, a pesar de retar y cuestionar nuestro marco conceptual de referencia. Nuestra capacidad de formular dichos casos ideales muestra que la evidencia de la reencarnación no puede ser rechazada alegando razones superficiales. La más acuciante cuestión es, pues, hasta qué punto los casos reales se aproximan al ideal teórico.

Pero incluso los mejores casos reales —y posiblemente también los mejores casos ideales— se enfrentan a obstáculos conceptuales... En mi opinión, el más serio obstáculo al que se enfrenta la prueba de la reencarnación es la posibilidad de que la información pueda ser explicada en términos psicológicos.

En otras palabras, ante la investigación de Stevenson, algunos académicos muy inteligentes y muy respetados establecían una disyunción clara: ¿reencarnación o clarividencia?

Sólo había una forma de averiguarlo: contactar con Stevenson. En la primavera de 1996 encontré el número de teléfono al que hacía ocho años había llamado a Stevenson a la Universidad de Virginia para preguntarle su opinión sobre el libro de Brian Weiss. Convencido de que Stevenson ya se habría jubilado, marqué el número.

Para mi sorpresa, Stevenson respondió personalmente. Tras recordarle que habíamos hablado en 1988, le expuse el motivo de mi llamada. Conversamos un buen rato pero me comentó que estaba terminando un nuevo libro y que no tenía tiempo de concertar ninguna entrevista.

Después de colgar, le escribí una carta pidiéndole que reconsiderara mi petición. En ella le expliqué que estaba más interesado en observar cómo desarrollaba su investigación que en entrevistarle (algo que podría resultarle incluso más molesto). También le comenté que estaba convencido de que la seriedad de su trabajo no merecía permanecer oculta tras el telón de la regresión hipnótica y mucho menos del debate público sobre la reencarnación, como hasta entonces lo había estado.

Si teclean «investigaciones sobre reencarnación» en Internet, podrán acceder a una de las páginas más visitadas. Esta página dice lo siguiente respecto a la reencarnación:

Gracias a la tecnología de la Nueva Era, lo impensable no sólo se ha hecho pensable sino también posible. ¿Le gustaría liberarse del temor que acucia a todo el mundo? ¿Le gustaría alcanzar la certeza y la confianza de que todo puede ser mejor? Si la respuesta es afirmativa, no lo dude más y encargue su propio equipo *Fountain of Youth Reincarnation Systems*. En él hallará instrucciones detalladas sobre lo que precisa para prepararse y preparar a un ser querido en su «feliz viaje de regreso». Es muy sencillo, pero no espere a que sea demasiado tarde. Sólo ahora y gracias a la *Fountain of Youth Reincarnation Systems* podrá realmente «descansar en paz».

Preguntas más frecuentes:

P.: ¿Tras la muerte, cuánto tarda en iniciarse el proceso de la reencarnación?

R.: El proceso es inmediato.

P.: ¿Por qué preciso adquirir el equipo *Fountain of Youth Reincarnation Systems*?

R.: Porque ayudará a su alma a regresar a salvo del «otro lado» al mundo presente. Sin él, su alma podría vagar sin rumbo y acabar en el cielo o en el infierno.

Seamos honestos: cuando toda vuestra vida pasa ante vuestros ojos, no se puede activar ningún botón para detenerla. ¿Quién puede predecir una hora, un día o una semana del futuro? Siempre es mejor prevenir que curar. No se arriesgue a perder su alma. Vuelva a encontrarla con nuestro equipo *Fountain of Youth Reincarnation Systems*.

Sólo tiene que enviar un talón personal o 399 dólares en efectivo a nombre de *Fountain of Youth Reincarnation Systems*.

Además de este anuncio, también pueden encontrar una columna del *Los Angeles Times* acerca de dos adolescentes que dispararon contra sus compañeros de clase a principios de 1998:

> Las almas reencarnadas de Jack el Destripador y el Estrangulador de Boston son las responsables de la reciente masacre acaecida en una escuela, según un experto homeópata de Laguna Beach, California. En una entrevista con *Wireless Flash News Service,* Frederick Bell asegura que estas tragedias son obra de asesinos en serie reencarnados. Bell sostiene que la solución a este problema es que los niños de entre dos y seis años de edad sean sometidos a sesiones de hipnosis regresiva para determinar si fueron maníacos homicidas en una vida anterior. También sugiere que los niños lleven sombreros con forma de pirámides para «eliminar cualquier energía negativa».

Stevenson respondió a mi carta y, una vez más, me sorprendió. En su carta me decía que volviera a plantearle el tema a finales de año, ya que para entonces estaría menos atareado. Así pues, volví a escribirle en diciembre. Esta vez Stevenson me invitó a Charlottesville para considerar mi petición en persona.

En enero de 1997 conocí finalmente a Stevenson en su despacho del Departamento de Estudios de la Personalidad, en el majestuoso campus de la Universidad de Virginia. Se trataba de una antigua casa de dos plantas situada entre un edificio de apartamentos y un garaje. Tras estacionar mi coche en lo que una vez había sido el patio trasero de la casa, entré por el porche que conducía a una pequeña cocina. Al cerrarse la puerta tras de mí, me pareció retroceder a mi adolescencia y tuve la sensación de entrar en la casa de uno de mis vecinos. Tras presentarme a la secretaria, aguardé en el antiguo salón de la casa, ahora convertido en sala de espera. Detrás de la mesa de la secretaria una puerta abierta dejaba entrever una habitación llena de archivadores que contenían notas mecanografiadas y transcripciones de las más de 2.500 investigaciones que Stevenson había dirigido durante cuarenta años. De una pared colgaba un gran mapa de Estados Unidos plagado de chinchetas rojas, negras y blancas: en uno de los márgenes se leía la clave de interpretación: «ROJO: CASOS DE RENACIMIENTO.

NEGRO: EXPERIENCIAS *ANTE-MORTEM*. BLANCO: FANTASMAS Y FENÓME-
NOS POLTERGEIST.»

En el piso superior y en la sala de conferencias, algunos ayudantes de Stevenson, sentados a una gran mesa, tomaban comida rápida.
Todos eran investigadores que trabajaban en diversos proyectos fi-
nanciados por el departamento de Stevenson. Uno de ellos era un
cardiólogo que estudiaba casos de pacientes cardíacos que decían haber tenido experiencias próximas a la muerte —experiencias místicas
o extracorporales supuestamente provocadas por graves quebrantos
de salud— que, según algunos, constituían la prueba de la supervi-
vencia de la conciencia tras la muerte. Tras ser presentados le pregunté qué pretendía conseguir con aquella investigación.

Mientras engullía el último bocado de su sándwich de jamón, me
dijo: «La paz del mundo. Le estoy hablando muy en serio. Si se supe-
rara el temor a la muerte, el mundo tendría cordura y se erradicarían
las guerras.»

Quizá aquel departamento no era tan serio como yo había imaginado, pensé mientras me conducían hasta el despacho de Stevenson,
situado en la planta baja.

Stevenson era un hombre alto y muy delgado, con el cabello canoso y ligeramente moldeado. Su impecable traje azul y camisa blanca le infundían un aire de seriedad. Lo primero que le pregunté fue
qué significaba «Departamento de Estudios de la Personalidad». Tras
esbozar una sonrisa irónica, comentó:

—No es más que una tapadera... El juego clandestino se juega en
la habitación trasera.

Cuando le pregunté si opinaba que su investigación había probado la reencarnación, respondió:

—Salvo las matemáticas, no hay ninguna ciencia exacta. Sin embargo, para todos los casos que conocemos hasta ahora, la reencarnación es la mejor explicación que hemos sido capaces de encontrar.
Hay un impresionante cuerpo de evidencias que, con el tiempo, ten-
drán incluso más peso. En mi opinión, una persona racional podría
creer en la reencarnación a partir de dichas pruebas.

La cautela de su respuesta me impresionó. En sus palabras podía
leerse una clara y manifiesta humildad. A diferencia de lo que había
dicho el cardiólogo, en la ecuación de Stevenson no figuraba la paz

del mundo. Sin embargo, decidí sondear este aspecto un poco más para asegurarme de que detrás de sus palabras no se ocultaba ninguna ideología propia de la espiritualidad de la New Age.

—Uno de los aspectos que más dificultan aceptar la reencarnación es el problema de la superpoblación —comenté—. En este siglo ha nacido mucha más gente que en todos los anteriores. ¿Todos somos un alma reencarnada o sólo lo son algunas personas? ¿De dónde proceden las nuevas almas?

Stevenson y yo estábamos sentados en dos sofás situados uno frente al otro. En aquella vieja casa se respiraba cierto aire del pasado. Por su forma de vestir, por sus cuidadas maneras y por el tono afable de nuestra entrevista, por un momento me creí transportado en el tiempo y estar viviendo una de aquellas escenas en que dos caballeros de principios de siglo se sientan en el salón para tomar un brandy y conversar. Antes de responder a mi pregunta, Stevenson guardó silencio durante unos segundos y frunció el entrecejo como si estuviera sopesando mi pregunta y reflexionando sobre su respuesta, algo que no estaba muy acostumbrado a ver.

—Éste no es un problema que pueda tomarse a la ligera —dijo finalmente—. Hay quienes sugieren que las almas proceden de otros planetas (la opinión general es que hay millones de planetas habitados en el universo). Otros afirman que la creación de almas es continua. Por supuesto, no cuento con ninguna prueba que pueda demostrar cualquiera de estas dos afirmaciones.

Su respuesta confirmó la buena impresión que me había merecido. Así pues, le expliqué que quería acompañarle en su investigación de campo. Le comenté que como observador y periodista podría recrear para los lectores su riguroso trabajo de investigación, dar cuenta del comportamiento de sus informantes y servir para confirmar la credibilidad de aquéllos.

A continuación añadí que mi presencia testimonial le serviría para evaluar mejor su trabajo.

Stevenson asintió con la cabeza. Me dijo que apreciaba mi interés, pero que había ciertos problemas. Tenía previsto retirarse y sus días como investigador de campo estaban contados, aunque aún tenía dos viajes por delante. Sin embargo, pese a que mi proposición le resultaba tentadora, le preocupaba que su investigación en lugares exóticos —países difíciles para un neófito— se viera alterada si tenía que preocuparse de mí.

Lo que no dijo era que desconocía por completo el tipo de enfoque que yo daría a su trabajo o hasta qué punto mi presencia podría afectar el rigor de su investigación.

Aunque salí de su despacho sin que se pronunciara al respecto, yo albergaba esperanzas. No me había dicho que sí, pero tampoco que no.

Durante los meses siguientes, mientras aguardaba a que Stevenson decidiera la fecha de su siguiente viaje y decidiera finalmente invitarme o negarse a mi propuesta, encontré un libro recién publicado por otro filósofo, Paul Edwards, de la New Scholl Para Social Research de Nueva York, una extensa disquisición sobre el trabajo de Stevenson, si bien destinada al público no especializado. Como suele ocurrir, el libro, *Reincarnation: A Critical Examination*, era una enérgica y demoledora crítica de la reencarnación. En la introducción, Edwards calificaba a Stevenson en los siguientes términos:

> El autor que con más frecuencia se critica en este libro es el profesor Ian Stevenson, de la Universidad de Virginia. Debo aclarar que no hay nada personal contra él en mis comentarios. No conozco al doctor Stevenson personalmente, sólo he mantenido correspondencia con él y siempre ha respondido con cortesía y respeto a todas mis preguntas sobre sus publicaciones. Stevenson es la persona que más ha escrito y con más inteligencia sobre la reencarnación, motivo por el cual es citado numerosas veces en mi libro.

Edwards me proporcionó un gran servicio recogiendo y elaborando una lista de objeciones contra la reencarnación. Sin embargo, por la forma de abordar ciertas cuestiones importantes, exhibió también algunos puntos de vista poco imparciales y subjetivos. Un ejemplo procede de su discusión sobre Virginia Tighe, la mujer objeto de estudio del famoso caso Bridey Murphy que se convirtiera en noticia en los años cincuenta. Durante una sesión de hipnosis, Tighe había recordado ser una mujer irlandesa llamada Bridey Murphy y aportó muchos detalles sobre las costumbres irlandesas del siglo XIX. Años más tarde, Tighe manifestó sus dudas respecto a la autenticidad de aquellos recuerdos. Advirtiendo su retracción, Edwards escribe gratuitamente: «Virginia parece una mujer que pisa con los pies en el suelo, una mujer muy distinta a esas locas que se sienten atraídas por el ocultismo.»

Edwards también arguía que la posibilidad de la reencarnación debe ser rechazada porque la noción en sí misma resulta «ridícula». «Los partidarios de la reencarnación sostienen la noción absurda de la existencia de un cuerpo astral o espiritual y afirman la todavía más absurda hipótesis de que dicho cuerpo elige un vientre materno durante la concepción o en algún estadio de la gestación.»

Aquélla era la clase de «objeción a priori» de la que Stephen Braude hablaba en su artículo, sin embargo Edwards no parecía dispuesto a aceptar el argumento de Braude acerca de la facilicidad de imaginar evidencias «tan sólidas que no cabe otra opción que admitir (o por lo menos contemplar seriamente) que la reencarnación es un hecho».

Después de todo, hacerlo sería un sinsentido.

A pesar de su subjetivismo, la objeciones de Edwards no son absolutamente desdeñables. Uno de los aspectos que señala, y que yo entonces todavía desconocía, tienen que ver con los informes de científicos independientes que habían investigado casos parecidos a los de Stevenson llegando a conclusiones parecidas: todos aquellos informes estaban suscritos por investigadores motivados y subvencionados por Stevenson.

En general, escribe Edwards, los casos de Stevenson pueden parecer aceptables en conjunto, pero un análisis profundo revela que «fallan por su propia base», y cita a un antiguo ayudante de Stevenson que le critica por formular preguntas condicionadas, dirigir investigaciones superficiales, no tener demasiado en cuenta la «falibilidad humana» de los testigos que entrevista, y redactar los casos de forma que resultan más interesantes de lo que en realidad son.

No obstante, Edwards es más sutil a la hora de arremeter directamente contra la tesis de Stevenson:

> ¿Qué es más probable: que haya cuerpos astrales capaces de aposentarse en el vientre de futuras madres y que los niños puedan recordar acontecimientos de supuestas vidas anteriores, o que los niños de Stevenson, sus padres o cualquier testigo, consciente o inconscientemente, mientan o que posiblemente sus recuerdos les hayan conducido a hacer afirmaciones e identificaciones erróneas?

Lo que Edwards trata de decir es que, puesto que aceptar la reencarnación pondría en tela de juicio la actual interpretación del mundo, es preferible desechar tal posibilidad. Ésta es sin duda la posición que defiende el dogma, pero no la ciencia.

¿Podía cualquier objeción contra la reencarnación ser tan inapelable como para descartar de pleno las opiniones de alguien que, basándose en las investigaciones y la metodología de Stevenson, pudiera comprobar las evidencias por sí mismo? Sin embargo, habida cuenta de todo cuanto estaba en juego —nada menos que la posible evidencia de la vida después de la muerte—, tales opiniones merecerían al menos ser analizadas por un observador imparcial.

SEGUNDA PARTE

BEIRUT

Niños de la guerra

4

El libro de Daniel

E l Líbano. ¿Stevenson había mencionado el Líbano cuando le entrevisté en enero? Sabía que estaba planificando un viaje en otoño, pero desconocía su destino final.

No me preocupé demasiado cuando me habló de que las condiciones del viaje serían duras.

Sin embargo, cuando me enteré de que viajaría al Líbano, sentí un escalofrío. La última vez que pensé en aquel trágico rincón del mundo, el Líbano y su capital Beirut, fue para identificarlo con un infierno terrenal —un campo de batalla urbano en el que todos sus ciudadanos eran combatientes. Masacres, secuestros, asesinatos, bombardeos indiscriminados de barrios residenciales, coches bombas, terroristas camicaces. El Líbano era un lugar que despertaba, tanto a los marines americanos como al ejército israelí, un sentimiento de horror.

He de reconocer que cuando en enero planteé la posibilidad a Stevenson de ser su compañero de viaje, era una mera idea. Sin embargo, había dejado de serlo. Delante de mí, sobre la mesa, tenía la reserva del viaje y en la mano un bolígrafo que aguardaba a que mi mente diera la pertinente orden para firmarla.

¿Stevenson había dicho realmente «el Líbano»?

En ese momento recordé que hacía un par de meses Stevenson me había enviado un *e-mail* especificando sus planes por escrito. Sin pensarlo dos veces, encendí el ordenador, comprobé los archivos de mi correo electrónico y allí estaba.

«Preveo dos viajes de trabajo en los meses venideros; a la India, a principios de 1998, y al Líbano este mismo otoño.»

Por Internet, accedí a la página de información para el viajero del Departamento de Estado y consulté la situación reinante en el Líbano:

LÍBANO – ADVERTENCIA PARA EL VIAJERO.
30 de julio de 1997.
El Departamento de Estado advierte a todos los ciudadanos norteamericanos del peligro de viajar al Líbano.

Por consiguiente, se recomienda que sólo viajen a este país aquellos norteamericanos que tengan una razón de peso para hacerlo. En el pasado, los ciudadanos americanos han sido objeto de numerosos actos terroristas en el Líbano. Los causantes de dichos ataques siguen en el Líbano. Debido al limitado personal destinado en ese país y la imposibilidad de enviar funcionarios, la embajada de Estados Unidos en Beirut no puede desempeñar sus rutinarias funciones consulares y no podrá brindar ayuda a los súbditos norteamericanos que viajen al Líbano. Además, los americanos que trabajan en nuestra embajada no utilizan el Aeropuerto Internacional de Beirut debido a las nulas garantías de seguridad que ofrece a pasajeros y aviones. La reciente restricción de la fecha de expiración del pasaporte no debe, bajo ningún concepto, ser considerada una resolución del Departamento de Estado, sino una medida de control necesaria para la seguridad de todos los norteamericanos que viajen al Líbano.

Recuerdo que durante la conversación que mantuvimos en primavera, Stevenson había bromeado acerca de cómo logró sobrevivir a «bandidos y tiranos» en sus diversos viajes. Sin embargo, a medida que la fecha de salida se acercaba y ante los acontecimientos que estaban sucediendo en el mundo, incluso Stevenson parecía preocupado. En Jerusalén, a sólo 240 kilómetros al sur del Líbano, brutales actos de terrorismo y represalias habían paralizado el proceso de paz palestino-israelí. En Irak, a sólo 320 kilómetros al este, Saddam Hussein se disponía a deportar a los miembros estadounidenses del equipo de las Naciones Unidas encargado de verificar que aquel país había erradicado sus armas biológicas y químicas. La posibilidad de un contrataque norteamericano no era una idea descabellada. A tenor de la situación mundial, ¿quién estaba en condiciones de adivinar lo que podría pasar?

Pero de momento el Líbano parecía a salvo de sumirse en un nuevo conflicto y Stevenson, consciente de que sus días de aventuras estaban tocando a su fin, no estaba dispuesto a posponer aquel viaje. Además, no había vuelto al Líbano desde hacía dieciséis años, cuando su trabajo allí fue interrumpido por el estallido de la guerra civil y el período de posguerra. No obstante, pronto descubriría por qué realmente Stevenson tenía tantas ganas de regresar.

Fruto de sus primeras visitas al Líbano, Stevenson contaba con amigos y ayudantes en Beirut. Encabezaba la lista una mujer que había trabajado como intérprete y ayudante en su investigación, Majd Abu-Izzedin. Pronto descubrí que su nombre era más difícil de pronunciar de lo que parecía. El truco consistía en pronunciar las tres sílabas, *Ma-je-duh*, como si de una sola se tratara. Stevenson conocía a Majd desde hacía más de veinte años, desde que un profesor de la Universidad Americana en Beirut la había recomendado a Stevenson para que éste la incluyera en su equipo de investigación. Después de que la guerra interrumpiera la investigación de Stevenson, Majd permaneció en el Líbano, sobreviviendo a los años más duros, resguardándose en los sótanos de los edificios que todavía quedaban en pie mientras su ciudad era reducida a escombros. Finalmente, en 1985 emigró a América, y se estableció en Virginia, no muy lejos de Charlottesville. Una vez en nuestro país, Majd y su esposo Faisal se dedicaron a cultivar vegetales orgánicos para tiendas especializadas y restaurantes en la granja que ambos compraron y vivió una vida tan apacible como agitada lo había sido en Beirut. Pero el verano anterior habían regresado al Líbano para que Faisal, un experto horticultor, pudiera acceder a un puesto en el Ministerio de Medio Ambiente libanés. Su hijo de diez años tuvo que cambiar una pacífica vida en la Virginia semirrural —la única que había conocido hasta entonces— por la inseguridad de Beirut.

Tener a Majd en Beirut fue una increíble ayuda para Stevenson. Parecía conocer a todo el mundo y no tener miedo a nada. Ella y Faisal procedían de dos respetables familias de la comunidad drusa. Los drusos practican una variación del chiísmo islámico, aunque ellos consideren que la suya es una religión totalmente distinta. Durante generaciones, sus prácticas religiosas fueron semisecretas, pero una de las principales diferencias entre los drusos y las sectas musulmanas ortodoxas es la firme creencia de los drusos en la reencarnación, una creencia reforzada por los testimonios de niños drusos que han dicho recordar vidas anteriores.

Me encontré con Stevenson en la sala de embarque del aeropuerto Charles de Gaulle de París. Nuestro vuelo de la compañía Air France estaba embarcando cuando yo llegué. Aunque Stevenson volaba en primera clase, mientras que yo lo hacía en clase turista, aguardó hasta verme llegar para saludarme. Alto y con su habitual aspecto distinguido, sostenía una cartera de piel y sobre el brazo llevaba su abrigo doblado. Su cabello blanco estaba ligeramente despeinado, como el día en que le conocí en Charlottesville, como si un viento invisible lo ondulara, y sus hombros encogidos como si se dispusiera a cruzar el umbral de una puerta baja. Apenas tuvimos tiempo de estrecharnos las manos; minutos más tarde ambos ocupábamos nuestros correspondientes asientos.

Al verle, me pregunté de nuevo si Stevenson abrigaba alguna duda por haber invitado a un periodista, al que sólo había visto una vez, para observar su trabajo de forma minuciosa. Ojalá pensara que su decisión no había sido una insensatez sino una prueba de su confianza en que aquel viaje soportaría la mirada de un observador tan escéptico como yo.

Durante el vuelo, la comida y el servicio fueron excelentes. Los pasajeros, la mayoría libaneses, eran ejecutivos internacionales ataviados con trajes de corte italiano, vestidos de diseño y sofisticadas joyas. Aquél era mi primer contacto con un Líbano resurgente, el país que, antes de los quince años de guerra, había sido considerado el París de Oriente Medio y que ahora parecía tener prisa por recuperar su reputación.

La noche cayó sobre el Mediterráneo y Beirut emergió como una red de luces brillantes contra el fondo oscuro del mar. Pero la red tenía grandes agujeros. No me di cuenta de ello hasta que la luz del día me reveló que se trataba de amplias zonas en escombros, todavía por reconstruir tras el paso de la guerra.

Una vez en tierra, la estructura de acero de un nuevo aeropuerto se alzaba justo al lado de la gris terminal testigo del horror de los bombardeos. Antes de conocer a Majd, me dijo por teléfono con un acento inglés muy melodioso, pero con cierta vergüenza ajena: «El aeropuerto está en muy malas condiciones debido a los trabajos de construcción.»

También me dijo que no debía preocuparme por pedir un visado a la embajada libanesa, ya que podría conseguir uno en cuanto llegara al país. Una vez más, Majd tenía razón. Al llegar a la única y sencilla terminal, pagamos 17 dólares por el sello del visado y salimos del aeropuerto. Tan sólo habían transcurrido diez minutos.

Mahmoud, el chófer de Majd, estaba en medio de una multitud que se aglutinaba frente a las puertas exteriores de la terminal. Su pronunciado estómago parecía a punto de reventar los botones de su camisa de algodón. Su rostro era rollizo y simpático, enmarcado por un cabello gris y perfilado por un bigote oscuro y unas cejas muy pobladas. No había visto a Stevenson desde hacía dos décadas y parecía auténticamente feliz de reencontrarse con él.

Mahmoud se encargó del carrito del equipaje y de guiarnos a través del leve caos del aeropuerto hasta un Mercedes oscuro. Majd, una hermosa y menuda mujer de facciones angulosas, ojos vivos y negro cabello corto, bajó del coche. Tras abrazar a Stevenson, me estrechó la mano.

Tras colocar el equipaje en el maletero, Stevenson se sentó en el asiento trasero, junto a Majd; yo lo hice en el delantero. Mahmoud (a juzgar por cómo lo pronunciaba Majd parecía estar hablando con acento norteamericano sureño y alemán a la vez) se dirigió a la salida, saludó solícitamente a los soldados de guardia, asegurándose de mirarles directamente a los ojos, y a continuación nos condujo hasta el centro de Beirut.

Mientras Majd hojeaba sus notas, Stevenson le preguntó qué tal se había adaptado a la vida en el Líbano.

—Es duro dejar atrás un país civilizado donde todo resulta tan fácil para vivir en uno en el que todo son dificultades. Además, después de tantos años de guerra la gente ha cambiado. Esto es lo peor. —Majd suspiró profundamente y luego, cambiando de tema, exclamó—: ¡Buenas noticias, doctor Stevenson! Todos los sujetos que deseaba entrevistar siguen viviendo en las mismas direcciones de hace dieciséis años. Es realmente un milagro, ¿no cree? Además, todos están deseosos de verle.

Stevenson tenía previsto cumplir una serie de objetivos en el Líbano. Quería revisar y actualizar casos que había investigado años atrás y que ahora planificaba publicar por primera vez. Asimismo, buscaba nuevos casos con niños, pero no para estudiarlos él mismo, sino para preparar el camino de un investigador de Islandia, llamado Erlendur Haraldsson, que había realizado pruebas psicológicas a los niños de los casos de Stevenson en Sri Lanka y quería ampliar su estudio a los niños libaneses. Finalmente, había previsto volver a visitar a algunos sujetos que había conocido hacía más de treinta años, para averiguar hasta qué punto perduran en el tiempo los recuerdos de vidas pasadas y algunas conductas asociadas a éstas.

En mi opinión, creo que, secretamente, también quería despedirse de ellos. Siempre que emprendía un nuevo viaje, solía jurar y perjurar que sería el último. Sin embargo, en esta ocasión creo que realmente estaba persuadido de ello.

El coche giró a la derecha y enfiló una calle muy empinada. A lo lejos, una torre alta y estrecha se alzaba entre la oscuridad de la noche.

—Esta zona solía ser el centro de la ciudad —dijo Majd—. Fue arrasada durante la guerra.

—¿Es nuevo? —preguntó Stevenson señalando al único rascacielos que todavía quedaba en pie.

—No. Antes de la guerra era el edificio más alto de la ciudad, ¿no lo recuerda? Pensaron que podrían salvarlo, pero fue bombardeado. —Mientras nos aproximábamos al edificio, Majad pareció estremecerse—. Durante las refriegas, los francotiradores disparaban desde los pisos superiores. ¡Era muy peligroso!

Abandonamos la zona solitaria del centro para adentrarnos en una red de calles estrechas llenas de coches que hacían sonar sus bocinas, y plagadas de escaparates de tiendas, la mayoría de ellas protegidas por puertas blindadas de acero. El hotel Cavalier se encontraba al final de una calle estrecha, frente a un edificio bombardeado en reconstrucción y a media manzana de la rue Hamra, en la zona comercial del oeste de Beirut. El vestíbulo del hotel era pequeño y sin muchas pretensiones, sólo un sofá y un par de sillas junto a una mesilla de centro ocupaban el reducido espacio entre el mostrador de recepción y el ascensor. Pronto descubrí que a Stevenson no parecía afectarle el *jet lag*. Cuando nos registramos en el hotel era más de medianoche. Tras despedirnos de Majd, Stevenson y yo convinimos en reunirnos en el vestíbulo a las 8.30 de la mañana siguiente.

Bajé al vestíbulo a la hora acordada. Stevenson estaba sentado en la silla donde le había dejado la noche anterior, hojeando unas carpetas repletas de notas y reseñas de casos.

Majd todavía no había llegado.

—Que conduzca el Mercedes es un síntoma de que los tiempos han cambiado —observó Stevenson—. Cuando estuve aquí la última vez, dejaba el Mercedes en casa y conducía un viejo coche utilitario porque en los puestos de control requisaban los coches. Si los ocupantes estaban de suerte, salían con vida; de lo contrario, o si tenían el nombre o el acento equivocado, no se les volvía a ver.

Uno de los casos que Stevenson quería volver a estudiar durante aquel viaje era el del niño Daniel Jirdi, que decía recordar la vida de Rashid Khaddege, un mecánico que había muerto en un accidente de tráfico a la edad de 26 años. Stevenson y Majd habían entrevistado a Daniel hacía dieciocho años, cuando sólo contaba con nueve años de edad.

Lo que leí del caso en las notas de Stevenson me satisfizo bastante. Presentaba un importante número de características que, de resistir mi escéptico escrutinio, serían dignas de consideración. Para empezar, y esto es algo habitual en los casos de Stevenson, la vida que Daniel recordaba era de lo más normal y sin ningún tipo de pretensión. Se trataba de la vida de un sencillo hombre trabajador, soltero y sin descendencia, fallecido en un accidente rutinario; nada que ver con las típicas fantasías de un niño. Más importante todavía, las dos familias implicadas negaban conocerse antes de que el niño manifestara sus recuerdos. De ser cierto, sería difícil explicar cómo un niño pequeño había sido capaz de proporcionar información detallada de una persona extraña que vivía en una comunidad diferente y que falleció un año antes de que él naciera. Daniel había empezado a hacer afirmaciones tan pronto empezó a hablar, y su temprana edad hacía impensable cualquier clase de fraude. Sin embargo, las cosas cambian rápidamente cuando un niño crece, se hace más consciente del entorno, más hábil verbalmente y entra en contacto con el mundo exterior. En tanto que padre, puedo asegurar que a la edad de cinco años los niños van almacenando y repitiendo todo tipo de información, provocando en los padres comentarios como: «¿Dónde ha aprendido eso?»

Pero creer que un niño puede aprender y repetir biografías completas y detalladas de alguien a quien desconoce es algo muy distinto y casi absurdo.

Sin embargo, el caso de Daniel también tenía un punto débil, un aspecto compartido no por todos pero sí por algunos de los casos más extraños de Stevenson: las dos familias se habían conocido y reunido antes de que Stevenson las entrevistara. Así pues, el doctor no tuvo la oportunidad de contemplar por sí mismo la reacción del niño al conocer a la familia a la que decía recordar, ni la oportunidad de escuchar personalmente las afirmaciones del niño sobre su personalidad previa (su PP, tal como lo abreviaban Stevenson y Majd) antes de que dichas afirmaciones fueran apoyadas o refutadas por los familiares de la persona que decía ser. En estos casos, verificar que el niño había hecho afirmaciones correctas dependía exclusivamente de la comparación de los relatos de los testigos de primera mano y de la evaluación, por parte del investigador, del grado de credibilidad de esos testigos.

Una cosa era leer la propia evaluación de Stevenson sobre estos factores en sus informes, donde aparecían, en gran parte y aunque escuetos, meticulosamente expresados, y otra muy distinta que yo mismo hubiera podido evaluar personalmente a los sujetos y los testigos, escuchar sus voces, observar la expresión de sus rostros y las circunstancias externas que les rodeaban.

Cuando llegó Majd, ella y Stevenson se sentaron en el vestíbulo a discutir la logística del viaje. Entretanto, me dediqué a leer el expediente del caso Jirdi hasta topar con una entrevista transcrita que Majd había mantenido con Daniel en 1979, cuando el chico tenía nueve años de edad. Majd se interesaba por averiguar las circunstancias que habían rodeado la muerte a causa de un accidente de tráfico que Daniel recordaba como si el incidente le hubiera ocurrido realmente a él:

> MAJD: ¿Cuántas personas iban en el coche?
> DANIEL: Seis.
> M.: ¿Quién conducía?
> D.: Ibrahim.
> M.: ¿Es mayor que tú?
> D.: Tiene dos años más.
> M.: ¿Puedes verle?
> D.: No, pero si le viera, le mataría.
> M.: ¿Cómo te va en la escuela?
> D.: Muy bien. Soy muy bueno en matemáticas.
> M.: ¿Para qué empresa trabajabas?
> D.: Para la Datsun. No... para la Fiat.
> M.: ¿Dónde?
> D.: En Beirut.
> M.: ¿Cómo ocurrió el accidente?
> D.: Otro coche nos adelantó y el conductor nos insultó. Ibrahim se enfadó, pisó el acelerador para adelantarle e insultarle también, pero el coche volcó y chocamos. Sacaron a mi amigo, que estaba junto a mí, y a mí me dejaron allí. Los demás salieron por sí solos del coche. También recuerdo que me caí por un balcón. Eso es todo lo que recuerdo.

Leí aquella transcripción varias veces. Estaba fascinado por varias razones, pero traté de concretarlas. Por un lado, en sus libros Stevenson sólo menciona el caso pero no reproduce las palabras del niño, así que aquella era la primera vez que realmente leía las respuestas textuales de un niño que hablaba de él en primera persona cuando adoptaba la personalidad del hombre fallecido. El tono de la entrevista era realmente increíble: la víctima de un accidente mortal explica cómo ha muerto y a continuación un niño comenta lo bueno que es en matemáticas en su actual vida.

Pero también advertí algo más. Algunas de las afirmaciones de Daniel eran contrarias a las procedentes de otras fuentes registradas también en el expediente. Por ejemplo, la madre de Rashid había dicho que en el coche iban cuatro personas, no seis. Por otra parte, cuando Majd preguntó a Daniel en qué empresa trabajaba, éste, adoptando la personalidad de Rashid, primero dijo Datsun y luego se corrigió y dijo Fiat, la respuesta correcta, como si hubiera memorizado las respuestas y hubiera tenido un momento de confusión. Algunas de las afirmaciones de Daniel en aquella entrevista, sobre todo la de recordar caerse desde un balcón, no habían sido revisadas posteriormente. Por lo que pude comprobar, en el expediente no había mención alguna acerca de aquella caída.

Me advirtieron que en noviembre en Beirut podía hacer frío, pero mientras subíamos al Mercedes para iniciar la ruta prevista de nuestro primer día, descubrí con agrado que la temperatura era templada y hacía sol. Tras interesarme por la declaración de Daniel sobre su caída por un balcón, Stevenson me comentó que no sería válido investigar sobre este aspecto, que no había indagado sobre la confirmación o refutación de las discrepancias advertidas en el expediente, porque aquella entrevista con Daniel había tenido lugar poco después de que las dos familias implicadas se conocieran y entablaran una larga relación. Por entonces, Daniel podía haber repetido fácilmente cosas —detalladas o no— oídas cuando ambas familias u otras personas hablaban de él o de Rashid. Stevenson consideraba que cualquier afirmación de los sujetos posterior al contacto con las familias de su personalidad previa podía estar «contaminada», y priorizaba las verificaciones de las afirmaciones previas a cualquier contacto y confirmadas por testigos de primera mano. También puntualizó que ninguno de los «recuerdos» de los sujetos era infalible, y que la memoria no es infalible, ni siquiera durante la brevedad de una única vida.

Hojeando el expediente descubrí que, según los padres, las manifestaciones de Daniel antes de conocer a los Khaddege eran escasas. Una de sus primeras palabras fue el nombre «Ibrahim», que pronunciaba frecuentemente. Según sus padres, al principio no imaginaban por qué Daniel mencionaba aquel nombre. Pero a medida que mejoró en el uso del lenguaje, descubrieron que Daniel asociaba mentalmente aquel nombre con un serio accidente de coche. Cuando Daniel tenía dos años y medio, en una excursión familiar, un adulto pronunció «Kfarmatta», el nombre de un pequeño pueblo próximo al lugar donde vivían los

Jirdi. Los padres de Daniel, ajenos a que su hijo hubiera escuchado la conversación de los adultos, se quedaron atónitos cuando Daniel —que nunca había salido del pueblo— dijo: «Así no se pronuncia» y a continuación pronunció el nombre correctamente. Cuando llegaron a casa, el padre preguntó a Daniel de dónde conocía el nombre de aquel pueblo, a lo que el niño respondió: «Yo soy de Kfarmatta.»

Algún tiempo después, cuando la familia iba en coche en dirección a Beirut, pasaron por un lugar costero llamado Military Beach. Daniel cerró los ojos, se llevó las manos a la cara y empezó a gritar y llorar: «¡Aquí fue donde morí!»

Más tarde, Daniel dijo que había sido mecánico y describió el accidente de forma detallada, diciendo que el coche había volcado a consecuencia del exceso de velocidad y que él se había golpeado en la cabeza.

El padre de Daniel se mostraba escéptico respecto a la reencarnación, una postura poco habitual entre los drusos. Sin embargo, el comportamiento de su hijo le impresionó tanto que envió a un familiar a Kfarmatta para que averiguara si en aquel pueblo había alguien que encajara con las afirmaciones de Daniel, pues todavía no había pronunciado el nombre de Rashid ni el apellido de la familia Khaddege. Sin embargo, había suficientes detalles —el nombre Ibrahim, la localización y descripción del accidente y la ocupación del fallecido—, para descubrir que se trataba de Rashid y para poder contactar con sus familiares. Tras correr ciertos rumores de que un niño decía ser el hijo reencarnado de los Khaddege, éstos visitaron a Daniel.

En las entrevistas de Stevenson de 1979, los Jirdi y los Khaddege dijeron que Daniel reconoció de inmediato a la hermana de Rashid, Najla, y la llamó por su nombre.

Sin duda se trataba de un relato impresionante. No obstante, yo todavía estaba sorprendido por las contradicciones que había observado tras leer la entrevista de Daniel, que ponían de manifiesto la dificultad que supone trabajar con testimonios de este tipo. Por otra parte, me negaba a aceptar que la afirmación de la caída por el balcón tuviera que rechazarse tan a la ligera. En este sentido, decidí que si se me presentaba una oportunidad, formularía una pregunta al respecto.

〜

Con esta idea rondándome la mente, descubrí por primera vez las calles de Beirut a la luz del día. No tardé en percatarme de la ausencia de semáforos y carriles. Toda la ciudad se caracteriza por un masivo colapso de tráfico. Los coches, los camiones y los vehículos militares circulan siguiendo un extraño y desquiciante código que consiste básicamente en descargar la agresividad lanzando improperios y en la teoría de que conseguir circular justifica cualquier infracción de tráfico.

A medida que nos adentrábamos más en la ciudad, toda mi atención se centraba en contemplar atónito su estado ruinoso. En todas partes había edificios medio derruidos, con los pisos superiores arrancados y con balcones de hormigón colgando, y montañas de escombros contra los edificios que todavía quedaban en pie. Pero a medida que mis ojos y mi corazón se acostumbraban a aquella devastación, advertí la presencia de un vertiginoso movimiento. Las ruinas parecían cobrar vida. En las calles abarrotadas circulaban peatones, las tiendas estaban abiertas y bien abastecidas, los restaurantes y los cafés llenos de gente, y las tiendas exhibían en sus escaparates aparatos electrónicos de última generación. De vez en cuando, en la planta baja de uno de aquellos edificios sin tejado destacaba la presencia de una elegante boutique femenina, aparentemente ajena a las toneladas de hormigón que colgaban peligrosamente de la fachada del edificio.

En un momento dado, nos vimos atrapados en el tráfico y un brillante destello de color captó mi atención. En una esquina, junto a las ruinas de un edificio, un vendedor había dispuesto un improvisado tenderete de fruta fresca —bananas, manzanas rojas y melones— dispuesta en cestas y cajas con sus respectivos precios. Las cajas estaban apuntaladas sobre bloques de hormigón destrozados y las bananas colgaban de barras de acero retorcidas que emergían de las ruinas. Los transeúntes se detenían, escogiendo frutas y pagando al vendedor.

Miré con detenimiento las ruinas del edificio de al lado. Resultaba sorprendente ver que entre ellas brotaba la vida: musgo, hierbajos, incluso arbustos y árboles pequeños emergían entre las grietas de las paredes. Concentrando más mi mirada, advertí que de los marcos desnudos de las que en su día habían sido ventanas colgaba ropa tendida. Pantalones cortos, calzoncillos, bragas, vestidos, tendidos en cables oxidados y meciéndose al compás de la brisa. En los derruidos balcones había macetas con plantas e incluso tomates. Cables eléctricos se elevaban por las fachadas exteriores hasta los apartamentos. Aquí y allá, se veían las bombillas encendidas, y en una planta baja un mecánico estaba reparando un coche.

Aunque hubiera tenido que sentirme aliviado al contemplar cómo la vida había encontrado una forma de proseguir, cómo el comercio y la normalidad habían echado raíces en mitad de aquella ciudad asolada hacía años por la destrucción, me embargó la tristeza. Una parte de mí anhelaba que aquello fuera una tumba silenciosa, un memorial con la inscripción «¡Nunca más!» en una lápida de hormigón. Sin embargo, aquella imagen era el testimonio patente de que, a pesar de las aberraciones generadas por el propio ser humano, el mundo seguía girando y la vida proseguía.

El Mercedes descendió por la zona de la ciudad que bordea la costa. Aquí y allá, las ruinas de antiguas mezquitas bombardeadas se ocultaban tras los andamios que parecían erigidos para recordar su presencia. Por lo demás, el centro de la ciudad estaba tan destruido y desolado que parecía un gran aparcamiento en el que había enormes fosas rectangulares donde se alojarían los cimientos de los nuevos edificios que, finalmente, algún día acabarían de construirse. Aquella mañana, salvo por una pila de antiguas columnas de mármol —jónicas, dóricas, corintias, de todos los estilos que una vez tuve que memorizar en la clase de historia— que habían sido rescatadas de entre los escombros, no había signo alguno de que los trabajos de reconstrucción fueran a llevarse a cabo. En el puerto, un islote emergía del agua, un extraño montículo que se alzaba unos treinta metros por encima del mar: se trataba literalmente de una montaña de escombros.

Junto a la planta baja de un bloque de apartamentos derruidos, un nuevo edificio blanco de seis pisos se alzaba junto a una gran guitarra eléctrica de tres pisos de altura. Se trataba del Hard Rock Café de Beirut. ¿Cómo podía ser tan peligrosa una ciudad en la que se rinde culto a los pantalones de cuero de Jim Morrison?

Tras dejar atrás el centro de la ciudad, tomamos la carretera que bordea la costa y luego giramos hacia el este en dirección a las montañas. Esperaba poder contemplar el paisaje campestre, pero en su lugar sólo vi la misma combinación de edificios derruidos, edificios en construcción y puestos de control del ejército, tanto libanés como sirio, con tanques y vehículos blindados a un lado de la carretera o en el interior de las que en su día había sido la planta baja de los edificios. Ascendíamos la ladera de la montaña, por una carretera de curvas cerradas.

Durante el trayecto, los horrores de la guerra resultaban más patentes y sobrecogedores. Aquellas montañas, núcleo donde vive la población drusa del Líbano, habían sido brutalmente bombardeadas durante años.

Casi a dos horas de Beirut, la carretera, asfaltada pero muy deteriorada, daba paso a un camino de tierra que conducía al pueblo de Kfarmatta. Salvo una hilera de tiendas en la planta baja de edificios de dos o tres pisos, algunos en ruinas, todos ellos marcados con metralla, no había mucho que ver allí. En un empinado trecho, la carretera, engullida por una gran trinchera, pareció desaparecer. Mahmoud avanzó por el inexistente arcén durante unos segundos, los suficientes para tener el corazón en un puño, pues el abismo se abría a nuestros pies.

En aquel pueblo se habían producido terribles masacres de drusos a manos de las milicias cristianas. Las masacres habían sido mutuas, pero los drusos habían sufrido más pérdidas humanas y materiales que cualquier otra comunidad. Los niños nacidos después de la guerra miraban con ociosa curiosidad cómo el Mercedes levantaba una estela de polvo al pasar.

Al final de la calle principal, la carretera zigzagueaba a la derecha y luego volvía a ascender. Seguimos adelante hasta cruzar el pueblo. Después Mahmoud detuvo el coche y llamó desde la ventanilla a un hombre que iba en bicicleta. Estábamos buscando a Najla Khaddege, la hermana mayor de Rashid, el hombre que Daniel decía haber sido, en su vida anterior. Según Majd nunca daríamos con ella si preguntábamos por su nombre de soltera.

—Aquí es muy importante conocer el nombre paterno, sólo así se puede encontrar una casa —explicó—. Aunque el padre haya muerto hace cuarenta años, es su nombre el que todos conocen.

Majd no se equivocaba. Naim Khaddege, el padre de Rashid, había desaparecido durante la guerra contra Israel en 1948. La familia nunca supo qué fue de él. Pero tan pronto Majd mencionó su nombre, el hombre señaló con el dedo la dirección de donde veníamos. La casa resultó estar junto a aquella trinchera que había engullido la carretera.

Se trataba de un edificio de tres pisos de bloques de hormigón y con una escalera exterior. Otro edificio parecido, en otro tiempo adosado al primero, se había derrumbado por completo. Majd bajó del coche y desapareció durante un buen rato. Cuando regresó, nos contó que Najla estaba en Beirut, pero que la hermana pequeña de Rashid, Muna, estaba allí.

—He tardado tanto porque me ha contado un nuevo caso —dijo Majd—. Al parecer la hija de Muna, de veintiún años de edad, Ulfat, dice recordar haber sido una joven asesinada por los cristianos durante la guerra civil.

A Stevenson le decepcionó que la joven fuera tan mayor, pero la noticia de un nuevo caso me sorprendió. Aquél era nuestro primer día en el Líbano, nuestro primer contacto con alguien, y de pronto habíamos topado casualmente con un nuevo caso. Resultaba demasiada casualidad para ser verdad. Tras bajar del Mercedes, seguimos a Majd y entramos en el piso situado en la planta baja del edificio.

Muna, una mujer de baja estatura que llevaba una camisa militar abierta, bajo la que se veía una camiseta negra que anunciaba gafas para adolescentes, llevaba la cabeza y parte del rostro cubiertos con un *mandeel*, un pañuelo que denota devoción religiosa. Muna nos recibió afablemente y yo le dirigí un gesto con la cabeza, pues había sido advertido de no ofrecer mi mano a las mujeres que llevaran *mandeel*. Las mujeres drusas casadas no pueden tocar físicamente a un hombre que no pertenezca a su familia inmediata.

Majd explicó que aquélla era la «casa de verano» de la familia Khaddege, el lugar de las montañas al que ellos, como muchas otras familias, se trasladaban durante el verano para alejarse del calor y la polución de Beirut. Puesto que grandes familias compartían casas heredadas, poseer una segunda vivienda no tiene la misma connotación de riqueza que en América.

A pesar de las ruinas que rodeaban el edificio, el interior era espacioso, poco amueblado pero acogedor, con altos techos —de unos cuatro metros de alto— de los que colgaban largos cables eléctricos con bombillas desnudas. En un rincón de la estancia principal había una mesa con un televisor y un vídeo.

Muna nos invitó a sentarnos en un mullido sofá y luego fue a la cocina. Al cabo de unos minutos regresó con una bandeja de plata con tres latas de zumo de piña. Mientras sorbíamos el refresco Muna habló animadamente con Majd sobre los vívidos recuerdos de su hija de una vida anterior; terribles imágenes en las que recordaba haber sido golpeada y luego apuñalada por sus asesinos mientras dibujaban en su pecho la forma de una cruz con una navaja. La hija de Muna recordaba haber sufrido mucho antes de morir.

Siendo niña, dijo Muna, Ulfat tenía fobia a los cuchillos. Dijo que la joven incluso recordaba que mientras los hombres la torturaban vio a un amiga llamada Ida a través de una ventana y que había gritado su nombre, pero Ida, que era cristiana, no acudió en su ayuda. Mientras Muna relataba aquella escalofriante escena, a Majd se le llenaron los ojos de lágrimas. Muna dijo que las víctimas de estas masacres no solían recibir ayudas de sus vecinos, demasiado aterrorizados. A menudo los cadáveres eran abandonados en mitad de la calle y no eran recuperados ni enterrados hasta que los cristianos abandonaban el pueblo.

Por las afirmaciones de Ulfat, la familia de Muna logró averiguar que se trataba de una chica asesinada en una masacre perpetrada en un pueblo llamado Salina.

Tras preguntar a la madre si conocían de antes a la familia, Majd tradujo mi pregunta y Muna negó con la cabeza.

En ese momento se abrió la puerta y una joven muy hermosa, de largo cabello oscuro, entró en la habitación. Se trataba de Ulfat. La siguieron dos chicos adolescentes, su hermano y un amigo suyo. Ambos chicos vestían vaqueros, camisetas y gorras de béisbol. Los tres irrumpieron en la habitación como si fuesen típicos adolescentes norteamericanos. La camiseta del hermano de Ulfat tenía una leyenda que rezaba POMONA VALLEY, CALIFORNIA y en la gorra de su amigo se leía CIA. Ulfat llevaba una camiseta negra, vaqueros y botas de montaña, pero lucía unos pendientes de plata e iba maquillada. A pesar de su aspecto, Ulfat era una adolescente muy femenina.

Muna explicó a su hija la razón de nuestra presencia y preguntó a Ulfat si le importaba que le hiciéramos algunas preguntas.

—¡Desde luego que no! —dijo Ulfat—. Pueden hablar en inglés si lo desean.

Aquello no era lo que yo había imaginado al emprender el viaje.

Esperaba que los habitantes de los pueblos vistiesen sus trajes tradicionales y tuvieran costumbres extrañas. Sabía que algunos críticos de Stevenson habían cuestionado el uso de traductores porque, en su opinión, no se podía asegurar si la traducción era fiel o reflejaba un contexto cultural ajeno al del entrevistado. Sin embargo, aquella situación no me resultaba en absoluto ajena; era muy parecida a la casa de unos vecinos cubanos en Miami, donde los padres apenas hablan inglés y los hijos escuchan *heavy metal* todo el rato. Ante nosotros teníamos a un sujeto de un posible caso de reencarnación que poseía un vídeo y hablaba un perfecto inglés norteamericano.

Con Ulfat sentada en una silla frente a su madre, empezamos la entrevista. Ulfat dijo que estudiaba en la Universidad de Beirut; aún no sabía a qué se dedicaría cuando terminara sus estudios.

—¿Sigues recordando tu vida anterior? —preguntó Stevenson.

—No mucho —respondió la chica—, sólo nombres. De niña solía hablar de ello, pero ahora lo he olvidado. Recuerdo mi nombre y el de mi familia. Recuerdo también cuándo y cómo morí.

El nombre que recordaba Ulfat era Iqbal Saed.

—Recuerdo cada detalle del día de mi muerte.

—Cuéntanoslo —insté a la chica.

—Era de noche y yo estaba paseando por la calle. Tenía miedo de atravesar un callejón, pero no había otro camino. Había cuatro hombres armados. En cuanto me vieron, me dispararon en la pierna. Caí doblada en el suelo y los hombres encontraron las joyas que llevaba. —La joven señaló el bolsillo de su blusa—. Antes de matarme, me torturaron. No recuerdo mucho de mi vida anterior, pero sí el momento exacto en que me mataron. Cuando cierro los ojos puedo ver todo acerca de aquella noche.

—¿Cuántos años tenías? —preguntó Stevenson.

—Veintitrés.

—¿Recuerdas tener esa edad, o alguien te dijo que ésa era la edad de Iqbal cuando murió?

—Me dijeron que tenía veintitrés cuando morí.

—¿Ibas a la escuela en tu vida anterior?

—No lo creo.

Anoté ciertos apuntes en mi libreta. Ulfat no se mostraba ambigua al responder a las preguntas.

—¿Qué sientes sobre estos recuerdos? —pregunté.

—Me preocupan —respondió, e hizo una pausa—. Cuando era pequeña solía soñar que alguien venía a matarme.

Stevenson pidió a Majd que preguntara a Muna si conocía a alguien de Salina, el pueblo donde murió Iqbal.

—No —respondió Muna—. Está muy lejos de aquí.

—¿Tienes alguna marca de nacimiento? —preguntó Stevenson a Ulfat.

Ulfat negó con la cabeza.

—¿Algún dolor?

—Tampoco.

—¿Alguna dificultad física?

—Lo siento, pero no tengo ni marcas, ni dolores ni dificultades físicas.

—La siguiente pregunta está dirigida a Muna —dijo Stevenson—. ¿Tuvo Ulfat algún problema cuando empezó a caminar?

La madre respondió que ninguno, que la niña había empezado a andar cuando tenía once meses.

Muna hablaba con lentitud y Majd traducía. Muna pasaba la mayoría del tiempo en el campo cuando Ulfat era pequeña. Por eso su hermana Najla advirtió más signos de los recuerdos de Ulfat que de ella misma. Mucho de lo que Muna nos contó se lo había escuchado contar a Najla. En una ocasión, siendo Ulfat todavía pequeña, escuchó que los cristianos venían al pueblo y corrió despavorida a esconderse detrás del sofá diciendo: «Van a matarme así —y dibujó una señal de la cruz con el dedo sobre su pecho—, como me hicieron un día.»

Majd apenas pudo traducir sus palabras porque Muna seguía hablando y contando historias sobre reencarnaciones. Contó la historia de un hombre druso cuyo matrimonio fue prohibido porque se descubrió que su novia había sido su hermana en una vida anterior. También había tenido noticias de una mujer cuyo hijo empezó a hablar en un lenguaje que nadie entendía. Luego, un buen día, mientras caminaban por la calle, vieron a algunos indios hablando entre ellos, el niño se acercó y empezó a hablar hindú con fluidez y entendiendo todo lo que le decían.

Pero todo eso eran historias, y Muna no supo decirnos cómo contactar con las familias implicadas. Decidí hacer una pregunta sobre el recuerdo que Daniel tenía del balcón y su caída. No queriendo formular una pregunta que sugiriera una respuesta, pedí a Majd que averiguara si de niño Rashid había sufrido algún accidente. Muna nos miró con sorpresa y respondió de inmediato. Recordaba que Rashid no había sufrido ningún accidente cuando era niño, pero había presenciado cómo ella se caía de un balcón cuando tenía once años. Muna y su hermana pequeña Linda se habían caído por un balcón y Linda murió.

Stevenson parecía incómodo de que yo sacara a la luz aquel tema. Tal vez creía que yo estaba tratando de meter baza en las historias de Daniel. Él ya me había dicho que pensaba que aquella entrevista no tenía ningún valor como prueba. Sin embargo, parecía tan intrigado como yo. ¿Quizá el recuerdo de Daniel de haberse caído por un balcón se confundía con el recuerdo del dolor de perder a una hermanita? ¿Podía haber escuchado a los Khaddege contar la historia después de conocerlos e incorporar una de las experiencias más traumáticas en sus propios recuerdos de Rashid?

De nuevo en el camino, Mahmoud se adentró por las montañas, en dirección a Beirut por las montañas Shouf. Nuestro destino era Aley, un pueblo más grande que el anterior, con una calle principal más ancha alineada con edificios de piedra que albergaban tiendas, restaurantes y oficinas.

Por el camino tuve mucho en que pensar. Primero, me habían impresionado las palabras de Ulfat y su versión clara y realista de los hechos. Desde luego no se había divertido contándonos sus «recuerdos», se sentía obligada a hacerlo. Sus recuerdos no le habían proporcionado ningún estatus social o atención especial, y por supuesto ninguna retribución económica. Aunque incluso Stevenson le había formulado preguntas sobre si estaba aquejada de dolores quizá relacionados con su vida anterior, una clara invitación a embellecer la historia si la motivación de la joven era impresionarnos, Ulfat respondió negativamente con serenidad y sin vacilar.

Por otro lado, los horribles detalles de sus recuerdos —el robo de sus pertenencias, la amiga cristiana que ignoró sus gritos mientras la torturaban, la cruz hincada en su pecho— eran casi literarios, pues reflejaban la agonía de una experiencia que Ulfat parecía haber vivido personalmente. Por mi parte, pensé que una niña podía interiorizar el dolor y el terror vivido a su alrededor, para recordarlos posteriormente como vivencias personales. Quizá Ulfat había escuchado a alguien contar la historia de una joven llamada Iqbal que había sido asesinada en una masacre y se había convertido en la persona sobre la que proyectar sus temores y por eso había empezado a soñar que le había ocurrido a ella.

Sus afirmaciones despertaban muchas preguntas que apuntaban en diversas direcciones. Comprendí que había sido testigo de la fase inicial de una investigación. Aparentemente, en las colinas drusas del Líbano no resulta difícil encontrar nuevos casos. De hecho, a veces incluso entran por la puerta principal.

Era casi la una de la tarde cuando abandonamos la casa de Muna. Yo padecía de *jet lag* y estaba hambriento, pero nadie mencionó nada acerca del almuerzo. Estaba resultando obvio, incluso en el primer día, que Stevenson trabajaba contra reloj.

Aley quedaba a dieciséis kilómetros en línea recta, pero la ruta era muy complicada y tardamos casi una hora en llegar. A pesar de haberme acostumbrado al paisaje desolador que se veía por doquier, la destrucción era incluso más horrible y patente en aquel pueblo. Vecindarios enteros estaban en ruinas. De hecho, todo cuanto no era escombros había sido construido recientemente. Pregunté a Majd qué había ocurrido y ella murmuró algo sobre el *New Jersey*, un acorazado norteamericano que bombardeó desde la costa esta zona y causó grandes daños.

Manifesté mi incredulidad respecto a que Estados Unidos hubiera bombardeado intencionadamente vecindarios civiles.

—Los cristianos les engañaron sobre a quién estaban bombardeando —explicó Majd.

Resulta increíble lo que puede escapar a tu atención cuando estás sano y salvo al otro lado del océano. Cuando regresé a Estados Unidos, pregunté a mis amigos periodistas si recordaban haber leído algún titular sobre las maniobras del acorazado *New Jersey* en el Líbano. Ellos tampoco sabían nada. Intrigado, busqué en Internet alguna relación entre las palabras New Jersey y Beirut. La información que obtuve fue una críptica conversación entre la antigua tripulación del *New Jersey*: «¿Quién recuerda el 8 de febrero de 1984? ¡No había polvo en cubierta aquel día! Juro que nosotros estábamos bailando.»

Comprobé la fecha en los archivos del periódico y descubrí lo siguiente:

> El acorazado *New Jersey* y el destructor *Caron* dispararon más de 550 proyectiles sobre las montañas del este de Beirut, según informó un portavoz del Pentágono en Washington. Fue el bombardeo más violento del ejército de Estados Unidos desde la guerra de Vietnam. Oficiales estadounidenses declararon que el bombardeo era una medida de represalia contra los rebeldes drusos del este de Beirut que disparaban directamente contra la residencia del embajador de Estados Unidos y contra el palacio presidencial libanés. Siria atribuyó al bombardeo norteamericano muchas de las bajas de sus soldados pero, según el Pentágono, el ejército sirio mató a «docenas de mujeres, niños y ancianos».

Descubrí aquel episodio de la guerra del Líbano cuando regresé a Estados Unidos, pero en aquel momento no tenía la menor idea acerca del *New Jersey*. Pasamos junto a la parte más dañada y estacionamos al lado de un edificio medio derruido con vistas al sinuoso valle que se abría hacia la ciudad de Beirut. Daniel Jirdi, que ahora contaba con 27 años de edad, vivía allí con sus padres, su joven esposa y una hija recién nacida. Subimos por la escalera exterior y entramos en el piso por uno de los balcones. Un corpulento joven de cara redonda y rostro amigable nos abrió las puertas del balcón.

—¡Doctor Stevenson! —exclamó—. ¡No ha cambiado nada desde la última vez!

El joven nos condujo a una gran habitación decorada con sillas y sillones situados alrededor de una alfombra persa. Junto a un sofá había una estufa cilíndrica de gas.

Daniel iba vestido como si fuese a ir a bailar a un bar de carretera de California, con una camisa vaquera ribeteada con pespuntes blancos, pantalones vaqueros, calcetines blancos y mocasines negros. Su cabello negro tenía un mechón canoso en la sien derecha.

El apartamento estaba decorado con plantas bien cuidadas y sus paredes cubiertas por fotografías de familiares. La esposa de Daniel desde hacía un año, una muñeca de cabello pelirrojo y piel de porcelana (una belleza en la fotografía de boda que colgaba en un lugar destacado de la pared), nos saludó amablemente y dijo en inglés: «Bienvenidos a nuestra casa.»

Daniel se sentó en un sillón situado en un extremo de la habitación cerca de la puerta. Su padre, un hombre educado, de cabello blanco y piel curtida y oscura, tomó asiento en el sofá de delante, junto a la esposa de Daniel.

Stevenson abrió su cartera, sacó la carpeta de Daniel y empezó la entrevista. Su primera pregunta fue si Daniel todavía seguía teniendo recuerdos de su vida anterior.

—¡Por supuesto! —respondió Daniel—. Muchos. Todavía me acuerdo de todo. —Y añadió que visitaba a su «otra familia» una o dos veces al mes.

—Yo también —intervino su esposa y luego se echó a reír—: No todo el mundo puede decir que tiene dos suegras y dos suegros.

La madre de la personalidad previa de Daniel le había visitado hacía un mes y obsequiado con un regalo a su hija recién nacida. Daniel contó también que había estado viviendo con la familia de su vida anterior «incluso durante la guerra civil» y que había dormido en la habitación dispuesta para él en la casa de Beirut.

¡Buen negocio!, pensé. En cualquier sociedad, el único apoyo con el que se puede contar siempre procede de la familia, así que cuanto más se extienda el concepto de «familia» mejor debes de sentirte. La forma más corriente de hacerlo es a través de matrimonios, pero los drusos aparentemente tenían una segunda opción: afirmar tener la identidad de una vida anterior y que la familia del fallecido les acepte como miembros del clan familiar.

Aquello no significaba que las afirmaciones fueran fraudulentas, pero sin duda suponía una importante ventaja y una posible motivación para, consciente o subconscientemente, inventarlas.

Por otro lado, también significaba que por todo el Líbano muchas familias habían aceptado estas afirmaciones sin reservas para consolidar relaciones duraderas.

⁓

Mientras Stevenson hojeaba el expediente de Daniel hubo un momento de silencio. Stevenson releyó una página en la que había notas de años anteriores, una entrevista a un testigo que dijo que Daniel tenía fobia a los coches de carreras. Esto presumiblemente se correspondía con la muerte de Rashid en un coche que circulaba con exceso de velocidad.

En muchos de los casos de Stevenson, los niños parecían tener fobias relacionadas con los recuerdos de sus vidas anteriores. Para Stevenson este aspecto era bastante intrigante. También explicaba por qué era tan escéptico sobre la asunción que hay detrás de la idea de regresiones hipnóticas a vidas pasadas para «revivir» traumas y así superar las fobias de la vida presente del paciente. «La mayoría de los niños que he estudiado recuerdan traumas de la vida anterior con detalle —me explicó Stevenson—. Pero esto no evita que tengan fobias.»

Pero cuando Stevenson preguntó a Daniel por su supuesta aversión a los coches de carreras, éste le miró con desconcierto.

—¡Adoro las carreras de Fórmula 1! —dijo.

Stevenson anotó aquel comentario y prosiguió:

—¿Quién conducía el coche el día del accidente?

Daniel miró a Stevenson dándole a entender con la mirada que esa pregunta resultaba obvia.

—Ibrahim —respondió. Luego esbozó una sonrisa y comentó—: ¿Sabía que le conocí hace cinco años?

—¿A Ibrahim?

—Así es. Estaba en Kfarmatta con Akmoud (el primo de Rashid). Nos disponíamos a visitar la tumba de Rashid, que nunca había visto. Entonces vi a Ibrahim y le reconocí. Recuerdo que le dije a Akmoud: «Éste es Ibrahim.»

—¿Qué sentiste al verlo?

—No me gustó mucho.

Stevenson me dijo:

—Rashid solía decir: «Si quieres morir, móntate con Ibrahim.»

Pensé sobre la entrevista de Daniel de hacía dieciocho años. Daniel culpaba a Ibrahim del accidente, diciendo que los del coche que adelantaron les insultaron y que Ibrahim, ofendido, aceleró para adelantarles de nuevo y entonces perdió el control del coche.

—¿Qué recuerdas exactamente del accidente? —pregunté.

Daniel no esperó a que Majd tradujera mi pregunta.

—El coche era un descapotable. Yo le estaba diciendo a Ibrahim «Reduce, no vayas tan deprisa», y en ese momento el coche dio una vuelta de campana.

—Has dicho que fuiste a visitar la tumba de Rashid. ¿Cómo te sentiste?

—Pensé que la muerte no era algo tan espantoso como la gente dice.

A continuación saqué a colación el recuerdo de haber caído por un balcón.

—Yo no me refería a Rashid (que murió un año y medio antes de que Daniel naciera) —respondió Daniel—. Esto me ocurrió en otra vida.

—En una vida intermedia —aventuró Stevenson.

Daniel se excusó y se fue a otra habitación. Regresó con la fotografía de un hombre joven. Se trataba de Rashid. Vestido con un traje a rayas y una corbata, parecía muy apuesto.

—Cuando miras esta fotografía —comenté—, ¿tienes la sensación de estar mirándote?

—Por supuesto —respondió Daniel.

Luego dijo que había terminado sus estudios y obtenido el título de contable por la Universidad de Beirut. En la actualidad Daniel trabaja como contable.

Tras preguntarle qué tal se las arreglaba con los coches, respondió:

—Se me da muy mal conducir.

Cuando abandonamos la casa de los Jirdi había oscurecido. Tenía la sensación de que habían pasado dos días desde que tomara el desayuno en el hotel aquella misma mañana. Mientras Mahmoud conducía el Mercedes montaña abajo, a pesar del cansancio no dejaba de pensar en las últimas palabras de Daniel.

Si aquel caso era una prueba de la reencarnación, no podía dejar de preguntarme qué parte de Rashid era la que había regresado. Daniel no tenía las habilidades de Rashid. Sus «recuerdos» eran fragmentarios.

Y sin embargo, cuando Daniel miró la fotografía de Rashid supo que era él. Sentía amor filial por la familia de Rashid y había reconocido a Ibrahim.

La última era una afirmación que Stevenson desconocía. El incidente había ocurrido hacía sólo cinco años. Pero había un testigo, uno que posiblemente podríamos encontrar.

La velocidad es mortal

En el despacho de Stevenson en Charlottesville hacía años que había una lista en la que el doctor había anotado los aspectos del caso de Daniel aún pendientes. Uno de ellos era revisar los archivos de los periódicos en busca de alguna noticia en la que se detallara la muerte de Rashid. Ninguna de las familias implicadas tenía recorte alguno y nadie estaba seguro de que se hubiera publicado alguna reseña del suceso. Obviamente, contar con un relato objetivo del accidente que encajara con los recuerdos de Daniel aumentaría la credibilidad del testimonio emotivamente influenciado de las dos familias.

Pero para ello primero era necesario encontrar el hipotético artículo, lo cual no iba a resultar fácil. La mayoría de los periódicos que había en 1968 no sobrevivieron a la guerra, y en cuanto a los pocos que lo consiguieron, dado el estado ruinoso de la ciudad, resultaba muy improbable que contaran con archivos actualizados. El martes por la mañana, Majd llegó al hotel con la dirección de uno de los periódicos que todavía seguían funcionando, un periódico matutino llamado *Le Jour*. Como descubrimos más tarde, sus oficinas se encontraban a sólo unas manzanas del hotel, por lo que decidimos ir a pie. Siguiendo un laberinto de aceras agrietadas por doquier y a veces incluso inexistentes, llegamos a la entrada trasera de un edificio casi en estado ruinoso y subimos a la cuarta planta en un pequeño ascensor. Los archivos se encontraban en una pequeña y abarrotada oficina donde dos hombres y una mujer, sentados a una mesa, parecían enterrados bajo montañas de papeles. Majd les puso al corriente de lo que buscábamos: el relato de un accidente de coche sufrido por Rashid

Khaddege el 10 de julio de 1968, cerca de Military Beach, en Beirut. Uno de los hombres se dirigió cansinamente a uno de los archivadores. Tras buscar entre las carpetas, finalmente sacó un cartucho, que ensartó en un anticuado visor de microfilms, y luego echó un rápido vistazo a las páginas impresas en árabe correspondientes al día 11 de julio.

El hombre habló con Majd y, por su expresión, deduje que no había encontrado nada. Majd insistió hasta que el hombre, tras encogerse de hombros, volvió a conectar el visor para comprobar rápidamente y por segunda vez los artículos publicados el 11 de julio.

—Me temo que no ha leído todos los titulares —dijo Majd cuando salimos del edificio—. ¿Ha visto lo deprisa que iba?

Rebuscó en su bolso el teléfono móvil e hizo varias llamadas mientras yo caminaba a su lado sopesando escépticamente el valor del documento que buscábamos contra las probabilidades de encontrarlo y el tiempo que podíamos perder intentándolo. Por otra parte, en el caso de que algún archivo hubiera sobrevivido a los bombardeos, nada garantizaba que la noticia del accidente de Rashid hubiera sido publicada porque, a fin de cuentas, Beirut era una ciudad grande donde debían de producirse accidentes mortales de tráfico diariamente. Sin embargo, nada de esto parecía preocupar a Stevenson, que, con gesto impasible, caminaba a mi lado en silencio.

—¡Buenas noticias! —exclamó Majd, al tiempo que apagaba el teléfono móvil—. La Universidad Americana de Beirut tiene un microfilm de los principales periódicos publicados en 1968, incluso de aquellos que ya no existen. Todavía conservo mi carnet universitario, así que podríamos ir allí a probar suerte.

Stevenson decidió regresar al hotel para repasar algunas de sus notas. Entretanto, Mahmoud nos condujo a Majd y a mí a la Universidad Americana de Beirut, un imponente oasis con bellos jardines con vistas al mar y arboledas que conducían a edificios bien conservados y equipados con ordenadores de última generación donde trabajaban amables administrativos vestidos con ropa de diseño. La primera impresión que tuve al entrar en el campus fue la de haber descubierto un lugar como Palo Alto en mitad de Beirut. El único legado visible de la guerra eran los trabajos de reconstrucción del edificio más antiguo de la universidad, destruido tras el atentado perpetrado en 1983 contra el rector Malcom Kerr. Como de costumbre, nunca llegó a saberse qué grupo armado había sido el autor de aquel atentado: cristianos, chiítas, israelíes o palestinos.

Majd y yo nos dirigimos al departamento de microfilms, una gran sala con modernos archivadores. Un funcionario muy educado, con el aspecto y el acento del actor Anthony Hopkins en *Lo que queda del día*, nos facilitó los nombres de los seis periódicos que se publicaban en 1968, y a continuación nos dejó para que nosotros mismos buscáramos la información que precisábamos. Mientras yo manejaba el visor de microfilms, Majd leía. Durante más de media hora, los titulares de los distintos periódicos correspondientes al 11 de julio fueron pasando por la pantalla como si de una procesión se tratara. Sin embargo, seguíamos sin encontrar nada. Convencido de estar perdiendo el tiempo, coloqué el último carrete en el visor, correspondiente al periódico *Al-Jaridah*. El titular de la portada del 11 de julio de 1968 rezaba: «Bombas enemigas matan a niños y madres en Egipto.» Lentamente pero sin albergar esperanza fui recorriendo el microfilm hasta que finalmente Majd exclamó:

—¡Bingo!

En efecto, allí estaba. Se trataba de una noticia a pie de página con una fotografía en la que se veía a un par de policías junto a los restos de un Fiat descapotable.

Majd tradujo: «Accidente mortal en Kornich Al-Manara. Ayer tuvo lugar un accidente de coche en Manara Corniche en el que murió un hombre.» En el artículo se decía que quien conducía era Ibrahim, a quien acompañaba «Rashid Naim Khaddege, propietario del vehículo. Durante una maniobra de adelantamiento, el vehículo, que circulaba con exceso de velocidad, dio varias vueltas de campana, causando la muerte inmediata de Rashid Khaddege, que salió despedido del vehículo».

He de reconocer que no esperaba que aquella noticia me impactara tanto. Allí, en la pantalla, en un periódico publicado dieciocho meses antes de que Daniel Jirdi naciera, tres años antes de que empezara a decir que había muerto en un accidente de tráfico, teníamos el relato de un accidente mortal que encajaba casi exactamente con la historia de un niño: Military Beach, exceso de velocidad, Ibrahim al volante de un Fiat y Rashid saliendo despedido del coche. Daniel lo había contado tal y como aparecía allí publicado, incluso el detalle referente al «exceso de velocidad».

—Majd, el artículo hace referencia a que el Fiat trataba de adelantar a otro vehículo —exclamé—. Exactamente lo mismo que dijo Daniel.

Ella concentró su mirada en la pantalla.

—No, aguarde un momento —dijo—. He cometido un error. He traducido muy deprisa. El artículo no menciona la presencia de otro vehículo. Dice «tratando de tomar una curva a gran velocidad».

—Que no se mencione la presencia de otro coche no significa que no estuviera allí —repliqué. Pero hay otras cosas que contradicen la versión de Daniel. Según él, el coche era un descapotable. Aunque la fotografía no es muy nítida, puede verse que el coche tiene techo. En el artículo se dice que el propietario del coche era Rashid, sin embargo Daniel dijo que era Ibrahim.

—El periódico debió de equivocarse al respecto —dijo Majd—. La familia de Rashid nos contó que nunca había tenido coche.

Tras conseguir una copia del artículo, regresamos al hotel. Cuando llegamos era casi mediodía. Habíamos dedicado casi una mañana completa a comprobar una de las muchas cosas que figuraban en la lista de Stevenson. A tenor de los resultados, solucionarlas todas nos llevaría una eternidad. Sin embargo, Stevenson no disponía de tanto tiempo.

Examinó la copia del artículo esbozando una leve sonrisa y escuchó sin hacer comentarios la traducción de Majd.

—Me gustaría tener más información escrita sobre este caso —dijo Stevenson mientras introducía la copia del artículo en el expediente de Daniel que luego guardó en su maletín—. A pesar de las evidencias, es bastante irregular.

Tras pronunciar aquellas palabras, se levantó de la silla dispuesto a emprender una nueva aventura. Al cabo de unos minutos, sentados en el Mercedes, nos dirigíamos a la casa de los Khaddege, a la casa de Muntaha, la madre de Rashid, no muy lejos del centro de Beirut.

Mientras cruzábamos la ciudad, Majd y Stevenson, valiéndose de un mapa, iban indicando a Mahmoud la dirección a seguir. Cuando llegamos al lugar, bajamos del coche y seguimos a pie.

—Es aquí —dijo Majd.

Inclinando la cabeza para trasponer una puerta de baja altura con marcas de metralla, entramos en un patio vacío en el que había unos cubos de plástico con calabazas y cebollas plantadas y varias jarras llenas de agua.

Nos abrió la puerta uno de los chicos que conocimos en el apartamento de Kfarmatta, el hijo adolescente de Muna y sobrino de Rashid. Nos condujo hasta un salón con las paredes pintadas de azul. La única iluminación era una bombilla desnuda que colgaba de un cable, y la única decoración unas cartulinas con motivos florales colgadas en la pared. Sobre una mesa en el centro de la habitación, rodeada por media docena de sillas y dos sofás de terciopelo borgoña, había un marco con la fotografía de la boda de Daniel Jirdi. La reencarnación del hijo que creían haber perdido.

Muna nos saludó como si fuéramos viejos amigos de la familia. Muntaha no estaba en la sala, pero sentado en una silla había un joven delgado y atractivo, vestido con camisa y vaqueros negros. Era Akmad, el primo de Rashid, la persona que, según Daniel, presenció cómo reconocía a Ibrahim. Aunque advertí que Akmad parecía impaciente por hablar con nosotros, mientras el hijo de Muna nos servía una bebida de frutas, Muna tomó la palabra y Majd tradujo.

Antes de que Rashid muriera, Muntaha había estado tejiendo un jersey para él. Un día, mientras visitaban a Daniel, el pequeño le preguntó: «¿Has terminado ya el jersey que estás tejiendo para mí?» Al llegar a su casa, Muntaha buscó el jersey todavía por acabar, pues lo había guardado tras la muerte de Rashid, lo deshizo y empezó a tejer uno que luego regaló a Daniel.

Mientras Muna contaba esta historia, la puerta de la habitación contigua se abrió como por arte de magia. En el umbral apareció una anciana que nos miró con ojos inquisitivos. Era Muntaha. Muna la tomó por el codo y le ayudó a sentarse en una silla.

—Mi hermana, mi madre y yo —prosiguió Muna— estábamos en esta casa cuando una vecina vino a decirnos que Rashid había tenido un accidente. Mi madre preguntó sobre la gravedad del mismo, pero la vecina no lo sabía. Cuando llegamos al hospital, Rashid había muerto. —Muna hizo una pausa y luego, con la voz entrecortada susurró—: Estábamos todos aquí en esta habitación...

Una de las primeras afirmaciones de Daniel sobre Rashid fue que se había golpeado la cabeza al salir despedido del coche.

—¿Comentaron los médicos si Rashid sufrió alguna herida? —preguntó Stevenson.

—No —respondió Muna—, cuando llegamos ya había muerto. No preguntamos nada. Pero vimos su cuerpo. Tenía la cabeza vendada.

Unos años después del accidente, la familia se enteró por un conocido de que Rashid se había reencarnado en la casa de los Jirdi en Beirut. Esto ocurrió alrededor de 1972. Muna, acompañada por Najla y una amiga, fue a conocer al niño.

—Daniel no me reconoció, probablemente porque había cambiado mucho —dijo Muna. Sin embargo había presenciado cómo Daniel había reconocido y llamado por su nombre a Najla.

—¿A qué se refiere con que había cambiado? —pregunté.

Muna respondió y Majd asintió con la cabeza.

—Antes de que Rashid muriera —tradujo Majd— no era una mujer religiosa. Solía vestir como yo, pantalones, blusas, zapatos de tacón. Pero después de su muerte, empezó a llevar vestidos largos y a cubrirse la cabeza con el pañuelo. Muna cree que Daniel no esperaba ver a una mujer religiosa.

—¿Sabían los Jirdi que iban a visitarles? —pregunté.

—No; fuimos a su casa sin previo aviso. No conocíamos a la familia. Cuando entramos, Daniel se alegró mucho. Le dijo a su madre: «Sirve bananas para Najla y prepara café, mi familia ha venido a verme.» Nos quedamos muy sorprendidas. A Rashid le gustaban tanto las bananas que, después de su muerte, mi madre y Najla habían dejado de comerlas porque hacerlo les entristecía mucho.

Mientras conversábamos se escuchó el estruendo de un trueno que hizo vibrar las ventanas. Segundos más tarde empezó a llover.

Akmad, que había permanecido en silencio durante todo el rato, tosió para aclararse la garganta y a continuación intervino. Quería hablar con nosotros pero tenía poco tiempo. Era soldado y tenía que reincorporarse a su unidad. Así pues, interrumpimos la entrevista con Muna y escuchamos su historia sobre el encuentro entre Daniel e Ibrahim, una historia que difería ligeramente de la de Daniel. Mientras Daniel había dicho que vio a Ibrahim cuando iba a visitar la tumba de Rashid, Akmad comentó que Daniel le pidió que le llevara a casa de Ibrahim. El cementerio estaba cerca, pero Akmad no recordaba que Daniel lo mencionara.

—Caminábamos por la calle a pocas manzanas de la casa cuando vi a Ibrahim reparando un coche, pero no dije nada. Quería probar a Daniel. De pronto, Daniel dijo: «Ése es Ibrahim.»

Aunque Akmad negó que lo fuera para seguir probando a Daniel, éste insistió en que era Ibrahim.

—Ibrahim nos invitó a ir a su casa. No supo que era Daniel hasta que éste le preguntó: «¿Te ocurrió algo en 1968?» Ibrahim respondió que no lo recordaba, pero al cabo de unos segundos dijo: «Sí, ahora lo recuerdo... Tuve un accidente y mi primo murió.» Daniel dijo: «Yo soy tu primo», e Ibrahim se echó a llorar y durante quince minutos se quedó sin saber qué decir. Había oído hablar de Daniel pero nunca le había visto.

—Ibrahim se fue después del accidente. La policía nunca investigó el caso —dijo Muna, haciendo gestos con las manos como si pretendiera desembarazarse de una maldición.

Algún tiempo después del accidente, un policía fue a visitarles de forma extraoficial con un amigo de la familia. Les dijo que él y su compañero habían visto cómo el Fiat circulaba con exceso de velocidad. El policía había dicho «Detengámosles», pero el otro dijo: «Deja que se maten.»

Durante mucho tiempo, dijo Muna, Muntaha no dirigió la palabra a Ibrahim. Ella siempre solía advertirle que condujera con prudencia. «Conduce despacio, Rashid es mi único hijo.» Volvieron a verle cuando, a consecuencia de la guerra, las dos familias se vieron obligadas a abandonar Beirut y vivir en las montañas.

Según el artículo del periódico, el coche era de Rashid, lo que contradecía los recuerdos de Daniel, así que, para confirmarlo, pregunté a Muna quién era el propietario.

—El coche era de Ibrahim —respondió—. Rashid nunca tuvo coche.

Cuando salimos, nos resguardamos de la lluvia torrencial bajo un saliente del edificio. Mahmoud, que había estacionado el Mercedes a unos metros de allí, puso el motor en marcha y nos recogió.

—Muna me dijo algo muy interesante mientras nos despedíamos —dijo Majd—. Dijo que cuando Rashid murió, hacía cinco años que estaba prometido.

Aquello era muy extraño. Daniel recordaba muchos detalles de la vida de Rashid, pero nunca había mencionado que tuviera novia. Una vez más, me sorprendió la naturaleza fragmentaria de los recuerdos de vidas anteriores. Aquellos recuerdos parecían como la copia imperfecta en papel carbón de un original: aunque puedas descifrar alguna que otra palabra, o incluso una frase, siempre resulta imposible leerla con fluidez.

Esto me hizo recordar lo que Stevenson me había dicho un día mientras cenábamos. Tras preguntarle por qué, incluso entre los drusos —comunidad en la que abundan los casos de reencarnación—, los recuerdos de vidas pasadas suelen ser tan fragmentarios, él contestó:

—Quizá recordar sea un defecto. Quizá estamos programados para olvidar. Sin embargo, a veces este mecanismo no funciona con exactitud y afloran a nuestra memoria recuerdos incompletos.

A la mañana siguiente, de camino a Aley, al tomar una curva de la carretera que bordeaba la costa, nos topamos con un atasco. La carretera Beirut-Damasco había sido cerrada con motivo de la parada militar conmemorativa del día de la independencia libanesa. La parada militar iba a celebrarse dentro de tres días, pero una interminable procesión de tanques, vehículos armados, camiones que transportaban artillería pesada, coches de bomberos y ambulancias estaba cubriendo el recorrido previsto a modo de ensayo. Contrariamente a lo que cabía esperar, la carrocería de los vehículos no brillaba y resplandecía: cubiertos de polvo y suciedad, parecían recién llegados de la batalla.

Estuvimos detenidos durante media hora hasta que finalmente Mahmoud se las ingenió para cambiar de dirección. Dos horas más tarde, nos encontrábamos de nuevo en el apartamento de Daniel en Aley, desde donde podía contemplarse el perfil borroso de la península de Beirut que apuntaba hacia Europa. Estábamos allí para hablar con Latifeh, la madre de Daniel, que no se encontraba en la casa cuando entrevistamos a Daniel. Stevenson quería rememorar algunas de las primeras historias del caso, es decir, lo que Daniel había dicho cuando era niño y qué había ocurrido exactamente cuando se encontró por primera vez a los Khaddege.

Tras intercambiar los habituales saludos de cortesía, Latifeh y Majd conversaron durante unos minutos.

—Latifeh dice que en la actualidad hay muchos drusos en Estados Unidos —tradujo Majd.

—Es cierto —asintió Stevenson—. Quizá deberíamos buscar casos de reencarnación entre los miembros de esta comunidad. Majd podría poner un anuncio en el periódico de los drusos norteamericanos.

Cuando Majd repitió a Latifeh el comentario de Stevenson en árabe, ésta dijo:

—Las generaciones actuales ignoran estas cosas. Todos sus hijos van a la guardería. No tienen la oportunidad de escuchar las historias que los niños cuentan.

—Es posible —replicó Stevenson al tiempo que desplegaba un mapa de la ciudad.

Deseoso de iniciar la entrevista, pidió a Latifeh que señalara su residencia en Beirut, la casa que Muna y Najla visitaron para conocer a Daniel. La mujer señaló un punto a sólo dos kilómetros de la casa de los Khaddege. Tras la visita de las dos hermanas de Rashid, Latifeh había llevado a Daniel a casa de aquél para que conociera a su madre.

—La primera vez que estuvimos allí sólo conocíamos el vecindario —comentó Latifeh—. Aparcamos en la calle principal y Daniel nos guió durante todo el camino.

No habían preguntado la dirección a Muna y Najla porque habían pensado que la única casa de la familia estaba en Kfarmatta. Sabían que la casa de los Khaddege estaba en Beirut porque algunos vecinos de Aley eran familiares de los Khaddege.

Miré de reojo a Stevenson, preguntándome si él también estaba pensando lo mismo que yo. Una de las características más persuasivas de sus mejores casos era que las dos familias implicadas no habían tenido contacto antes de que el niño empezara a hablar acerca de su vida anterior. Si las familias no se conocían antes y no tenían amigos comunes, la forma más normal de que un niño pudiera conocer detalles de su supuesta personalidad pasada quedaba descartada. Por el momento, Daniel parecía pertenecer a esta categoría de casos. Sin embargo, aquella declaración de Latifeh de alguna manera lo excluía. Acabábamos de descubrir un vínculo de unión entre los Jirdi y los Khaddege.

Latifeh, que comprendió nuestra visible preocupación de que las afirmaciones de Daniel hubieran estado condicionadas por aquel factor, trató de tranquilizarnos. La vecina de la que hablaba había sido muy amable con su madre, pero nunca había estado en su casa.

—Alquilaron un apartamento cerca del de mi madre en Aley. Pero estoy segura de que Daniel nunca les vio antes de empezar a hablar sobre su vida anterior, porque entonces nosotros vivíamos en Beirut.

—¿Visitó Daniel alguna vez a su abuela en Aley? —pregunté.

—Sí, pero yo siempre estaba con él, y nunca vio a estos vecinos.

Aunque lo que decía Latifeh fuera cierto, pensé, aquel posible vínculo podía haber condicionado indirectamente las afirmaciones de Daniel. Aunque poco probable, la cadena de acontecimientos podía haber sido la siguiente: Supongamos que los parientes de los Khaddege hubieran contado a la abuela de Daniel la historia de sus desafortunados primos de Kfarmatta, que habían perdido a su único hijo en un accidente poco antes de que Daniel naciera. Luego, imaginemos que el pequeño Daniel, cuando visitaba a su abuela en Aley, simulara conducir un coche de la forma que los niños suelen hacerlo. Quizá la abuela le dijera que deseaba que de mayor fuera un buen conductor ya que no quería perderlo en un accidente como el sufrido por el hijo de los primos de sus vecinos. Es posible que la abuela hubiera olvidado haber hecho aquel comentario al niño, pero éste, de alguna manera, lo había recordado.

Una vez más, pensé que aquella enrevesada hipótesis sólo podía ser posible. De hecho, resultaba improbable que un niño de dos años de edad fuera capaz de asimilar y recordar todos los detalles que Daniel había proporcionado: el nombre del conductor del coche, que el coche perdiera el control y que Rashid saliera despedido, que el accidente había tenido lugar cerca de la costa, que la madre de Rashid había estado tejiendo un jersey. Y, en cualquier caso, ninguna historia que la abuela hubiera podido contar a su nieto justificaría las identificaciones atribuidas a Daniel cuando visitó la casa de los Khaddege, el nombre de la hermana de Rashid y el de Ibrahim.

Stevenson siguió presionando y preguntó si la madre había observado en Daniel algo extraño cuando era pequeño. Latifeh dijo que tras conocer la historia se había preguntado si el bulto en la cabeza con que había nacido Daniel podía estar relacionado con la herida mortal de Rashid. Cuando Daniel nació estaban tan preocupados por aquel bulto que a los seis días lo llevó al médico. El médico la tranquilizó diciéndole que se trataba de un traumatismo superficial debido al parto. Afortunadamente, al cabo de tres meses el bulto desapareció.

—No presentaría eso como prueba de la reencarnación ante un tribunal —susurró Stevenson—. Un parto difícil suele ser la causa de este tipo de marcas.

Latifeh comentó que cuando Daniel tenía dos años le dijo: «Quiero ir a casa», y al cabo de unas semanas: «Ésta no es mi casa. Tú no eres mi madre. Yo no tengo padre. Mi padre murió.»

—Daniel no llamaba papá a Yusuf —añadió la mujer—. Le llamaba por su nombre y le decía: «Mi padre se llama Naim.»

—¿Qué solía decir respecto al accidente? —pregunté.

—Decía que estaba en casa comiendo *loubia* (un plato de judías verdes) e Ibrahim vino a buscarle para dar una vuelta en coche por la costa. Dijo que Ibrahim corría demasiado. Le pidió que redujera la velocidad pero Ibrahim no le hizo caso. Dijo: «Salí despedido del coche y al caer me golpeé en la cabeza.» Después del accidente, dijo que oyó cómo la gente se afanaba por retirar a los heridos, pero que cuando se disponían a trasladarle a él les oyó decir: «Dejad a éste, está muerto.»

Según la madre, cuando Daniel era más mayor y ya había conocido a la familia de Rashid, un primo de éste visitó a su abuela. Su nombre era Jihad, y solía ser compañero de caza de Rashid. Daniel no le había visto antes.

Un día, mientras Daniel se dirigía a la casa de la abuela de Rashid, Jihad estaba en la ventana del tercer piso con otras personas esperando a que Daniel llegara. Cuando le vieron, uno de ellos llamó a Daniel y éste, mirando hacia la ventana, dijo: «¿Jihad, estás ahí? ¿Todavía conservas tu rifle de caza?»

Latifeh nos contó que cuando Daniel iba a la guardería, decía a los profesores que su nombre era Rashid Khaddege. Cuando el tutor del niño llamó a la madre para comentarle aquella extraña obsesión, Latifeh se inventó una historia para evitar contar que su hijo decía recordar una vida anterior. Incluso en el Líbano hay personas reticentes a creer en la reencarnación.

Sin embargo, cuando Daniel empezó a ir a la escuela, puesto que insistía en que su nombre era Rashid, no tuvo más remedio que confesarlo todo.

—Me llamaron de la escuela —dijo Latifeh a Stevenson— y esta vez no supe qué decir, así que les conté toda la historia.

Por un momento traté de imaginar qué debía suponer para unos padres tener un hijo como Daniel y me pregunté qué hubiera sentido si uno de mis hijos me hubiera dicho: «Tú no eres mi padre.»

—¿Se sentía infeliz cuando Daniel decía no ser su hijo? —pregunté.

Latifeh escuchó la traducción de Majd antes de responderme.

—Ha dicho que además de preocupada, se sentía muy triste —tradujo Majd—. A decir verdad, más que preocupada estaba muy disgustada.

Latifeh prosiguió:

—Cuando Daniel decía estas cosas, yo le respondía: «Tu madre soy yo», pero él se obstinaba: «Mi madre es una *sheikha* [una mujer religiosa que cubre su cabeza con un velo].» Yo no llevaba *mandeel*, pero mi madre sí, y por eso Daniel la prefería a ella. Cuando tenía tres años, señaló a mi madre y dijo: «Mi madre se parece a ella.» Yo sabía que estaba hablando de una vida anterior. Conocía a otros niños que habían hablado de sus vidas anteriores, así que para mí no era extraño que Daniel también lo hiciera.

—¿Sabía que la madre de Rashid dijo que cuando Daniel era pequeño un día le preguntó si había terminado el jersey que estaba tejiendo antes de morir Rashid y que ella lo deshizo y tejió uno para Daniel?

Latifeh se echó a reír.

—He conservado ese jersey durante todos estos años —dijo—. Pero cuando tuvimos que abandonar Beirut a causa de la guerra, dejamos todas nuestras pertenencias aquí y cuando regresamos la casa estaba vacía.

Latifeh nos comentó que visitaba regularmente a los Khaddege.

—Me gusta esa familia —dijo—. Me siento aliviada sabiendo quién era mi hijo y conociendo a su familia. Daniel es muy afortunado por ello.

∽

Cuando regresamos al hotel aquella tarde, subí a la habitación y me puse camisa blanca y corbata. Las había traído por advertencia expresa de Stevenson, pues según él podría necesitarlas para asistir a alguna velada como la que iba a tener lugar aquella misma noche, la cena que Majd había preparado en honor a Stevenson. Acostumbrado a vestir con ropa informal, el cuello de la camisa me apretaba y mi chaqueta de lino estaba inexcusablemente arrugada. Sin embargo, Stevenson, parecía haber nacido con su traje oscuro y no parecía sentirse incómodo vestido de aquella guisa.

Majd vivía en el piso superior de un rascacielos no muy lejos de la Universidad Americana. El apartamento pertenecía a sus padres, que vivían en el extranjero, y Majd y Faisal se habían trasladado mientras supervisaban las obras de reconstrucción de un apartamento en la primera planta de aquel mismo edificio. Era un apartamento muy acogedor, amplio, bien amueblado y con una terraza con vistas al Mediterráneo. La sobriedad del mobiliario y la decoración de las paredes, así como del mosaico del suelo conferían al apartamento el aire de la residencia de un embajador, lo que quizá no era una coincidencia. La familia mantenía relaciones con anteriores diplomáticos, embajadores y delegados de las Naciones Unidas. La lista de invitados a la cena en honor de Stevenson era selecta. Además de una gran representación de los distintos cuerpos diplomáticos, asistieron a la cena ministros y profesores de la Universidad Americana de Beirut.

Yo sentía curiosidad por conocer a aquellos que habían sido invitados específicamente por estar interesados en el trabajo de Stevenson. Entre ellos había un psiquiatra cristiano llamado Elie Karam, que se quejaba del poco reconocimiento público que el trabajo de investigación de Stevenson tenía en el Líbano.

Todos los invitados estaban sentados en sus respectivas sillas como si de un pleno del ayuntamiento se tratara y mantenían la misma conversación. Le habían preguntado a Elie cómo era posible que él, siendo cristiano, estuviera tan interesado en los casos de reencarnación de la comunidad drusa.

—La humanidad puede perder una valiosa oportunidad de demostrar con evidencias científicas la reencarnación —explicó—. Al igual que el resto de comunidades, los drusos se están secularizando y occidentalizando. Dadas las circunstancias, si no se demuestra rápidamente que la reencarnación es cierta y no sólo un mito, quedará relegada para siempre al olvido. Si la reencarnación es una realidad, la humanidad debería saberlo.

Otro cristiano, un ecologista llamado Ricardo Habre que trabajaba con el esposo de Majd en proyectos de restauración ambiental, puntualizó un aspecto importante: .

—Me gustaría mucho creer en la reencarnación —dijo Habre—. Pero no puedo evitar pensar que semejante fenómeno desafía las reglas de la lógica. Si existen tantos casos de reencarnación entre los drusos, ¿cómo es posible que no se den entre los cristianos?

—¡Quién sabe! —exclamó Elie alzando los brazos—. ¡Quizá sea una cuestión genética!

Durante la cena, pregunté a Stevenson qué opinaba acerca del aparente desequilibrio en la distribución de los casos.

—Quizá podamos hablar de ello con seguridad cuando muramos —dijo con su acostumbrada serenidad—. Quizá nuestras creencias determinan nuestro destino: si usted cree en la reencarnación, entonces volverá, pero sólo como miembro de su propia fe. Así es como debe de ocurrir. Si usted cree que uno muere y no regresa, entonces nunca regresará.

Stevenson bebió un sorbo de vino y a continuación dijo como si reflexionara en voz alta:

—A todos nos gustaría poder analizar un caso en Iowa. Pues bien, encontraré un caso en Iowa. No son tan espectaculares como los casos libaneses, pero también se dan casos de reencarnación en Estados Unidos.

Después de cenar, Ricardo salió a tomar el aire a la terraza y yo le seguí para conversar con él.

—He estado pensado sobre lo que dijo acerca de la ausencia de casos entre la comunidad cristiana —dije—. En mi opinión, la cuestión estriba en que, si se cree que el poder de la creencia cultural es suficientemente fuerte para crear esta ilusión masiva de que los niños recuerdan detalles específicos sobre la vida de personas fallecidas totalmente desconocidas para ellos, ¿no deberíamos admitir que también podría suceder todo lo contrario, que las creencias culturales podrían reprimir los recuerdos de vidas pasadas hasta el punto de sólo aparecer esporádica y fragmentariamente?

Ricardo negó con la cabeza y respondió:

—La reencarnación no tiene sentido. Cuando asistí a la conferencia demográfica mundial de El Cairo, pregunté a un druso: «Si todos somos seres reencarnados, ¿cómo explica el aumento demográfico?» ¿Sabe lo que me respondió? «No hay aumento demográfico. La población mundial siempre ha sido la misma.» —Ricardo lanzó una risita cargada de escepticismo—. ¿Cómo puede alguien negar el aumento demográfico? Como comprenderá, desde aquel día no puedo sino estar en contra de cualquier argumento que pretenda justificar la reencarnación.

6

El amor de su vida

Al día siguiente, después de conducir durante una hora por la serpenteante carretera de montaña, regresamos a los barrios del sur de Beirut. Pregunté a Majd cuál era la palabra árabe que significaba reencarnación. Durante las traducciones, me parecía haber identificado una palabra: *takamous*.

—*Takamous* significa literalmente «cambiar de camisa» —explicó Majd—. Los drusos creen que el cuerpo no es más que el ropaje con que se viste el alma y que reencarnarse es como cambiar de ropa. *Takamous* significa reencarnación en general, pero cuando se habla de alguien que se ha reencarnado se utiliza la palabra *natiq*, si se trata de un chico, o *nataq*, si se trata de una chica. Significa «el que habla de su generación anterior».

Tardé un poco en comprender la connotación e importancia de aquellos términos. En árabe, el concepto de reencarnación no es abstracto como en inglés, idioma en el que significa que «las almas se encarnan», sino específico y concreto. Es decir, la reencarnación en árabe designa el hecho de que hay personas que recuerdan y hablan de su vida pasada. Pero no de un pasado vago, sino cercano, es decir, del correspondiente a una *generación anterior*.

¡Qué diferencia tan abismal respecto a la práctica occidental de regresión hipnótica, en la cual algunas personas incluso recuerdan haber participado en la batalla de Waterloo o vivido en la antigua Babilonia (el propio Brian Weiss aseguraba haber sido un santón babilonio)! Si quieres convencer a alguien de que recuerdas una vida anterior, asegúrate de que resulta difícil, por no decir imposible, comprobar esos recuerdos, recordando una vida de hace uno o varios siglos atrás.

Ésta era precisamente la diferencia entre los casos libaneses de Stevenson y los de Weiss. Los primeros eran comprobables, los segundos no. En los casos que estábamos investigando, los recuerdos de aquellos niños podían ser comprobados y corroborados con los recuerdos vivos de los familiares y amigos de la persona fallecida.

El hecho de que las palabras árabes que designan la reencarnación tuvieran esta connotación, conducía a la conclusión de que el fenómeno de niños que dicen recordar vidas anteriores era algo común en aquel país desde hacía generaciones.

Por supuesto, muchos libaneses desconocen el tema, tanto como la mayoría de los norteamericanos. Un artículo publicado en julio de 1977 en el semanario *Monday Morning* me dio la clave para comprender cuál era el sentir general de la sociedad secular respecto a la reencarnación. El título del artículo era: «La reencarnación de Hanan Mansour» y su sinopsis recogía la siguiente historia:

> Suzy Ghanem, de 5 años de edad, afirma ser la madre de tres hijos adultos y éstos están convencidos de que la niña no se equivoca. Sin duda nos hallamos ante un nuevo enfoque de cómo son en la actualidad las relaciones familiares en el Líbano.

Aunque el tono del artículo resulta bastante formal, la historia no está exenta del sensacionalismo implícito que se encuentra por doquier en los medios de comunicación norteamericanos.

> Suzanne Ghanem tiene ahora 5 años de edad. La niña insiste en que ella no es Suzanne Ghanem, sino Hanan Mansour, una mujer que murió después de una intervención quirúrgica en Estados Unidos, y no deja de suplicar a sus padres que quiere reunirse con sus hijos y su esposo.
>
> Antes de que Suzanne comenzara a hacer estas afirmaciones, las dos familias implicadas no se conocían. Sin embargo, Suzanne o Hanan buscó a sus hijos y se puso en contacto con ellos. Desde entonces, sus hijos —personas adultas— están convencidos de que su madre es una niña de 5 años que vive en Shwaifat, un barrio del sur de Beirut.

Stevenson estaba en el Líbano cuando el artículo de Suzanne Ghanem fue publicado, y tras leer el artículo visitó a Suzanne en marzo de 1978, ocho meses después de que el *Monday Morning* publicara su historia.

De aquella visita hacía ya veinte años. Ahora, la niña era una mujer de 25 años.

—En mi opinión, Suzanne es uno de los sujetos que recuerda con más nitidez nombres relacionados con su vida anterior —comentó Stevenson mientras me entregaba el expediente del caso para que lo estudiara. Tras abrir la carpeta, leí unos amarillentos folios mecanografiados.

Hanan Mansour nació en las montañas de Shouf en 1930. Cuando tan sólo tenía 16 años contrajo matrimonio con Farouk Mansour, un pariente lejano. Una año después nació Leila, su primera hija, y al cabo de dos años, Galareh. Después del segundo parto, los médicos diagnosticaron a Hanan una lesión cardíaca y le recomendaron que no volviera a quedarse embarazada. Haciendo caso omiso de la advertencia, en 1962 Hanan tuvo un hijo. En 1963 el hermano de Hanan, Nabih, que se había convertido en un personaje popular en el Líbano, murió en un accidente de aviación, lo que causó gran consternación entre la comunidad drusa. Poco después de aquel episodio, la salud de Hanan empeoró. Cuando Farouk, el esposo de Hanan, fue entrevistado por Stevenson veinte años atrás, le comentó que dos años antes de morir Hanan habló con él sobre la muerte y le dijo que se reencarnaría y contaría muchas cosas sobre su vida anterior.

Cuando contaba 36 años de edad, Hanan viajó a Richmond, Virginia, para someterse a una delicada operación de corazón. Leila quería acompañar a su madre en aquel viaje pero había perdido su pasaporte y no pudo obtener el nuevo a tiempo. Antes de la operación, Hanan trató de ponerse en contacto telefónico con Leila, pero no lo consiguió. Al día siguiente, Hanan murió a consecuencia de varias complicaciones. Su cuerpo fue trasladado en avión al Líbano.

Diez días después de la muerte de Hanan nació Suzanne Ghanem. Munira Ghanem, la madre de la niña, contó a Stevenson que poco antes de que Suzanne naciera soñó que tendría una niña. En el sueño, conoció a una mujer a la que abrazó y besó con ternura. La mujer, que tenía unos cuarenta años, le dijo: «Vendré hacia ti.» Más tarde, cuando Munira vio la fotografía de Hanan, pensó que se parecía a la mujer del sueño.

—Un sueño muy interesante —comenté mientras devolvía el expediente a Stevenson.

Stevenson abrió la carpeta y releyó sus propias notas.

—Me temo que en este caso existe una laguna técnica —dijo—. En estos casos yo solía preguntar si había comentado aquel sueño con alguien para poder confirmarlo; sin embargo, esa vez no lo hice.

Los padres de Suzanne contaron a Stevenson que las primeras palabras que pronunció cuando tenía 16 meses, mientras descolgaba el auricular del teléfono y simulaba hablar con alguien, fueron: «¡Hola!, ¿Leila?» La niña no dejaba de repetir el mismo gesto y de decir las mismas palabras. Al principio, desconocían la razón por la que Suzanne hacía aquello, pero más tarde, cuando se enteraron de que Hanan había intentado hablar por teléfono con Leila antes de morir, comprendieron la conexión entre su hija y la fallecida. Cuando Suzanne hablaba ya con claridad, dijo que Leila era una de sus hijas y que ella no era Suzanne, sino Hanan.

Cuando los padres de Suzanne le preguntaron por el apellido de Hanan, la niña respondió: «Todavía soy pequeña. Esperad a que crezca y os lo podré decir.» Según los padres, finalmente lo hizo. Cuando tenía dos años, ya había mencionado los nombres de sus otros dos hijos, de su esposo Farouk, y los nombres de sus padres y sus hermanos; trece nombres en total. Suzanne solía decir cosas como: «Mi casa es más grande y más bonita que ésta.» A veces le decía a su padre Shaheen: «Te quiero. Eres muy cariñoso conmigo, tanto como lo era mi padre Halim. Te acepto por esta razón.»

Halim era el padre de Hanan.

Al igual que el caso Jirdi, el descubrimiento de éste salió a la luz cuando un conocido que tenía contactos en el pueblo de montaña donde vivía la familia Mansour hizo averiguaciones y descubrió que las afirmaciones de Suzanne coincidían con la vida de Hanan Mansour. Al tener conocimiento de la historia de la pequeña de Shwaifat, los Mansour decidieron visitarla.

Suzanne tenía cinco años cuando Stevenson la conoció, poco tiempo después de que el *Monday Morning* publicara el artículo. A pesar de que Stevenson había analizado muchos casos parecidos, el entusiasmo de Suzanne por los recuerdos de su vida anterior le resultó poco corriente.

—La obsesión de Suzanne empezaba a ser problemática. Llamaba a Farouk, el esposo de Hanan, tres veces al día. Cuando fue a visitarle, se sentó en sus rodillas y apoyó la cabeza en su pecho. Farouk había contraído segundas nupcias con una mujer que había sido amiga de Hanan; sin embargo, estaba tan preocupado por la reacción de Suzanne que hizo lo posible por evitarla. Finalmente, Suzanne descubrió la razón del rechazo de Farouk y un día le dijo: «Me prometiste que nunca amarías a nadie excepto a mí.» No creo que Farouk admitiera haber hecho esa promesa a Hanan. Al respecto, Farouk me dijo: «No estoy seguro, pero es posible que alguna vez le dijera a Hanan algo parecido.»

Stevenson esbozó una sonrisa entre dientes. Ningún hombre espera que sus promesas sean juzgadas por alguien que viene de ultratumba.

Mientras seguíamos descendiendo de las montañas que bordeaban la ciudad, la vista de la costa mediterránea era excepcional. Shwaifat había sido edificado en la ladera que descendía directamente hasta Beirut. La ciudad había prácticamente engullido a aquel pueblo que, más que un municipio independiente, parecía un barrio más de Beirut. Mientras recorríamos la calle comercial del pueblo, Stevenson dijo lo que hacía rato deseaba escuchar:

—Quizá deberíamos hacer una parada a fin de que Mahmoud pueda comer algo.

—¡Daría lo que fuera por comer algo! —exclamé.

—Podríamos comprar pizza libanesa en una de esas tiendas —sugirió Majd esbozando una sonrisa—. ¿La ha probado?

No la había probado, pero he de admitir que fue todo un descubrimiento gastronómico. Se trataba de una masa circular, similar a una pita, sazonada con aceite de oliva, hierbas y una especie de queso fermentado, cocida al horno. Cada porción tenía un tamaño parecido a lo que llamamos una «pizza individual» en Estados Unidos. Incluso Stevenson tomó una. Las pizzas y las bebidas enlatadas costaron sólo cinco dólares.

Había caído la tarde cuando Mahmoud estacionó el Mercedes en un estrecho sendero que conducía a un vecindario de pequeños apartamentos. Antes de llegar al de los Ghanem caminamos unos metros.

Los padres de Suzanne, Munira y Shaheen, nos abrieron la puerta y nos condujeron a un estrecho salón donde el hermano mayor de Suzanne, Hasam, nos saludó en un perfecto inglés al tiempo que nos entregaba una tarjeta de presentación. Era vendedor de seguros de vida en Beirut. Tras sentarnos e iniciar las pertinentes presentaciones, entró Suzanne.

Recordé que en el artículo del *Monday Morning* se decía que la familia de Suzzane «advirtió en Suzy una profunda tristeza y sintió lástima por su situación». El autor finalizaba el artículo diciendo que, al salir de la casa de los Ghanem, «volví la vista atrás para ver por última vez a la niña que me miraba con lágrimas en los ojos desde la ventana».

En persona, los ojos castaños de Suzanne seguían siendo el rasgo más característico de aquella joven; unos grandes ojos vivaces pero empañados por la tristeza. Vestida con vaqueros y un jersey azul, Suzanne llevaba su larga cabellera castaña recogida en la parte superior por unas gafas de sol que hacían las veces de diadema y lucía un colgante con forma de corazón. Por su aspecto, hubiera sin duda encajado en cualquiera de las aulas de la Universidad de Miami donde a veces imparto clases.

La forma de su rostro era redondeada, su piel parecía de alabastro y su sonrisa era franca y sincera. Cuando hablaba miraba fijamente a su interlocutor pero manteniendo cierta distancia. Nos contó que había estudiado dos años en la Universidad de Beirut y que ahora impartía clases de inglés a alumnos de sexto y séptimo grado, si bien en su opinión su inglés no era tan bueno como el de su hermano.

Stevenson inició la entrevista siguiendo el patrón habitual, es decir, preguntándole si seguía recordando su vida anterior.

Al principio, Suzanne pareció dudar. Quizá no había entendido la pregunta con claridad. Sin embargo, antes de que Majd pudiera traducir las palabras de Stevenson, Hassam la interrumpió en inglés:

—Nunca habla de ello con nosotros pero... quizá decida hacerlo con ustedes.

Suzzane lanzó una extraña mirada a su hermano, pero Hassam siguió hablando:

—Un chico que dijo ser el hermano reencarnado de Hanan quería conocer a Suzanne. Ella se negó porque no se sentía preparada para una emoción tan intensa. Sin embargo, cuando el chico murió, se sintió muy apenada por no haberlo hecho.

De repente, Suzanne se levantó y salió de la habitación en silencio, como si hubiera recordado que debía hacer algo. Tardé un instante en comprender que se había ido con los ojos llenos de lágrimas. Majd y yo intercambiamos miradas sin hacer comentario alguno mientras Hassam seguía hablando sin inmutarse por la repentina reacción de su hermana.

—Cuando ese chico que decía ser el hermano de Hanan era un niño, sufrió un ataque de apoplejía y todos pensamos que había sido causado, en parte, porque los Mansour se habían negado a conocerle. Suzanne no puede evitar sentirse mal cada vez que hablamos del tema. Hubo otro caso en el que ella actuó como mediadora entre las dos familias implicadas, la familia que quería conocer a su hijo reencarnado y la familia actual, que no permitían que la primera se acercara a él. Finalmente Suzanne logró convencerles para que el niño conociera a su familia anterior.

Mientras seguíamos conversando con Hassam y el resto de la familia, Suzanne regresó al salón.

Stevenson le preguntó si deseaba descansar unos minutos, pero la chica respondió:

—Descuide, puede proseguir con la entrevista. Estoy bien.

Stevenson preguntó a Suzanne de nuevo si seguía recordando su vida anterior.

—No recuerdo con exactitud los detalles, pero sigo albergando los mismos sentimientos de antes.

—¿Cuándo viste a Farouk por última vez?

—Hace cuatro años. Vino a visitarme.

Stevenson se dirigió a sus padres:

—¿Cuántos años tenía Suzanne cuando dejó de llamar diariamente a Farouk?

Los padres se miraron y sonrieron.

—No he dejado nunca de llamarle —respondió la propia Suzanne—. Suelo llamarle cuando tengo necesidad de hablar con él. Quizá más de una vez por semana. —Esbozó una sonrisa y añadió—: Farouk tiene miedo de su nueva esposa.

Ahora Suzanne hablaba en árabe y Majd traducía sus respuestas. Por unos segundos creí que había malinterpretado las palabras de la joven. ¿A quién se refería cuando hablaba de «su nueva esposa»? No tardé en comprender que se estaba refiriendo a la mujer con quien Farouk se había casado hacía veinticinco años, poco después de la muerte de Hanan.

Stevenson le preguntó qué sentía por Nadir, la «nueva esposa».

Suzanne esbozó una sonrisa nerviosa y respondió:

—Absolutamente nada.

—¿Has perdonado ya a Farouk por haberse casado de nuevo? —preguntó Stevenson.

—Sí, por supuesto —replicó.

Puesto que la atmósfera parecía un poco tensa, decidí preguntar a la madre de Suzanne qué sintió cuando su hija empezó a hablar de una vida anterior y a decir que pertenecía a otra familia.

Majd tradujo mi pregunta y a continuación la respuesta de Munira.

—No estaba preocupada. Es algo habitual. Sin embargo, cuando Suzanne descolgaba el teléfono y con lágrimas en los ojos gritaba el nombre de su hija Leila una y otra vez, sufría mucho porque comprendía el terrible dolor que mi hija sentía.

Unos minutos más tarde, Stevenson formuló a Suzanne una pregunta bastante delicada.

—¿Es bueno recordar una vida anterior?

A tenor de la reacción previa de la joven, me sorprendió que Suzanne mirara fijamente a Stevenson y respondiera sin dudar.

—¡Por supuesto! Mi familia anterior se siente aliviada al saber que todavía estoy aquí, y yo me siento también muy aliviada de haber tenido la oportunidad de volverles a ver.

Pregunté a Munira y Shaheen qué recordaban del comportamiento de Suzanne cuando ésta, de niña, empezó a relatar los recuerdos de su vida anterior.

Shaheen explicó que cuando su hija era pequeña podía recitar la oración fúnebre pronunciada en el funeral de Nabih.

—Cuando empezó a hablar de su vida anterior, registré sus palabras en mi grabadora portátil. Teníamos una cinta en la que recitaba la oración fúnebre y se la regalamos a la madre de Hanan, pero como la mujer murió, nadie sabe dónde está la cinta.

—Cuando mi hermana tenía tres o cuatro años —intervino Hassam—, explicó a mi madre la receta del *namoura* [un postre libanés], la receta favorita de Hanan. Antes de aprender a leer y escribir, Suzanne garabateó un número de teléfono. Tratamos de llamar, pero nadie respondía. Más tarde, cuando visitamos la casa de Hanan, descubrimos que el número era el correcto; mi hermana se había equivocado en el orden de los dos últimos dígitos, en el lugar del ocho había escrito un dos y viceversa.

»Resulta gracioso, pero cuando Helene, la hermana de Hanan, visita a Suzanne, le habla como si realmente fuera Hanan. Le dice cosas como: "He hablado con Mira, la chica que iba con nosotras a la escuela primaria."

Según el artículo de *Monday Morning*, la familia Mansour se mostró inicialmente escéptica respecto a las afirmaciones de Suzanne. Se trataba de una familia adinerada e influyente y temían que los Ghanem sólo buscasen obtener dinero. Pero la niña rápidamente les persuadió identificando fotografías en un álbum familiar, entre otras cosas. Suzanne ojeó las fotografías delante del periodista del *Monday Morning*, que describe el hecho en los siguientes términos:

> Suzy reconoció a todos sus familiares y les identificó por su nombre con total precisión. «Éste es mi hermano Hercule, mi hermano Jason, mi hermano Plato, mi madre... y ésta soy yo. En ésta llevo mi vestido negro. Sí, reconozco el corte del vestido... ¡Qué delgada estaba!» Suzanne guardó silencio durante unos segundos , con los ojos entristecidos, añadió: «Estaba muy enferma.»

Pero, según el artículo, el factor decisivo que convenció a los Mansour de la sinceridad de Suzanne fue precisamente cuando la niña se dirigió a Galareh y dijo: «¿Te entregó el tío Hercule tus joyas y a Leila las suyas?»

Sólo la familia sabía que Hanan había entregado sus joyas a su hermano Hercule en Virginia y le había pedido que las repartiera entre sus dos hijas.

En sus notas, Stevenson señala que Farouk y Galareh le confirmaron que Suzanne había explicado con detalle el deseo de Hanan de repartir sus joyas entre sus hijas, historia que también confirmó con los familiares que habían estado presentes cuando Hanan pidió a su hermano este favor.

¿Qué podía pensar a partir de estas pruebas? Una hora con los Ghanem había sido suficiente para convencerme de que aquel caso no era una farsa. La emoción que se respiraba en la atmósfera era demasiado auténtica, la sinceridad de la familia demasiado transparente para considerar que todo aquello era un engaño. Pero ¿y si se trataba de un autoengaño colectivo inconsciente?

Nabih Mansour no era Jack Kennedy. No obstante, ¿cabía la posibilidad de que su popularidad fuera tan grande que, incluso nueve años después de su muerte, aún despertase la imaginación de una niña que decía ser su hermana? ¿Cabía que los padres imaginaran que los comentarios de su hija encajaban con la familia de un héroe local y que, a partir de ahí, relacionaran dichos comentarios con los datos que conocían de la familia de Nabih?

De nuevo, y al igual que en el caso de Daniel y los Khaddege, incluso semejantes posibilidades, del todo improbables, no podían explicar todas las cosas que Suzanne había dicho. Sin embargo, no podía evitar pensar en una posible, aunque remota, razón que justificara aquel caso. Los Ghanem tenían tanta fe en la reencarnación que quizá, inconscientemente, generaron y guiaron las afirmaciones de Suzanne y, por otra parte, la familia Mansour necesitaba tanto creer que Hanan había vuelto que, inconscientemente, aceptaron sin reserva la historia de la niña, e incluso potenciaron el que Suzanne corroborara sus afirmaciones.

Stevenson había dicho que no había estado en contacto con los Mansour durante aquel viaje, si bien les había entrevistado en un viaje anterior. Así pues, no había garantía de que aceptaran reunirse con nosotros esta vez. Por mi parte, quería desesperadamente hablar con ellos para aclarar todas aquellas dudas.

Suzanne había permanecido en silencio durante media hora mientras su familia hablaba de ella. Por un momento, me pregunté si se arrepentía de que hubiéramos invadido su intimidad. Pero entonces, sin haberle formulado ninguna pregunta, Suzanne empezó a contar una historia que, según ella, no había revelado nunca a nadie. Contrariamente a lo que había dicho Hassam, Suzanne no sólo había hablado con aquel chico que decía ser el hermano de Hanan, sino que había sentido una profunda conexión con él.

—Estaba en el pueblo y un hombre se acercó a mí —contó Suzanne mientras su familia la miraba con estupefacción—. Tras mirarme unos segundos me reconoció, pero no como Suzanne sino como Hanan. Me dijo que él era la reencarnación de Nabih. A decir verdad, él recordaba muchas más cosas que yo. Me abrazó, me besó y yo lloré de emoción.

Cuando salimos de la casa en dirección al hotel eran casi las ocho de la tarde. Mientras recorríamos la carretera de Shwaifat a los barrios del sur de Beirut, de entre la sombra de los numerosos campos de refugiados había emergido una improvisada zona comercial dedicada al contrabando. Bajo las peregrinas estructuras de ignotos edificios, condenados oficialmente a ser demolidos, podía comprarse y venderse toda clase de productos.

—¿Creen posible que su devoción por Farouk sea la causa de que no se haya casado? —pregunté mientras sorteábamos el tráfico.

—¿Se dio cuenta de que antes de irnos me senté junto a ella? —preguntó Majd—. No quería que mi pregunta la incomodara delante de todos. Pregunté a Suzanne por qué no se había casado y me respondió que aunque sabía que la vida de Hanan formaba parte del pasado, todavía no había encontrado a nadie en esta vida.

Mahmoud nos dejó a Stevenson y a mí en el hotel. Stevenson había aceptado impartir una conferencia en la AUB aquella noche y quería cambiarse y descansar un rato. En cuanto a mí, aproveché aquella hora para pasear por El Hamra. Hombres y mujeres, la mayoría vestidos con trajes de ejecutivo, caminaban presurosos por la calle. Los taxistas, buscando clientes, hacían sonar sus bocinas como reclamo. Los cafés empezaban a llenarse de gente que salía del trabajo. Los vendedores de las distintas tiendas, de pie junto a la puerta de sus negocios, contemplaban con los brazos cruzados la procesión pasivamente. Por mi parte, me dediqué a caminar y a ser testigo de aquel excepcional espectáculo de humanidad.

Mientras caminaba por las calles de Beirut pensé en los acontecimientos vividos desde que llegamos a aquella ciudad y en mi reacción. Resultaba imposible que toda aquella gente tratara intencionadamente de engañarnos. Además, resultaba también difícil calibrar qué podían ganar a cambio de promocionar falsamente sus casos. Algunas de las críticas que había leído al respecto argüían que los sujetos podían fomentar el fraude con el fin de destacar entre sus vecinos. En realidad, entre la comunidad drusa del Líbano, este tipo de motivación era inconcebible ya que todos los sujetos eran gente corriente. Dudo mucho que ninguno de ellos esperara participar en el programa televisivo de Oprah, la famosa presentadora norteamericana.

Si bien es cierto que aceptar sus reivindicaciones podría conducir a un tipo de relación pseudofamiliar, nada en aquellos casos sugería que alguien se hubiera beneficiado materialmente al contactar con los familiares de su vida anterior y, por otra parte, los posibles beneficios emocionales a veces, como en el caso de Suzanne, implicaban serias complicaciones.

Esta reflexión me hizo pensar en algún extraño tipo de motivaciones inconscientes y en el oscuro mecanismo que podía materializarlas en todo cuanto había visto y oído.

Pero ¿por qué estaba siendo tan crítico? ¿Por qué me resistía a aceptar la explicación más obvia: que aquellos casos eran auténticos?

De alguna manera, por supuesto, mi trabajo era ser tan escéptico como me fuera posible sobre todo cuanto veía y oía. Las principales objeciones a las pruebas presentadas por Stevenson se basaban en la idea de que los aspectos aparentemente paranormales de los casos podían deberse a fraude, autoengaño o deseo inconsciente de satisfacción personal. Por lo que a mí respecta, tenía mi propia versión de «la formidable presunción inicial contra la reencarnación» sobre la que Paul Edwards hablaba en su libro, salvo que mi presuposición no se basaba demasiado en las dificultades lógicas y prácticas inherentes a la idea de la reencarnación: Si el alma existe, ¿por qué nadie puede detectarla?; ¿cómo transmigra de un cuerpo a otro?; ¿se introduce en el nuevo cuerpo en el momento de la concepción o del nacimiento?; ¿por qué el porcentaje de personas que recuerdan vidas anteriores es tan reducido?; ¿por qué los recuerdos son tan fragmentarios?; si las almas se reciclan, ¿cómo se explica el aumento demográfico de la población mundial?

Personalmente no creía que ninguna de estas preguntas formuladas por la lógica de Edwards pudiera refutar ninguna prueba que justificara la autenticidad de los recuerdos de vidas pasadas. Mi verdadero problema tenía más que ver con la intuición que con la lógica. En mí mismo, no sentía el menor rastro de una vida anterior. Mi mundo llegaba sólo hasta mis más tempranos recuerdos de *esta* vida. Es más, el único conocimiento que tenía de la muerte de mis seres queridos era que, tras la muerte, nos desvanecemos en el vacío. En este sentido, lo único palpable e irrevocable era su ausencia. Más de diez años después de la muerte de mi padre, cuando a veces todavía descuelgo el auricular y empiezo a marcar su número, la única e irrevocable certeza es que no hay nadie a quien llamar porque no está en este mundo ni en ningún otro.

Si la reencarnación fuera real, ¿por qué ni siquiera ha rozado mi vida? ¿Por qué no he podido sentir que es posible en mi propia piel?

Cuando regresé al hotel, Stevenson me estaba esperando en el vestíbulo. El esposo de Majd, Faisal, vino a buscarnos en su utilitario y nos condujo hasta el campus universitario. Había visto anunciada la conferencia de Stevenson en un folleto y no podía evitar preguntarme qué tipo de público asistiría. Sin embargo, cuando llegamos a la sala de conferencias, quince minutos antes del inicio previsto, me sorprendió ver que ya no quedaba ningún asiento libre y que incluso había gente de pie.

Stevenson impartió su conferencia con brillantez, sencillez e inteligencia. Explicó el origen de su interés en los recuerdos infantiles de vidas anteriores y describió el alcance de su investigación, resumiendo algunas de las semejanzas y diferencias entre los casos que había estudiado por todo el mundo, desde la India y el sudeste de Asia a Sudamérica, Europa y Norteamérica, incluyendo Canadá y Alaska.

Cuando algunos de los asistentes formularon preguntas, Stevenson las sopesaba antes de responder. Desde el fondo de la sala, un hombre le preguntó:

—¿Ha habido algún esfuerzo científico por detectar si se observan diferencias en un cuerpo antes y después de la muerte que pudieran explicar por dónde transmigra el alma?

—A principios de siglo se llevaron a cabo algunos experimentos al respecto, pero nunca se detectó nada —respondió Stevenson—. En uno de ellos se colocó a un hombre moribundo en una cama con forma de balancín. Pensaron que si la cama se movía en el instante de la muerte, demostrarían que el alma tenía un peso específico. Pero el hombre murió y la cama no se movió. En mi opinión, no es inconcebible que en un futuro próximo sea posible detectar científicamente lo que hoy llamamos alma, pero esta prueba sin duda trascendería la comprensión actual del universo físico.

Otro hombre, vestido con un elegante traje y sentado unas filas delante de mí, se levantó y preguntó:

—Doctor Stevenson, ¿le importaría explicarnos en pocas palabras cuál es su mensaje?

Stevenson procedió a describir con detalle el procedimiento que empleaba para recoger información, entrevistar a las personas y actualizar los datos.

—Perdone, pero he dicho *mensaje*, no método —replicó el hombre cuando Stevenson hubo terminado de hablar.

Aquella puntualización provocó en la sala un murmullo de comentarios y risas. Sin embargo, Stevenson permaneció impasible y respondió a la pregunta de un modo que me sorprendió mucho y que probablemente no satisfizo demasiado a su interlocutor. Dijo que su deseo era que la comunidad científica, y en especial los médicos, consideraran con más seriedad su trabajo porque la reencarnación podía encender una luz y ser la respuesta a muchas fobias, marcas y defectos de nacimiento que no tienen explicación médica. Su mensaje era sin duda de esperanza, pero una esperanza que no necesariamente debía ser considerada humilde y tangencial pues, si se demostraba que la reencarnación era un hecho, quizá pudiera explicar, por ejemplo, el origen de la marca de nacimiento que Mijaíl Gorbachov tenía en la frente.

Aquello me hizo comprender que Stevenson estaba acostumbrado a tratar con gente que, en lugar de científico, lo consideraban un profeta. En este sentido, recordé una frase de su autobiografía en la que expresaba su opinión al respecto: «Mis creencias no deberían influir en los demás. Cada uno debe examinar la evidencia y juzgar por sí mismo.»

Cuando el turno de preguntas hubo finalizado, la gente rodeó a Stevenson. Mientras contemplaba lo impacientes que parecían todos por hablar con él, una mujer se acercó a mí y pronunció mi nombre con un encantador acento. Me llevó unos segundos reconocerla: era Suzanne. Tras levantarme, le estreché la mano y la saludé, como si de una vieja amiga se tratara. Suzanne llevaba una fotocopia ampliada del artículo del *Monday Morning* que relataba su caso.

—Pensé que le gustaría tener una copia —dijo.

Tras esbozar una sonrisa, hojeé las páginas. En la primera había una fotografía de una niña de cabello rizado, Suzanne, junto a una hermosa y sonriente mujer. El parecido entre ambas era evidente. La joven mujer podía ser la madre de Suzanne. Sin embargo, no lo era. Era Galareh Mansour.

—¿Hay algún error en el artículo? —pregunté.

—Sí —respondió Suzanne—. Se han equivocado al escribir el nombre de mi esposo.

Suzanne se refería al esposo de Hanan Mansour, Farouk, a quien el periodista había llamado Fayed.

Sabía que seguir la conferencia de Stevenson le habría resultado dificultoso, pero Suzanne parecía auténticamente conmovida por su contenido.

—¡Una conferencia estupenda!, ¿no cree? —exclamó con su habitual mirada triste.

Quizá oír a Stevenson hablar sobre cientos de niños que habían crecido con la misma extraña sensación de desplazamiento le había hecho sentirse menos sola, o quizá sólo buscaba en sus palabras una forma de justificar su situación.

—¿Sería tan amable de hacerse una fotografía conmigo y el doctor —preguntó Suzanne al tiempo que sacaba una cámara automática de su bolso.

Sugerí que quizá preferiría tener una fotografía de ella y Stevenson solos, pero ella insistió y, tras subir a la tarima de la sala, su hermano Hassam tomó una fotografía con la cámara de Suzanne y luego otra con la mía. En la fotografía, Suzanne está de pie entre los dos, con sus habitual expresión de tristeza y sus profundos y misteriosos ojos oscuros.

Seis meses más tarde, hojeando las notas del expediente de Suzanne en el despacho de Stevenson en Charlottesville encontré una fotografía de Hanan Mansour tomada el día de su boda, cuando era sólo unos años más joven de lo que ahora es Suzanne. Los ojos de ambas tenían la misma expresión, la misma tristeza, el mismo aire enigmático

⤳

Mientras Stevenson y yo salíamos de la sala de conferencias, un hombre joven se acercó y entregó a aquél su tarjeta de presentación.

—Debemos hablar —dijo el hombre—. Estoy investigando varios casos muy interesantes.

El hombre dijo que era ayudante del departamento de psicología de la universidad y que había descubierto dos casos de reencarnación que presentaban características peculiares. Uno de ellos era el de una mujer que había sufrido una experiencia próxima a la muerte. Tras estar a punto de morir y ser reanimada por un equipo médico, dijo que recordaba haber tenido la sensación de haber abandonado su propio cuerpo y haber renacido en la habitación de la casa de una familia que ella conocía. Sin embargo, aquella sensación fue muy breve y de inmediato sintió cómo regresaba de nuevo a su cuerpo. Después de haber sido reanimada contó a todos los que se encontraban en la habitación aquella extraña experiencia. Más tarde, descubrieron que mientras la mujer agonizaba y estaba a punto de morir, en la familia que ella había visto en su visión acababa de nacer un niño.

El segundo caso tenía que ver con una mujer árabe que decía haber sido hindú en una vida anterior. De hecho, hablaba hindú, aunque no había forma de explicar cómo había aprendido aquel idioma.

Stevenson mostró interés. Él, mejor que nadie, sabía que las historias contadas por segundas personas suelen ser sólo rumores.

—¿Puede facilitarme nombres y números de teléfono de las personas? —preguntó.

El hombre retrocedió un paso y a continuación dijo:

—Ya le llamaré.

Stevenson le dio el número de teléfono de la habitación del hotel y luego nos fuimos.

Al cabo de quince minutos entrábamos en el vestíbulo del hotel Cavalier y no pude por menos que preguntar:

—¿Qué opina, Stevenson? ¿Le llamará o no?

—Parecía muy celoso de sus casos —replicó Stevenson—. Entre

mis casos tengo algunos en los que los sujetos han tenido experiencias antes de morir. Uno de ellos es muy similar al que ese hombre ha descrito. Una mujer que estaba inconsciente pensó que había estado a punto de morir. Cuando superó la crisis, dijo que se había visto a sí misma en presencia de una mujer que acababa de dar a luz y se sintió impelida a introducirse en el cuerpo del bebé. Sin embargo, mientras lo estaba haciendo, pensó en el amor que sentía hacia su familia y regresó a su propio cuerpo.

—Resulta muy interesante que en ambos casos las dos mujeres afirmaran que estaban a punto de entrar en otro cuerpo en el momento del nacimiento y no en el de la concepción.

—Muy interesante... —dijo Stevenson con una sonrisa de complicidad.

Eran pasadas las nueve de la noche y, sin embargo, no me sentía especialmente hambriento, así que agradecí que Stevenson me invitara a tomar una copa en su habitación antes de cenar.

—Hay algo sobre lo que he estado pensando —dije una vez estuvimos en su habitación—. Cuando los sujetos dicen haber sido otros en una vida anterior, incluso aunque conozcan a dicha persona, podría concluirse que han conectado mentalmente en la vida de alguien a través de la percepción extrasensorial, más que a través de la reencarnación.

Stevenson bebió un sorbo de su whisky y comentó:

—En todos, además de recuerdos, hay muchos factores implicados. Cuando los sujetos son niños, dicen: «Yo tenía una esposa» o «Yo era médico» o «Yo tenía tres búfalos y dos vacas». El hecho de utilizar el pronombre personal en primera persona implica una identificación completa con su personalidad anterior y que se resisten a la imposición de una nueva identidad. ¿Recuerda el comentario de Daniel a Latifeh, «Tú no eres mi madre, mi madre es una sheikha»? Pues bien, investigué un caso en Tailandia de un hombre que, siendo niño, recordaba haber vivido la vida del hermano de su madre. El hombre aseguraba tener un nítido recuerdo de la infancia de su vida presente. Sin embargo, cuando era niño se recordaba a sí mismo como un adulto y tenía recuerdos de una vida anterior. Lo que ocurre es que a menudo los adultos se entrometen tanto que confunden a los niños y éstos ya no saben cuál es su verdadera identidad.

—Sin embargo y en general —intervine—, si la reencarnación es la explicación, se trata de un fenómeno que genera recuerdos incompletos e imperfectos. A decir verdad, entre sus casos no hay ningún sujeto que recuerde con nitidez su vida anterior.

—Bueno, de hecho, entre los casos libaneses contamos con unas treinta declaraciones detalladas de recuerdos del pasado. Desde esta perspectiva, no puede decirse que sean muchos. Sin embargo, como ha podido comprobar usted mismo en el caso de Suzanne, también puede haber recuerdos emocionales muy intensos.

Desde la ventana del hotel se oían las bocinas y los gritos de los taxistas. Sin duda una improvisada sinfonía que amenizaba nuestra conversación.

—Durante la conferencia, en especial cuando aquel hombre le preguntó sobre cuál era exactamente su «mensaje», me sorprendió su comentario. El que los médicos consideren la reencarnación como una posible alternativa para diagnosticar malformaciones congénitas me resultó un tanto... ¿ingenuo? Después de todo, estamos hablando de *reencarnación*. —Esperaba que Stevenson captara la intención de mi comentario y que reconociese sin ambages que sólo había tratado de eludir la cuestión. Sin embargo, defendió su postura con convicción.

—Los padres de hijos nacidos con malformaciones congénitas sufren una terrible aflicción al desconocer la causa y acaban sintiéndose culpables. Poder decirles que dichas malformaciones se deben a algo que trasciende su propio control podría servirles de mucho consuelo.

Stevenson guardó silencio durante unos segundos, se reclinó en la silla y me miró con evidente complicidad.

—En términos generales —prosiguió— no suelo hablar demasiado sobre los beneficios espirituales de la reencarnación. Cuando viajé por primera vez a la India, conocí a un *swami*, un miembro de una orden monástica. Tras explicarle la naturaleza de mi trabajo y decirle que estaba convencido de lo importante que sería demostrar la evidencia de la reencarnación para ayudar a la gente a vivir sin angustias, ya que regresarían después de la muerte, el monje guardó un silencio sepulcral. «Lo que dice está muy bien —me comentó finalmente—, pero aquí la reencarnación es un hecho y, como habrá podido comprobar, tenemos tantos sinvergüenzas y ladrones como ustedes en Occidente.» Después de escuchar estas sabias palabras, comprenderá mi decisión de abandonar mi fervor misionero.

No pude por menos que lanzar una carcajada. Era plenamente consciente de que, como periodista, trataba de sonsacar a Stevenson, pero también de que disfrutaba cada vez más de su compañía, de sus reservas y de su peculiar forma de precisar las cosas.

Llegados a aquel punto, decidí revelarle mis dudas con total franqueza. ¿Podía ser posible que movidos por motivaciones inconscientes, algunas de aquellas familias estuvieran inculcando información a sus hijos, adornando sus recuerdos o incluso su comportamiento?

—De hecho —comenté—, resulta casi imposible descartar dicha posibilidad.

Stevenson apuró su vaso de whisky y repuso:

—Posibilidad muy cara de pagar entre mis colegas...

Después de aquella interesante conversación, Stevenson convino en reunirse conmigo en el comedor en veinte minutos. Fui a mi habitación, encendí el televisor, conecté la CNN y me dispuse a escuchar la reconfortante cantinela de los locutores informando de las noticias del día. Sin embargo, en lugar de ello me quedé turbado al ver la imagen de un apesadumbrado corresponsal que, desde El Cairo, informaba de una terrible matanza. Aquella mañana, mientras nosotros estábamos en las montañas de Beirut, fundamentalistas islámicos habían atacado a un grupo de turistas que visitaban el Valle de los Reyes en Luxor, a tan sólo 400 kilómetros al oeste del Líbano. Los terroristas habían abierto fuego contra los turistas con fusiles automáticos y apuñalado a los supervivientes de la refriega. Cincuenta y ocho europeos habían sido salvajemente asesinados.

7

El hereje

Stevenson me esperaba sentado a una mesa del comedor del hotel. Era una estancia rectangular y estrecha con ventanas a un lado y una pared lisa al otro. Las mesas estaban cubiertas con manteles blancos recién planchados que el personal cambiaba después de cada comida y a veces entre platos. Los camareros, impecables con chaquetas blancas y apostados detrás de unas columnas situadas en el centro del salón, siempre aparecían, como si tuvieran telepatía, cuando alguien les necesitaba. Intermitentemente se cortaba el suministro de energía durante un minuto o dos, pero ninguno de los comensales parecía preocuparse por ello.

El servicio del restaurante era idéntico al del hotel: eficiente y sencillo. Los empleados no se mostraban ostentosamente aduladores o complacientes; sólo hacían bien su trabajo. A tenor del eterno caos que les rodeaba y la dificultad de mantener en condiciones el edificio, estaba maravillado de lo dignamente que aquel hotel se mantenía a flote. Como era obvio, Stevenson, un hombre sencillo a quien parecía importarle muy poco la comodidad y el lujo, había escogido personalmente aquel hotel.

Finalmente recuperado del *jet lag* y del choque cultural, tenía la esperanza de aprovechar el final del día obteniendo de Stevenson información sobre su vida. Lo que conocía de ella a nivel profesional lo había leído en una transcripción de la conferencia que Stevenson impartió en la Universidad de Luisiana en 1989. En ella, él mismo explicaba cómo pasó de analizar hígados de cobayas en un laboratorio médico a entrevistar a niños que decían recordar vidas pasadas.

Había leído aquella conferencia hacía tiempo, justo después de entrevistarme con él por primera vez en Charlottesville, y he de reconocer que me sirvió para disipar cualquier duda sobre su integridad intelectual. Al margen de la opinión personal respecto a las ideas expuestas en aquel discurso, no cabía la menor duda de que habían sido rigurosamente caviladas y expresadas con elocuencia. Su estilo y redacción parecían propios del siglo XIX, una época en la que los científicos eran también escritores, historiadores y filósofos, una época en la que los intelectuales no temían expresar su pensamiento en voz alta y en la que se hablaba de temas imponderables en público. Incluso el lenguaje empleado por Stevenson parecía una interesante reliquia del pasado por el preciso uso del vocabulario y, sobre todo, porque su discurso estaba salpicado de referencias y citas procedentes de un gran abanico de fuentes, lo que me hizo reflexionar sobre cuán limitada era mi propia perspectiva. En una era en la que el acceso al conocimiento se ha democratizado al máximo, en lugar de saber más, cada vez sabemos menos.

Además de por esto, me intrigó también el descubrir en el texto un sutil e implícito tono de amargura o, por lo menos, de dolor y perplejidad. Stevenson tenía la sensación de que el trabajo de su vida había sido despreciado, o casi ignorado, por los científicos ortodoxos.

Ya en el primer párrafo, Stevenson hace una alusión al respecto: «En mi opinión, todo lo que la ciencia acepta en la actualidad es cuestionable, pero me consterna descubrir que muchos científicos consideran dicho conocimiento como inmutable e inalterable.»

En otro pasaje, Stevenson añade irónicamente: «Si hoy en día los herejes fueran quemados vivos, los científicos, sucesores de los teólogos que en el siglo XVI condenaban a la hoguera a cualquiera que negara la existencia del alma, quemarían a aquellos que afirman su existencia.»

Al margen de estas puntualizaciones, Stevenson explica, con sorprendente franqueza, su propia evolución como persona e investigador. En este sentido, atribuye su interés inicial por la relación entre lo espiritual y lo material a su madre, seguidora de un movimiento místico de finales del siglo XIX llamado teosofía, que él mismo describe como «un tipo de budismo enlatado» para occidentales.

Con aquel comentario, Stevenson logró captar mi atención; sin embargo, todavía desconocía qué pretendía descubrir leyendo la copia de su conferencia y mi vista empezaba a flaquear. Pero, de pronto, abrí los ojos como platos al leer lo siguiente:

> Cuando todavía me dedicaba al psicoanálisis empecé a experimentar con alucinógenos (llamadas drogas psicodélicas). Había suministrado a pacientes y yo mismo había probado una serie de drogas como parte de una investigación sobre drogas que ayudarían a los psiquiatras en las entrevistas con sus pacientes y en las terapias psicológicas.
>
> En una de mis experiencias con LSD yo también tuve una experiencia mística, es decir, una sensación de completa comunión con la humanidad y el mundo. Después de esta experiencia disfruté de tres días de perfecta serenidad. En mi opinión, muchas personas podrían beneficiarse tanto como yo lo hice tomando drogas psicodélicas bajo estricto control médico.

Lo primero que imaginé fue qué podrían hacer con aquel bombazo críticos como Paul Edwards. «¡Ese tipo es un adicto a los ácidos! ¡Sus casos de reencarnación son sólo alucinaciones!»

Yo mismo hubiera podido pensarlo de no conocer la sobriedad y claridad de mente de Stevenson y, por consiguiente, de sus escritos y trabajos. Además, nadie en la actualidad pone en tela de juicio la reputación de pensadores y escritores, desde Aldous Huxley, en la década de los cincuenta a Robert Stone, en la de los noventa, por decir cosas positivas sobre las experiencias psicodélicas. Así pues, juzgar a Stevenson por ello habría sido una completa hipocresía. Cuando estudiaba en la universidad, veinticinco años atrás, yo mismo experimenté con otro tipo de drogas y también descubrí que las drogas psicodélicas, tomadas con precaución, pueden producir y a menudo producen efectos de iluminación y clarividencia que trascienden la mera euforia temporal. De hecho, en mi caso, tomar drogas psicodélicas no me produjo euforia, sino una sensación mística que a veces culminaba en segundos de auténtica lucidez mental. Nadie en su sano juicio puede negar el efecto nocivo del abuso de las drogas, y quizá el riesgo de sufrir daños físicos y psicológicos es demasiado alto como para hablar de este tema a la ligera. Sin embargo, nadie puede negar que, en mi caso y en otros muchos, estas experiencias fueron, tal como las describió Stevenson, útiles y reveladoras.

Stevenson no se detiene a explicarlo con detalle, pero implícitamente afirma que su experiencia con LSD reforzó su creencia de que hay algo en la conciencia humana que trasciende lo material, algo que da cabida, entre la lucha que libran las neuronas y los eslabones de la cadena del ADN, a una entidad como el alma, que podría sobrevivir al deterioro de la materia cerebral. Sin embargo, lo interesante es advertir que, a pesar de sostener esta creencia, Stevenson no pierde nunca su fe en la ciencia como método para corroborarla o refutarla.

«Aunque significativas, las experiencias místicas son incomunicables. Por el contrario, las observaciones científicas son y deben ser comunicables, pues la ciencia se basa en experiencias demostrables, es decir, en el principio de verificación.»

Esto fue exactamente lo que me atrajo, en primera instancia, del trabajo de Stevenson. Él nunca afirma: «Tienen que creer porque yo creo en ello», sino todo lo contrario: «Miren lo que he descubierto. Examínenlo a fondo y a través de cualquier método posible. Piensen y formulen dudas al respecto, sométanlo a análisis y si hallan una explicación más razonable de este fenómeno, pónganme al corriente.»

Esto es hacer ciencia, aunque el objeto de estudio sea un fenómeno que la mayoría de los científicos no se toma con seriedad.

Durante la cena, encendí la grabadora y traté de averiguar más datos sobre la vida de Stevenson para comprender mejor por qué aquel hombre de casi 79 años, a pesar de estar acostumbrado a las entrevistas, me miraba con timidez y cierto nerviosismo. Aunque inicialmente le formulé un par de preguntas, fue el propio Stevenson quien me relató su vida desde el principio al final.

Había nacido en Montreal en 1918, hijo del corresponsal jefe en Otawa del *Times*.

—Aquel destino era casi un puesto semioficial —dijo Stevenson, que parecía considerar cada palabra antes de hablar—. El *Times* tenía corresponsales en las principales capitales del mundo. —Dirigió su mirada a la ventana como tratando de vislumbrar el pasado—. Resulta difícil recordar los años que mediaron entre las dos guerras mundiales —suspiró—: Quizá podría resumirlos diciendo que el predecesor de mi padre fue nombrado sir. En aquella época ser corresponsal jefe para el *Times* en una capital importante, como Washington u Ottawa, era gozar de una muy buena posición. Mi padre, todo un caballero inglés educado en Oxford, visitaba Inglatera cada dos años. A veces uno de mis hermanos o yo mismo le acompañábamos. Tuve dos hermanos y una hermana. Yo era el segundo.

El padre de Stevenson era un hombre frío y distante, más preocupado por su carrera que por su familia y, aunque Stevenson le respetaba mucho, en su niñez estuvo más unido emocionalmente a su madre.

—Mi madre era una mujer excepcional. Fue ella quien me inculcó el amor por la lectura. En realidad le debo mi primer contacto con lo que en la actualidad podría llamarse los fenómenos paranormales. Tenía una buena biblioteca, docenas de libros sobre teosofía, religiones orientales y lo que ahora se llama espiritualidad New Age, pero que entonces se conocía por Nuevo Pensamiento. El poder de la mente sobre la materia, la mente sobre el cuerpo. Durante una época estuvo muy interesada en la ciencia cristiana, pero mi madre era una mujer demasiado independiente para profesar cualquier credo o religión.

Stevenson terminó sus estudios secundarios a los 16 años y su familia decidió que cursara los universitarios en Inglaterra. Sin embargo, consiguió una beca para la Universidad de St. Andrews, en Escocia, donde pasó dos años.

—Empecé a estudiar historia —recordó—. Siempre me había fascinado la historia. De hecho, todavía leo libros de historia en mi tiempo libre; sin embargo pensé que era una carrera demasiado fácil. El periodismo tampoco me gustaba. La mayoría de los artículos de mi padre eran tan destructivos y críticos que, en lugar de potenciar el bienestar de la humanidad, lo empeoraban... Así pues, finalmente me decidí por la medicina.

En 1939 Stevenson se trasladó a la Universidad McGuill de Montreal, donde cursó estudios de medicina, así como las prácticas de especialización.

—Desde que nací siempre estuve enfermo. Primero sufrí una bronquitis que más tarde degeneraría en algo mucho más grave y crónico. Tuve neumonía tres veces. Cuando estaba cursando mis prácticas médicas, uno de mis profesores me advirtió que debía alejarme del clima frío de Montreal o, de lo contrario, moriría de un cuarto ataque de neumonía.

»Mis profesores tenían amigos en Arizona y ellos mismos se encargaron de los trámites burocráticos para que me trasladara allí. En aquellos días no existía ningún tratamiento efectivo para mi problema pulmonar, y no tenía la menor idea de cómo evolucionaría mi enfermedad. Trabajé durante un año en Arizona y mi salud mejoró considerablemente. Cuando decidí reanudar mis prácticas médicas, temeroso de volver al frío clima de Montreal, solicité una plaza en Nueva Orleans, en la Universidad Tulane y en la clínica Ochsner. Puesto que me había licenciado en McGill entre los diez primeros de mi promoción, no tuve dificultad en conseguir una beca. Durante mi estancia en Nueva Orleans me interesé por la bioquímica. Aunque me gustaba, pronto comprobé que lo que realmente deseaba era trabajar con personas, no con ratas de laboratorio. Así pues, solicité una plaza de dos años en el hospital New York y en la Academia de Medicina Cornell y conseguí otra beca de investigación, esta vez para estudiar medicina psicosomática, en concreto arritmias cardíacas debidas a alteraciones emocionales. Entrevistaba a pacientes a quienes se les controlaba el ritmo cardíaco mientras hablábamos del estrés en sus vidas y luego observaba los cambios de su función cardíaca. Tenía un paciente pirómano profesional que se repartía al cincuenta por ciento la póliza del seguro con el propietario del edificio incendiado. Empezó a tener dificultades cardíacas justo antes de hacer un trabajo. Sus ingresos eran muy desiguales, así que cuando no tenía ingresos dependía de su hermana y de su cuñado, y éste solía provocarle diciéndole que su situación era vergonzosa. Mientras me contaba esto, mi paciente sufrió un ataque de arritmia. Teníamos mucho interés por comprender por qué, bajo estrés, una persona puede sufrir un ataque de asma, aumento de la presión sanguínea y problemas cardíacos. Algunos de mis colegas pensaron que tales síntomas podrían estar relacionados con las necesidades y la personalidad del paciente, pero esta tesis nunca me satisfizo. De hecho, nunca llegamos a publicar nada al respecto, y aunque muchos puedan pensar que esta cuestión es absurda, sigue fascinándome.

»Mi salud física mejoró mucho durante mi estancia en Nueva York, pero seguía preocupado por el clima. Uno de mis profesores en la Academia Médica Cornell me invitó a unirme a él en la Universidad Estatal de Luisana. Fue allí donde empezaron a interesarme las drogas alucinógenas. Tomé y suministré algunas y publiqué algunos artículos sobre el tema. Debía de ser a principios de los cincuenta.

»Había habido cierto interés en evaluar la mescalina como inductor artificial de la esquizofrenia. Hasta cierto punto, éste es el principio de las nuevas tesis en bioquímica sobre los mecanismos de los trastornos mentales. Así pues, me interesó mucho analizar qué podían conseguir estas drogas en el tratamiento de pacientes y en el análisis de ciertas condiciones mentales. Yo mismo las tomé y luego recluté a varios residentes y a pacientes para que también las tomaran.

»Estábamos interesados en el LSD como potencial "navaja de la psique" y como herramienta terapéutica para despertar recuerdos olvidados. Yo mismo recuperé algunos de mis recuerdos perdidos. Por jemplo, haber sido circuncidado cuando tenía tres años (debía de tener cierta estenosis en el prepucio). Mi madre me llevó al médico sin decirme adónde íbamos y recordé con total nitidez preguntarle a mi madre mientras caminábamos por la calle: "¿Adónde vamos?" Al llegar al hospital, cuatro hombres fornidos me agarraban, me cubrían con una máscara y me suministraban éter. Gracias al LSD esos recuerdos emergieron en mi memoria con extraordinaria viveza. Estaba convencido del potencial terapéutico del LSD, pero Timothy Leary lo estropeó todo. En mi opinión estaba terriblemente equivocado. Su falta de ética profesional hizo que se prohibiera el uso de las drogas.

»Mi experiencia con las drogas psicodélicas fue, en general, muy buena. A decir verdad me sirvieron para cambiar mi perspectiva sobre la belleza física. Mi primera esposa era una artista con un extraordinario sentido de la percepción. Yo era miope y nunca había prestado demasiada atención al color y las formas. Sin embargo, la mescalina me abrió a un nuevo mundo. No la recomendaría a todo el mundo, y ciertamente no debería ingerirse salvo estricta prescripción médica. No obstante, personalmente considero que las drogas, con control y moderación, son beneficiosas.

»Es una experiencia realmente insuperable, pero muy difícil de comunicar y describir con palabras. Aun así, mi interés por los fenómenos paranormales es anterior a mis experiencias con el LSD (a decir verdad, heredé este interés de mi madre), y desde luego guardan cierta relación.

»Durante los años que pasé en Nueva Orleans me adentré en lo que podría considerarse literatura paranormal. Al final de mi estancia allí empecé a escribir reseñas de libros y artículos, así como los informes de mis investigaciones convencionales que publicaba en revistas médicas.

»En 1975, cuando tenía 39 años, conseguí el puesto de jefe del departamento de psiquiatría en Charlottesville. Por entonces tenía cierta reputación como investigador convencional, pero mi verdadero interés seguía siendo el estudio de los fenómenos paranormales. Cuando fui entrevistado en la Universidad de Virginia desvelé dicho interés a los miembros del consejo rector y no parecieron palidecer ni inmutarse por ello.

»Supongo que había tenido un especial interés en la reencarnación desde mi infancia porque la doctrina central de la teosofía es precisamente la reencarnación. Puesto que era un lector empedernido, empecé a encontrar libros, periódicos, revistas e informes sobre casos concretos en los que se hablaba de recuerdos debidos a la reencarnación. Al final, reuní cuarenta y cuatro casos en total. Tras estudiarlos detenidamente comprobé que los sujetos eran siempre niños, de dos a cinco años, que tenían recuerdos de una vida anterior durante un breve período de tiempo (hasta los ocho años). Aunque algunos casos no eran más que meras anécdotas, otros eran realmente serios. En algunos casos, personas muy prudentes habían investigado las afirmaciones de los niños. Y concretamente en tres casos descubrí que alguien había transcrito lo que los niños decían antes de verificar sus afirmaciones.

»En ciencia lo que cuentan son las cifras, así que mi intuición científica me persuadió de que aquellos cuarenta y cuatro casos debían de tener una desconocida raíz común. En realidad todos procedían de distintos países y de muy distintas fuentes... Uno de los casos había tenido lugar en Italia. Un médico había observado a uno de sus hijos gemelos que recordaba una vida anterior. Sin embargo, el verdadero problema era la dificultad de determinar si aquellos casos eran reales o un fraude.

»Mi conclusión fue que si se podían encontrar y estudiar casos con mayor rigor científico, aquel fenómeno podría ser una prometedora línea de investigación. No obstante, en ningún momento se me ocurrió pensar que sería yo quien, al cabo de cierto tiempo, llevaría a cabo dicha investigación. Sin embargo, presenté un ensayo sobre el tema a un concurso convocado por la American Society for Psychical Research y, sorprendentemente, gané el primer premio. Esto ocurrió en 1960.

»Al cabo de un tiempo, la jefe de la Parapsychology Fundation de Nueva York me llamó. Me dijo que tenía un informe de un caso en la India similar a los descritos en mi ensayo y me preguntó si estaría interesado en analizarlo personalmente *in situ*. Puesto que la fundación me concedió una pequeña subvención para sufragar los gastos del viaje, decidí tomarme unas vacaciones.

»Poder escuchar las declaraciones de los sujetos implicados y comprobarlas *in situ*, me entusiasmó. Además, pronto adquirí el hábito de contar con un gran número de informantes en lugar de uno o dos. En algunos casos, incluso llegué a tener hasta diez.

»Cuando llegué a la India, tenía indicios no sólo de un caso, sino de cinco. Pero, para mi sorpresa, en sólo cuatro semanas descubrí veinticinco más. Lo mismo ocurrió en Sri Lanka: al principio contaba sólo con uno o dos y finalmente conseguí siete. Puesto que se trataba de mi primer contacto directo con los sujetos, todavía no prestaba demasiada atención a la conducta de los niños; entonces, sólo me centraba en sus declaraciones. Había el caso de un niño que decía ser un brahmán, nacido en el seno de una familia de casta inferior y se negaba a comer la comida que preparaba su madre. "Sois sólo una pandilla de *jats*;[1] yo soy un brahmán y no pienso probar esta comida." Así pues, cuando sólo contaba dos años y medio de edad, el niño se declaró en huelga de hambre. Según él, su madre no usaba cazuelas de latón para cocinar, sino de arcilla, por lo que la comida era detestable. Los padres del niño decidieron contratar a una mujer de un pueblo vecino para que cocinara para él y evitar que muriera de inanición. Tras convencerle de que la mujer preparaba la comida propia de un brahmán, lograron que el niño empezara de nuevo a comer. Finalmente, cuando fue creciendo, le dijeron que debía acostumbrarse a su nueva vida pero, aunque lo hizo, nunca parecía sentirse feliz. Uno de mis colegas trataría más tarde de encontrarle un empleo, pero el sujeto rechazaba cualquier oferta porque, en su opinión, ninguno de ellos era digno de un brahmán.

---

1. Miembros de un pueblo indoeuropeo disperso en tres regiones de la India: Punjab, Rajputana y Uttar Pradesh.

»Aquel caso llamó mi atención. Sin embargo, lo que realmente me interesaba era hallar un método para verificar afirmaciones de este tipo y, aún más, para sopesar hasta qué punto dichas afirmaciones eran auténticos recuerdos de una vida pasada o por el contrario eran aprendidas.

»Cuando más interesado estaba en proseguir mi investigación, tuve un gran contratiempo. En 1964, tres años después de mi primer viaje, escribí mi primer libro, *Twenty Cases Suggestive of Reincarnation*. Cuando el libro estaba a punto de ser editado por la American Society for Psychical Reserch, se descubrió que el hombre que había sido mi intérprete en la investigación de dos o tres casos era un farsante. Aunque decía ser médico, resultó un sociópata. En realidad publicaba casos que él mismo había inventado y probablemente había desnaturalizado tres de mis casos. Afortunadamente, después de ayudarme en esos tres casos, se cansó de soportarme y se largó. Contraté a otros intérpretes y en Pondicherry, donde todavía se habla francés, yo mismo entrevisté a los sujetos. No obstante, cuando aquel farsante fue acusado, el comité de publicaciones de la sociedad consideró que podía haber tergiversado la traducción de las entrevistas y decidió no seguir adelante con la publicación de mi libro.

»El fraude salió a la luz porque ese hombre era un gran viajero financiado por un hombre rico indio, que abandonó la India y viajó a Durham con J. B. Rhine, el fundador de la parapsicología experimental en Duke, a quien yo visitaba de vez en cuando. El hombre empezó a llamarse a sí mismo "doctor" y uno de los ayudantes de Rhine le preguntó: "¿Cómo es que ahora te haces llamar doctor? ¿Te licenciaste en Moscú?" Él respondió que lo había hecho en Agra, pero tras hacer averiguaciones descubrieron que nunca había asistido a la universidad de medicina.

»Mientras visitaba a J. B. Rhine, éste me dijo: "Lamento tener que decírtelo, pero creo que ese hombre es un impostor." Primero no di crédito a sus palabras, pero después, tras contarme que había sido acusado de amañar experimentos, tuve que aceptarlo. De cualquier manera, aquél fue un momento muy duro para mí.

»Por aquel entonces contaba con el apoyo, moral y financiero, de Chester Carlson, el inventor de la fotocopiadora, una persona maravillosa. Él y su esposa habían leído mi artículo sobre los cuarenta y cuatro casos de reencarnación. Vino a visitarme a Charlottesville para ofrecerme dinero para algo que él creía beneficiaría a la humanidad. Su esposa creía tener capacidades psíquicas y él había sido una persona muy escéptica y materialista, pero ella gradualmente le había convencido de que había algo que aprender al estudiar los fenómenos paranormales. Así pues, empezó a dar dinero, primero a J. B. Rhine, pero luego consideró que éste había malgastado todo el dinero, así que buscó gente con otras ideas. Le enviaron a mí. Le dije que estaba muy ocupado, saturado de pacientes clínicos y tareas administrativas y que no podía aceptar su dinero. Pero al final acepté seiscientos dólares para comprar una grabadora. Empezó a mandar dinero a la universidad, y puesto que fue aumentando la cantidad, pude abandonar a algunos de mis pacientes y dedicar más tiempo a la investigación.

»Chester Carlson me subvencionaba en 1964, así que le escribí y le dije que pensaba volver a la India y reexaminar aquellos casos con nuevos intérpretes para poder salvarlos. Aunque no creía que el hombre hubiera tergiversado las traducciones, si comprobaba los casos de nuevo podría conservarlos. Así pues, Carlson me dijo que siguiera adelante y lo hiciera. Volví a la India en agosto de 1964 y salvé todos los casos. Durante aquel viaje aprendí también a valorar el seguimiento de las entrevistas que había llevado a cabo tres años atrás.

»Solventado el problema, actualicé el manuscrito de mi libro. Entretanto, había estado en Brasil e incluí dos casos brasileños a los cuarenta y cuatro. La imprenta volvió a ponerse en marcha y el libro fue publicado en 1966.

A aquellas alturas de la conversación los camareros ya habían retirado los platos y de vez en cuando nos servían agua. Después de lo que acababa de escuchar no pude evitar pensar en los horrores, las noches en vela, etc., que implicaba la frase «fue un momento muy duro para mí».

—¿Qué clase de acogida recibió cuando se publicó el libro?

Stevenson no respondió y, aunque había formulado la pregunta con claridad, creí que no la había escuchado. Cuando iba a repetirla, Stevenson dijo:

—La acogida que recibí puede resumirse en una sola palabra: ninguna. Fui simplemente ignorado. En las revistas de investigación médica publicaron sólo una reseña del libro y eso fue todo. Me sentí bastante decepcionado, pero no podía decir que sorprendido. Era plenamente consciente de la soledad de mi trabajo.

—¿Recibió una acogida negativa por parte de la universidad?

—No precisamente. Sin embargo, tuve noticias más tarde de que el rector había recibido cartas y llamadas telefónicas de alumnos que manifestaban su desacuerdo con mi investigación. Mi esposa parecía muy consternada. Recuerdo que me dijo: «Tienes una carrera muy prometedora. Todo te va muy bien. ¿Por qué quieres seguir adelante con esto?» Mi esposa era muy materialista y estaba convencida de que la causa de las enfermedades mentales podía ser explicada desde la bioquímica. Así pues, ni siquiera ella estaba de acuerdo con mi trabajo. Pero éste no era el peor de mis problemas, lo peor fue que algunos de mis colegas se reían de mí en las fiestas en mi ausencia, se burlaban de mi trabajo. Aquello fue penoso.

»Entretanto y durante aquella época, ya estaba convencido de que en todo cuanto estaba analizando había algo realmente sustancial, algo que debía perseguir a toda costa. Y, milagrosamente, Chester Carlson me concedió dinero de sus fondos para que llevara a cabo mi investigación. Me dijo: "Repartiremos tus ganancias al cincuenta por ciento." Como puede imaginar, cuando recibí una subvención de cien mil dólares no podía creerlo. Gracias al dinero de la subvención pude permitirme el lujo de dejar de trabajar en mi consulta privada y de impartir clases, y dedicarme exclusivamente a la investigación. Carlson solía enviarme dinero cada año para cubrir gastos, pagar los salarios de mis ayudantes y secretarias y los viajes. Sin embargo, como no teníamos ningún acuerdo escrito, no había garantía alguna de la continuidad de la subvención.

»Carlson murió de forma inesperada. Sufría una enfermedad coronaria pero no parecía gravemente enfermo. Una noche asistió a una representación teatral en Nueva York y al terminar la función y encenderse las luces de la sala fue hallado muerto en su butaca. Cuando me enteré, pensé: "Tendré que volver a dedicarme a la investigación convencional." Pero entonces leyeron su testamento y, para mi sorpresa, Carlson había legado un millón de dólares a la universidad y una sustanciosa cantidad para sufragar los gastos de mi investigación. A raíz de esto se desencadenó una gran controversia en la universidad, pues la junta rectora no tenía muy claro si debía o no aceptar el dinero.

»Por aquel entonces abandoné mi cátedra en el departamento de psiquiatría porque requería mi consagración exclusiva y fui nombrado jefe del Departamento de Estudios de la Personalidad, dedicado a la investigación. Decidí bautizar la división con aquel nombre porque mi deseo había sido siempre no trabajar aisladamente sino dentro de los parámetros de la medicina y la biología. En general, la mayoría de los parapsicólogos se aislaban de la comunidad científica. Hablaban demasiado entre ellos, no compartían sus logros con otros científicos pero no eran conscientes de que el resto del mundo no les prestaba atención. Encerrados en el ámbito que ellos mismos habían acotado, tendían a desechar cualquier clase de experiencia espontánea que trascendiera los estrechos límites de sus programas de laboratorio. Los psicólogos modernos imitaban a los médicos y no se interesaban en temas como el amor y la muerte, sino sólo por aquellos fenómenos susceptibles de ser analizados y controlados en un laboratorio y, por su parte, los parapsicólogos imitaban a los psicólogos al querer controlar al ciento por ciento las condiciones. Sin embargo, y en mi modesta opinión, es siempre mejor alcanzar un grado de certeza del noventa por ciento respecto a un tema realmente importante que una certeza absoluta de algo trivial.

Ni siquiera me molesté en mirar el reloj. Sabía que era tarde y que mi pretensión de mecanografiar algunas notas en el ordenador aquella noche quedaría postergada hasta la mañana. Pero Stevenson no parecía evidenciar cansancio alguno. Estaba tan fresco como a las nueve de la mañana.

—¿No le desgastan estos viajes? —pregunté.

—Bueno, lo cierto es que siempre he considerado que este trabajo es muy absorbente. Quien realmente acusa el desgaste es Margaret, mi esposa. En su opinión, viajo demasiado.

—Así pues, por fin ha aceptado su trabajo...

—¡Oh, no! —me interrumpió Stevenson—. Con la que tuve dificultades al respecto fue con mi primera esposa. Margaret, mi segunda esposa, es también muy escéptica respecto a mi investigación. A decir verdad, Margaret no cree que haya algo después de la muerte, pero, a diferencia de mi primera esposa, salvo por los viajes, no pone trabas a mi trabajo y siempre me anima a seguir adelante.

»Conocí a mi primera esposa, Octavia Reynols, cuando estudiaba en la Universidad de Tulane, en Nueva Orleans. Nos casamos en 1947 y ella murió de un ataque de diabetes en 1983. Durante muchos años su enfermedad estuvo controlada, pero luego todo se complicó. Neuritis, hemorragias oculares, incluso tuvo que seguir un tratamiento de diálisis durante unos años a causa de problemas renales. Fue muy triste verla morir lentamente... Muy triste. Pero los últimos años de su vida me sirvieron para comprender que verse forzado a cuidar de alguien es también gratificante. Aquélla fue, sin duda, una gran lección que nunca olvidaré.

»Me casé con Margaret dos años después de que mi primera esposa muriera. La conocía desde hacía mucho tiempo. Margaret había sido mi primera ayudante de investigación en Charlottesville. Cuando los rusos pusieron en órbita el *Sputnik*, al igual que otros tantos científicos americanos, pensé: "Bien, si nos adelantan en la carrera espacial, quizá también nos adelanten en medicina." Así que sugerí a Margaret que aprendiera ruso para poder leer los periódicos y averiguar en qué estaban trabajando. Siguiendo mi consejo, Margaret empezó a estudiar ruso y el destino quiso que se enamorara de su profesor y se casara con él. Su matrimonio fue muy feliz pero su esposo sufrió un ataque cardíaco y murió. Margaret vivió sola durante muchos años. Cuando falleció mi primera esposa, la llamé para comunicarle la noticia, empezamos a vernos, nos enamoramos y luego nos casamos. Hemos vivido juntos desde entonces. Margaret es profesora de alemán e historia rusa en el Randolph Macon Women's College en Lynchburg, al lado de Charlottesville. Trabaja allí desde que obtuvo su doctorado, hace treinta años.

—¿Tiene hijos?

—Mi primera esposa y yo tuvimos un hijo pero nació muerto. Pensamos en adoptar uno, pero finalmente no lo hicimos, así que nunca tuvimos hijos, uno de los pocos placeres de la vida que me he perdido.

A aquellas horas de la noche el comedor estaba vacío. Los camareros seguían de pie detrás de la columna y me pregunté si no se atrevían a decirnos que tenían que cerrar o si el comedor estaba abierto hasta medianoche.

Subí a pie las cinco plantas hasta llegar a mi habitación. A pesar del cansancio no había hecho nada durante todo el día, sólo estar sentado, así que decidí hacer un poco de ejercicio. Stevenson se despidió de mí en el ascensor, pero me prometió que al día siguiente él también subiría a pie.

—Estos viajes son terribles para mi salud —comentó mientras entraba en el ascensor—. Debería hacer ejercicio.

Al entrar en mi habitación, conecté mi ordenador portátil y comprobé si tenía correo electrónico. Había un mensaje de mi esposa:

> He llevado a los niños al Middle Eastern, el restaurante oriental del centro comercial, y nos hemos preguntado si en ese momento tú también estarías cenando algún plato parecido a los nuestros. Luego fuimos al cine a ver *Anastasia*. ¡A los niños les ha encantado! Me ha llamado la atención que, de vuelta a casa, Sam dijera que algunas secuencias de la película eran bastante tristes, como en la que se explica que el zar y el resto de su familia han muerto. En realidad, Disney sólo cuenta que Rasputín maldijo a la familia y, salvo por Anastasia y su abuela, los padres de la protagonista no vuelven a aparecer. Al salir, Emily dijo que no creía que la familia muriera. ¡Han crecido tanto! De camino al cine, Emily se dedicó a escrbir notas de agradecimiento a cada uno de sus profesores, diciéndoles lo maravillosos que son y lo divertido que se lo pasa en clase. También me contó que hoy tuvo que escribir una redacción en español enumerando las cosas por las que se sentía agradecida y que ella escribió «Por tener una familia tan maravillosa».

Mientras desconectaba el ordenador, pude escuchar la tos de Stevenson a través de la delgada pared que separaba nuestras respectivas habitaciones. Era una tos tan violenta y prolongada que estuve a punto de llamar a su puerta, pero finalmente dejó de toser y no le molesté. No recordaba que hubiera tenido un acceso de tos durante el día. Supongo que al estar tumbado sus problemas de respiración debían empeorar. Permanecí en la cama despierto durante un rato pensando en él. Había relatado episodios muy tristes de su vida con mucha humildad: la repentina paralización de su libro, la fría recepción de su trabajo por parte de sus colegas, la muerte prematura de su hijo, y la enfermedad y muerte de su esposa. A punto de cumplir los ochenta años de edad, me pregunté si Stevenson creía haber vivido otras vidas y si creía que viviría otras en el futuro. Cuando le pregunté si había tenido alguna experiencia personal que reforzara la idea de la reencarnación, él se acomodó en su silla, me miró con su habitual expresión de seriedad y me dijo: «Ninguna que merezca la pena comentar.»

8

En nombre de la familia

Stevenson creía en su buena suerte. A menudo viajaba durante horas con la esperanza de entrevistar a alguien sin haber concertado previamente una cita o incluso sin saber exactamente la dirección. La mayoría de las veces todo salía bien: encontraba la casa, el sujeto estaba allí y era hospitalario.

En aquella ocasión, mientras nos dirigíamos a la casa de la familia Mansour, a treinta y dos kilómetros al este de Beirut, una jornada de varias horas por carreteras estrechas y tortuosas que nos llevaron a la zona más remota que jamás había visto hasta entonces, Stevenson debía de confiar mucho más en su suerte que de costumbre.

La casa era una imponente mansión de piedra de tres plantas edificada en una empinada ladera con vistas al valle. Majd no había llamado por teléfono para anunciar nuestra visita porque, a tenor de anteriores contactos con la familia Mansour, intuía que ésta no se mostraría demasiado entusiasta en cooperar. Sin embargo, Majd debía de tener la esperanza de que, al vernos, la costumbre drusa de honrar a los huéspedes prevalecería.

En aquella ocasión, la buena suerte de Stevenson falló: no había nadie en la casa. Tras discutir qué hacer, Majd telefoneó a la hermana de Hanan. Afortunadamente, Helene respondió personalmente a la llamada. Majd habló con ella durante un minuto y a continuación tradujo la conversación. Helene sentía no poder invitarnos a su casa para hablar con ella. De hecho, había tenido que contestar a la llamada en otra habitación de la casa porque no quería que su familia supiera que estaba hablando con Majd. Los Mansour no creían en las declaraciones de Suzanne. Los Mansour, una destacada e influyente familia que ahora vivía en Oriente Medio, donde la creencia en la reencarnación es un sacrilegio, temían las repercusiones que se podrían generar si se les asociaba con aquel caso. La familia había manifestado su indignación por el artículo del *Monday Morning* y no querían ni que se les asociara con Suzanne ni saber nada más de aquel caso.

Sentado en el asiento trasero del coche, con los brazos cruzados y con el expediente de Suzanne sobre las rodillas, Stevenson pidió a Majd que le hiciera una última pregunta a Helen.

—Pregúntele si puede confirmar que las últimas palabras de Helen fueron: «¿Leila? ¿Leila?»

—Ha dicho que sí —informó Majd tras hablar de nuevo con Helen—. Pero que ella no estuvo presente. Sus hermanos se lo contaron.

Stevenson guardó el expediente en su cartera y a continuación dijo:

—Será mejor que Mahmoud nos lleve de vuelta a Beirut. Quizá tengamos más suerte con Farouk.

Farouk Mansour, de unos 60 años de edad, vivía en un amplio y lujoso apartamento en un tranquilo barrio de Beirut. En las anteriores entrevistas, a finales de los años sesenta y a principios de los ochenta, había confesado a Stevenson que estaba convencido de que las declaraciones de Suzanne eran ciertas, que creía realmente que la niña era la reencarnación de Hanan a pesar de que algunos de sus recuerdos no eran exactos: Suzanne sostenía que su esposo había sido militar y tenía dos armas, sin embargo Farouk había sido oficial de policía y sólo tenía una.

No obstante, la mayoría de los detalles descritos por Suzanne eran exactos y suficientes para que Farouk, durante la última conversación que mantuvo con Stevenson en 1981, estuviera convencido de que Suzanne era la reencarnación de Hanan. Farouk dijo que había mostrado a Suzanne una fotografía en la que aparecía él siendo muy joven con un grupo de oficiales de policía y que ella le había identificado de inmediato. También dijo que Suzanne había recordado el nombre de muchas personas relacionadas con la vida de Hanan y que conocía muchos detalles de su vida en pareja que, en su opinión, sólo su esposa sabía.

Poco después de la muerte de Hanan, Farouk volvió a casarse con una mujer que había sido amiga íntima de Hanan. Puesto que estaba convencido de cuanto decía Suzanne y tan impresionado por el afecto que la pequeña sentía hacia él, evitó mencionarle su segundo matrimonio para no preocuparla y mintió cuando ella le preguntó si se había casado.

Cuando Suzanne lo descubrió, su reacción fue la propia de una amante despechada. Sin embargo, no por ello dejó de llamar por teléfono a Farouk con frecuencia y casi de forma obsesiva. Sintiéndose de alguna manera culpable, Farouk siempre respondió a sus llamadas y la trató con ternura. Según tengo entendido, Stevenson nunca había entrevistado a la actual esposa de Farouk, pero supongo que aquella situación no le resultaba demasiado agradable.

Habían transcurrido dieciséis años desde entonces y durante este tiempo Stevenson no había tenido noticias de él.

Mahmoud estacionó el Mercedes frente a la puerta de un edificio de cinco plantas. Farouk vivía en la segunda planta, a la que se accedía subiendo por una escalera decorada con plantas. Él mismo abrió la puerta. A juzgar por su aspecto, su cabello y bigote blancos, no parecía un hombre de 60 años, sino más bien de 75 años. Iba vestido con una chaqueta marrón de talle estrecho que todavía evidenciaba más sus enjutos hombros, y el nudo de la corbata le apretaba el cuello.

Majd se encargó de las presentaciones y, cuando se dispuso a explicar que Stevenson era un médico norteamericano, Farouk la interrumpió:

—¡Me alegra verle de nuevo, doctor Stevenson! El tiempo no parece haber pasado para usted.

Tras estrechar la mano de Stevenson en señal de bienvenida, Farouk nos hizo una señal de que le siguiéramos hasta el salón y nos ofreció una taza de café. A pesar del ajado aspecto de la fachada exterior del edificio, el interior del apartamento estaba elegantemente decorado con antigüedades y exquisitas alfombras de seda. La primera impresión que tuve fue la de haber entrado en un apartamento de la parte alta de Manhattan.

Tras sentarnos en un cómodo sofá, Stevenson preguntó a Farouk si seguía en contacto con Suzanne.

El hombre confesó que durante estos años había hecho lo posible por evitarla. En realidad, tenía la sensación de que Suzanne vivía a caballo entre dos generaciones y había decidido que lo mejor para ambos era no seguir en contacto...

Antes de que Majd terminara de traducir las palabras de Farouk, una mujer alta y muy atractiva irrumpió en el salón. Por el modo en que interrumpió la conversación y por su mirada inquisitiva deduje que nuestra presencia allí le inquietaba.

—Soy Galareh Mansour —dijo en perfecto inglés.

Mientras la miraba, recordé la fotografía de la bella y elegante joven de veinte años publicada en el artículo del *Monday Morning*. Galareh, que ahora debía rondar los cuarenta, conservaba su belleza intacta pero indudablemente había perdido la timidez e ingenuidad propias de la juventud.

—No queremos hablar más sobre este tema —dijo mirándonos a los tres con cierto desdén—. Esta historia ha causado muchos problemas a mi familia... —Galareh se interrumpió durante unos segundos y a continuación dijo con cierto pesar—: Aunque sea cierta y la haya vivido muy de cerca, no deja de ser un tema muy delicado, especialmente en el Líbano. El artículo nos hizo mucho daño, especialmente a mí, y por eso mi familia no aceptará que se publique nada más al respecto.

Ante aquella declaración de principios, Stevenson, Majd y yo nos hundimos en el sofá y guardamos silencio. Por primera vez desde que habíamos llegado al Líbano, nos quedamos completamente mudos, sin saber qué decir o cómo reaccionar. Afortunadamente, al cabo de unos minutos, un peculiar personaje irrumpió en el salón y aplacó la tensión colectiva. Se trataba del marido de Galareh, un hombre alto de piel cobriza con facciones propias de un indio americano. Vestía pantalones negros, camisa azul y una chaqueta de punto azul claro. Al verle, me recordó al actor Joe Mantegna. Si la irrupción de Galareh en el salón había sido digna de atención, la de su esposo fue realmente espectacular. A decir verdad, se comportaba como si fuera el invitado principal de un debate televisivo.

—Me sometí a una sesión de regresión para descubrir mis vidas

anteriores —dijo sin más preámbulos—. No puedo revelar el método, pero les aseguro que fue una experiencia inigualable, muy espiritual. Fui sacerdote durante seis años en Alejandría.   ·

No podía dar crédito a sus palabras. Si aquel hombre había sido
monje alejandrino, quizá conoció a Brian Weiss en su faceta de sacerdote babilonio. De pronto, como si me adivinase el pensamiento, el
marido de Galareh me preguntó:

—¿Ha leído el libro de Brian Weiss? Me refiero a su tercer libro.
Cuenta una hermosa historia sobre unos amantes a quienes la muerte
separó y que, gracias a la regresión, volvieron a encontrarse. Sin duda
una bella historia de amor... —Aparentemente conmovido, guardó
silencio durante unos segundos y a continuación reanudó su monólogo—: Mi padre recordaba haber vivido una vida anterior. En la actualidad estoy estudiando y analizando los versos del Corán relacionados con la reencarnación. Trabajo con la versión en CD del Corán.
Por supuesto, los musulmanes no creen en la reencarnación, pero he
descubierto cinco versos en los que resulta más que evidente...

Mientras el hombre hablaba, miré de reojo a Galareh que, sentada en una silla, escuchaba con resignación la perorata de su esposo.

—Somos de Virginia. Hemos venido a visitar el Líbano. Por cierto, el otro día leí en un artículo del *Washington Post* que el veintinueve
por ciento de los norteamericanos creen en la reencarnación. —Du-
cho en la materia y sin mostrar modestia alguna, se dirigió a Stevenson y matizó—: En general, las personas que recuerdan vidas anteriores dicen haber tenido una muerte violenta, es decir, un accidente, un
asesinato... Aunque no todos recuerden sus vidas anteriores, como
usted y yo sabemos, todas estas vivencias están reprimidas y latentes
en el subconsciente.

Miré a Stevenson para comprobar si la pedantería de aquel hombre le forzaría a responder. La reacción de Stevenson era previsible.
Sentado en el sofá con las manos apoyadas en sus rodillas, lo único
que hizo fue esbozar su típica sonrisa escéptica.

Convencido de que había llegado el momento de interrumpir a
aquel hombre, pregunté a Galareh:

—¿Se ha sometido usted también a una sesión de regresión?

—¡En absoluto! —exclamó ella con cierta acritud.

—Mi esposa y yo vivimos juntos hace seiscientos años —puntualizó su marido, y añadió—: Estoy convencido de que el siglo XXI será un siglo muy espiritual. —Sin dejar de pasearse por el salón, prosiguió—: Hace dos años me diagnosticaron leucemia. Me negué a tomar medicación. Uno de los médicos me advirtió que, de no someterme a un intenso tratamiento, sólo viviría tres años más. Según sus previsiones debía haber muerto hace trece meses. Acudí a un sanador espiritual, aquí en el Líbano, que me dio a beber agua santa. Mi salud ha mejorado entre un ochenta y un noventa por ciento. Los médicos no pueden creerlo. Mi primer diagnóstico data de abril de 1996. Todos los resultados de mis pruebas están en mi ordenador.

El santón al que se refería, aparentemente tenía «contacto directo con san Jorge» y practicaba operaciones espirituales, es decir, en lugar de utilizar un escalpelo se valía de la telepatía.

—Como el doctor Weiss afirma en su libro —prosiguió el incansable esposo de Galareh—, todo ser humano adquiere ciertas virtudes durante sus distintas vidas. En mi caso, todo el mundo dice que mi virtud es el coraje. Pero dicha virtud la poseo gracias a una vida anterior. Otros dicen que también tengo una voluntad de hierro que también heredé de otra de mis vidas. Cuando la gente sufre una... —Se interrumpió como si no encontrara la palabra exacta para expresar lo que quería.

—¿Enfermedad? —sugirió Majd.

—Más bien diría «anomalía» —matizó él, y añadió—: Cuando alguien sufre alguna anomalía en su vida presente, debe considerarla una bendición, nunca un castigo, porque gracias a ello tiene la oportunidad de demostrar la fe que conduce a todas las virtudes. Gracias a una regresión, descubrí que hace siglos había servido en el templo de San Jorge. Eso es precisamente lo que me ayuda a seguir adelante.

El marido de Galareh se detuvo en seco y giró sobre los talones.

—Estuve presente cuando Galareh conoció a la niña —dijo cambiando de tema—. ¡Fue una experiencia extraordinaria! Mi suegra me preguntó algo muy íntimo de mi esposa que nadie, salvo Hanan, podía saber. Mi suegro preguntó también algo muy íntimo que sólo ellos dos conocían, y la niña no dudó en responderle con lujo de detalles. Sin duda la presencia de Suzanne ha sido decisiva en nuestras vidas.

—Conocer a aquella niña me afectó mucho —comentó Galareh con emoción en sus ojos—. Ella era sólo una niña, y sin embargo me trataba como si fuera su hija.

—¿Fue una experiencia reconfortante para usted? —pregunté—. ¿Tuvo la sensación de que su madre no se había ido para siempre?

—Aquél fue mi primer contacto con la reencarnación —repuso Galareh con la voz temblorosa—. Fue una experiencia muy traumática, muy difícil de asimilar. Había oído historias, pero nunca vivido personalmente una situación tan inquietante como aquélla. Durante un tiempo no quise hablar del tema con nadie.

—Así pues, ¿cómo se explica lo del artículo?

—Tenía una amiga que era periodista. Cometí el error de contarle la historia y de llevarla a casa de Suzanne. —Galareh guardó silencio y por unos segundos intentó contener el llanto—. Esta historia ha conmocionado a nuestra familia.

Mientras Galareh se calmaba, advertí que Majd conversaba con Farouk en voz baja. Stevenson trataba de comunicarle que pretendía publicar el caso de Suzanne.

—¡Mi familia no lo permitirá! —exclamó Galareh al tiempo que se levantaba de la silla—. No queremos que nuestro nombre vuelva a estar en boca de todos.

—Podría utilizar un seudónimo —sugirió Stevenson—. Lo he hecho en anteriores ocasiones.

—No queremos que el nombre de nuestra familia vuelva a figurar en ningún artículo —insistió Galareh.

Cuando nos disponíamos a salir del apartamento, Galareh tomó mi mano e insistió:

—Esta historia trastornó a mi familia. No permita que vuelva a salir a la luz.

Cuando subimos al coche, me interesé por saber de qué habían hablado Majd y Farouk.

—Farouk me contó que había dejado de visitar a Suzanne no porque no quisiera volver a verla, sino por su propio bien. Me dijo que ella todavía le visita una o dos veces al mes, pero que está haciendo todo lo posible para convencerla de que no lo haga. Farouk no dejaba de repetir: «Estoy muy preocupado por ella. Deseo más que nadie poder visitarla, sin embargo evito hacerlo por su propio bien.»

༄

«Evito hacerlo por su propio bien.» Durante todo el trayecto hasta el hotel, no dejé de repetirme mentalmente estas palabras. Tenía la sensación de haber vivido una experiencia emotiva inenarrable. Había presenciado hasta qué punto un caso como aquél podía generar sentimientos ambivalentes en las personas implicadas. La tristeza y pesar de Galareh al decir: «Ella era tan sólo una niña, y sin embargo me trataba como si fuera su hija», me habían conmovido profundamente.

Sabía que en nuestro encuentro con los Mansour (seudónimo que Stevenson asignó finalmente a esta familia) habíamos tropezado con algo muy valioso: la confirmación de detalles de un caso crucial que todos los implicados tenían razones para negar. Los miembros de la familia Mansour eran personas adineradas con una posición respetable que se empeñaban en negar la evidencia de la reencarnación, la evidencia generada por una niña que pertenecía a una clase social inferior. Sin embargo, Suzanne les había convertido a todos.

Por supuesto, uno de los creyentes aparentemente también se había hecho adepto de la teoría espiritualista de la New Age que defiende la reencarnación, e incluso adepto convencido de que el agua santa podía eliminar el cáncer que padecía. Sin embargo, esta credulidad general no era compartida por su esposa, que era la testigo más importante del caso. Por otro lado estaba Farouk, un hombre a quien las declaraciones de Suzanne habían puesto en un aprieto. Cuando, tras recuperarse de la muerte de su esposa, había decidido casarse de nuevo para vivir felizmente el resto de sus días, entró en escena una niña que aseguraba ser la reencarnación de Hanan. Las declaraciones y el comportamiento de Suzanne no sólo le habían conducido a una situación muy incómoda, sino que habían amenazado seriamente la estabilidad de su matrimonio y la relación con su hija, a quien había tenido que enviar a Estados Unidos. Sin embargo, Farouk no había podido evitar sentir un especial aprecio por aquella niña y se preocupaba más por la salud de ésta que por sus propias dificultades.

En realidad, hubiera sido más sencillo para todos decir que todo era una farsa. Sin embargo, ninguno de ellos tenía el valor de hacerlo.

∽

Aquella misma tarde, en el trayecto de vuelta a Beirut, abandonamos la carretera principal para seguir un camino que ofrecía espectaculares vistas del valle. Majd señaló con el dedo una espléndida mansión árabe en proceso de reconstrucción. Se trataba de la casa familiar del doctor Sami Makarem, catedrático de estudios árabes de la Universidad Americana que en su día había presentado Majd a Stevenson. La mansión había sido prácticamente destruida durante la guerra y ahora, gracias a las obras de reconstrucción, parecía recobrar lentamente todo su esplendor.

El nombre de Makarem era mencionado en primer lugar en la lista de agradecimientos del volumen de Stevenson correspondiente a sus casos del Líbano y Turquía. El catedrático había ayudado a Stevenson en sus primeros casos, sirviéndole de intérprete y guía cultural. Para Stevenson, Makarem era el único druso que había escrito un texto probadamente autorizado sobre la religión en una lengua del mundo occidental.

Por mi parte, había conocido a Makarem en la conferencia que Stevenson había pronunciado en la Universidad de Beirut el día anterior. Se trataba de un hombre carismático que hablaba con precisión y que en todo momento parecía medir sus palabras. Durante nuestro primer encuentro le había preguntado qué opinión merecería a la comunidad drusa la demostración científica de la reencarnación. «Los drusos aceptan la evidencia de la reencarnación —me respondió—. Sin embargo, en la religión drusa, el fin último es alcanzar la unicidad con Dios en *esta* vida.»

Makarem nos había invitado a Stevenson y a mí a cenar aquella noche. El apartamento del catedrático estaba situado en la zona de Beirut donde se hallan las embajadas (o se hallaban antes de la guerra), no muy lejos del de Majd ni del campus universitario. Era más pequeño que el de Majd, pero, como si de un museo se tratara, estaba repleto de antigüedades, incluidos sables, grabados de duelos y viejas fotografías de la ciudad y de obras de su padre.

El padre de Makarem había sido un famoso artista, reconocido por su exquisita caligrafía. Muchas de las obras de arte enmarcadas que colgaban de las paredes eran elaboradas filigranas de caligrafía árabe, la mayoría pasajes del Corán. El hermano mayor de Makarem también era un artista reconocido por su habilidad de transcribir a pluma pasajes enteros del libro árabe sagrado en granos de arroz. El catedrático tenía varios álbumes de fotografías ampliadas de los magníficos detalles del arte caligráfico de su padre. El hombre se había convertido en un artista de renombre también en Occidente y su trabajo había sido internacionalmente expuesto, ejemplo de la inefable fascinación de Occidente por Oriente.

Poco después de sentarnos en el salón, Elie Karam, el psiquiatra cristiano que en la fiesta celebrada en honor a Majd había defendido apasionadamente la importancia de seguir investigando los casos de reencarnación drusos, llegó acompañado de su esposa.

—Tengo una interesante historia que contarle —dijo Karam a Stevenson mientras se quitaba el abrigo y tomaba asiento—. Después de asistir a su conferencia de ayer, mi ayudante contó a su hermano lo que usted había explicado sobre la reencarnación y él le respondió: «Yo también tuve una vida anterior. Lo único que recuerdo es que era un hombre alto que vivía en Viena y que fallecí en un accidente de coche.»

»Habida cuenta de que mi ayudante y su familia profesan la religión cristiana maronita, ésta se sorprendió mucho de que su hermano hiciera aquella tajante declaración. Tras preguntarle por qué no había dicho nada al respecto hasta entonces, el joven le respondió: "Lo dije cuando tenía cuatro años, pero nuestros padres no me hicieron caso."

»Así pues, mi ayudante llamó a su madre y ésta le dijo que no lo recordaba. Sin embargo, cuando su hermano era pequeño solía llorar como un poseso cuando tenían que ir en coche.

Makarem esbozó una sonrisa y a continuación dijo:

—Yo también tengo una historia interesante que contar. Conozco una familia drusa cuyo hijo pequeño hablaba en un extraño idioma que resultó japonés. Descubrieron que se trataba de este idioma porque un día, mientras él balbuceaba frases ininteligibles para ellos, el niño vio a un grupo de japoneses que conversaban en mitad de la calle y empezó a decir que les entendía. Tras correr hacia ellos sin que sus padres pudieran detenerle, el niño empezó a conversar con los turistas en perfecto japonés.

»El niño en cuestión decía recordar la vida de un inmigrante chino en Japón. De hecho, incluso recordaba su antigua dirección y escribió a la hermana del hombre que decía ser, la cual finalmente vino a visitarle. El niño hablaba con tanta insistencia de su vida anterior que su madre no quería enviarle a Japón porque temía que no regresara jamás.

—Espero que alguien estudie los veinticinco casos que tengo en Birmania. Los sujetos de todos ellos dicen recordar la vida de soldados japoneses y tienen efectivamente rasgos y características japoneses —intervino Stevenson.

Stevenson me había comentado la existencia de estos casos antes de emprender nuestro viaje. La mayoría de ellos estaban localizados en una zona cercana a la línea de la ofensiva británica de 1945, donde el ejército japonés se desmoronó. Estos casos eran interesantes por muchas razones, pero especialmente porque su existencia servía para rebatir a los escépticos que aseguran que los niños y sus familias son quienes pergeñan semejantes casos para apoyar su creencia en la reencarnación. En Birmania la gente siente una terrible aversión por los japoneses, especialmente a causa de las atrocidades que el ejército japonés perpetró durante la ocupación. La última cosa que unos padres birmanos desearían es que su hijo fuera la reencarnación de un soldado del antiguo imperio del sol naciente.

—Los birmanos cuentan que unos soldados japoneses quemaron vivo a un niño —puntualizó Stevenson—. Sin embargo, los niños aseguran ser japoneses y frecuentemente se quejan de que la comida birmana es demasiado picante y también dicen que quieren volver a Tokio para comer y vestirse como un japonés. Sin duda estamos ante un fenómeno que, de alguna manera, podría calificarse de genético.

Escuchar aquella conversación resultaba muy interesante. Lo cual me recordó el tono del monólogo del esposo de Galareh. Tras explicar a los allí presentes lo que aquel hombre nos había contado sobre el agua santa milagrosa y la extraña conexión que el santón en cuestión tenía con san Jorge, que por cierto resultó ser el nombre del hospital donde trabajaba Karam, Stevenson preguntó:

—¿Han oído hablar de ese santón?

Karam lanzó una carcajada.

—¡Hay cientos de ellos en este país! —exclamó el psiquiatra, y nos explicó una historia—: Una noche decidí asistir a una celebración masiva que había convocado uno de estos sanadores. Había tanta gente que tuve que encaramarme a un muro para ver qué estaba ocurriendo allí. En mitad del clamor popular, el hombre exclamó: «Entre vosotros hay un hombre que tiene un tumor cerebral. ¡Será sanado!» Aquella misma noche fui a visitar a un amigo mío que tenía un tumor cerebral irreversible. Tras explicarle lo que había visto, me dijo: «Yo era el hombre que mencionó el sanador.» Al parecer, mi amigo había visto la retransmisión televisiva de aquella celebración y estaba convencido de que aquel hombre se dirigía directamente a él cuando pronunció aquellas palabras. Lo curioso del caso es que, desde entonces, mi amigo, que a duras penas podía caminar y moverse, empezó a encontrarse cada vez mejor. Convencido de que estaba recuperado, mi amigo incluso planeó irse de vacaciones a Italia con su esposa.

»Antes de emprender el viaje, aconsejé a su esposa que le convenciera de hacerse un encefalograma. Le dije: "Si no por el bien de tu marido, hazlo por el bien de la Iglesia." Tras convencerle, ella me dijo que su esposo se sometería a la prueba cuando regresaran del viaje. Como tenían previsto, pasaron quince maravillosos días en Italia, pero al volver él sufrió una conmoción cerebral y murió.

»Es muy probable que la parálisis corporal de mi amigo no fuera causada por el tumor, sino por un estado anímico depresivo. Sin duda su fe en que aquel sanador iba a curarle alivió considerablemente su depresión. La euforia de creer que había escapado a la muerte pudo también potenciar una repentina energía que le permitió llevar una vida normal dos semanas antes de que el tumor acabara con su vida.

Por lo menos, pensé, el pobre hombre disfrutó de unas buenas vacaciones en Italia.

9

Nueva Jersey,
un estado mental

El esposo de Galareh estaba en lo cierto al menos en una cosa: un elevado número de niños que afirman recordar vidas pasadas aseguran haber muerto violentamente. La primera mañana en el Líbano, Stevenson había mencionado que en una encuesta de casos estudiados en la India se observaba que entre el 50 y el 60 por ciento de los recuerdos correspondían a muertes violentas. A tenor de aquellos datos, sopesé dos posibles explicaciones: o la violencia tiende a imprimirse en el alma, interfiriendo en el proceso usual de olvidar, o cualquier fuerza que genera recuerdos de vidas pasadas tiende al dramatismo.

En aquel momento consideré aquel aspecto de forma abstracta, pero tras pasar unos días en el Líbano empezaba a vivirlo de forma muy real. Además de Ulfat, que recordaba haber sido torturada por maleantes cristianos, y Daniel, que creía haber muerto en un accidente de coche, también entrevistamos a un hombre que recordaba la vida de un chico que había muerto estrangulado a manos de un hermano demente y a una lavandera asesinada por su marido.

Lo que todavía ignoraba aquel viernes por la mañana era que, antes de ponerse el sol, descubriríamos más casos teñidos de sangre y violencia.

Nuestra primera parada del día fue Aley, donde visitamos uno de los vecindarios más devastados por la guerra. Guiándonos con otro de los viejos mapas de Stevenson, Mahmoud estacionó el Mercedes enfrente de lo que había sido una casa de piedra pero ahora era un armazón sin ventanas y sin techo con un gran boquete en el vestíbulo de la casa. Entre los escombros habían crecido hierbajos y los muros que todavía quedaban en pie estaban cubiertos por parras trepadoras. Mientras Stevenson trataba de orientarse con el mapa, salimos del coche. Las ruinas estaban en el centro de un camino inclinado del que irradiaban pequeñas calles en cuatro direcciones. Tomamos la segunda por la izquierda, que nos condujo a un camino empinado flanqueado por más edificios destruidos y coches abandonados y desde el que podía contemplarse el perfil borroso de Beirut frente al mar.

—Tenemos que tomar la primera a la izquierda —dijo Majd mirando el mapa por encima del hombro de Stevenson.

Treinta y cinco años atrás, en aquellas montañas una pobre mujer llamada Salma había vivido en la planta baja de un edificio de dos plantas, donde mantenía a sus muchos hijos y a su esposo alcohólico haciendo la colada de la ropa de los estudiantes de la Universidad Nacional de Aley. Ahora, la fachada amarillenta del edificio parecía una porción de queso suizo llena de boquetes causados por la metralla.

El arma que mató a Salma, sin embargo, fue la escopeta de caza de su esposo.

La mujer que decía recordar la deprimente vida de Salma era Itidal Abul-Hisn, una mujer de clase obrera que habíamos entrevistado el día anterior en el pequeño apartamento donde vivía con su hermana.

—Todavía recuerdo a algunos de mis hijos. Todavía puedo ver sus caras —nos había dicho Itidal mientras, sentados en la estancia principal de su apartamento, comíamos dátiles frescos que había servido para nosotros—. Recuerdo que mi marido me disparó dos veces cuando estaba tendiendo la colada. Pero sólo pienso sobre estas cosas cuando alguien me las pregunta. Sin embargo, a veces, cuando estoy sola, también las recuerdo.

Mientras hablaba con voz entrecortada, Itidal se interrumpió varias veces para aclararse la garganta y finalmente se echó a llorar. Dos veces en dos días nuestras preguntas habían entristecido a dos mujeres.

—Lo siento. Ha de ser muy doloroso hablar sobre su vida pasada —se disculpó Stevenson cuando Itidal se calmó.

—No lloro por mi vida pasada —replicó la joven—. Estoy llorando por mi vida presente.

Itidal explicó que cuando ella y su marido se separaron, a pesar de que la costumbre permite que los hijos pequeños vivan con sus madres durante los primeros años, el padre se había llevado a su hijo de once meses. Una herida que nunca podría cicatrizar.

—Cuando estoy sola, pienso que en mi primera vida mi marido me asesinó, y en mi segunda, se divorció de mí y se llevó a mi hijo.

—¿Cree que hay una conexión entre ambas? —preguntó Stevenson.

—En absoluto —respondió negando con la cabeza—. Se trata sólo de mi hado, de mi destino.

La hermana de Itidal, Intisar, era unos años mayor que la joven, y nos relató con detalle cuándo y cómo aquélla empezó a hablar de los recuerdos de su vida anterior.

—Empezó a hablar sobre esto cuando tenía tres años de edad y dejó de hacerlo sobre los diez —recordó Intisar—. Solía hacerlo cuando veía a niños pequeños. Su obsesión era quitar los caramelos a los niños y esconderlos. Decía que los escondía para «sus hijos». También guardaba caramelos para dárselos a un niño de nuestro pueblo que, según ella, se llamaba como uno de los hijos que tenía en su vida anterior. Siempre me suplicaba: «Quiero reunirme con mi familia en Aley, por favor, llévame allí.» Cuando finalmente fuimos, nos mostró donde estaba su casa.

Recorriendo los pasos de Itidal, nos abrimos paso entre un montón de escombros y muebles destartalados y luego rodeamos el edificio hasta un descampado lleno de maleza y hierbajos. En su mapa Stevenson había dibujado un círculo para indicar el punto donde se alzaba el gran árbol donde Itidal recordaba estar tendiendo la colada cuando su marido le disparó con su escopeta de caza. Ahora sólo había una cepa rodeada de latas oxidadas y botellas de plástico rotas.

Salvo por la cepa, no había mucho que ver allí que sirviera para verificar los recuerdos de Itidal. Sin embargo, al saber que me encontraba en el escenario de un crimen, sentí con más fuerza que nunca la mezquindad de la vida y muerte de Salma. De nuevo me pregunté por qué, de ser una fantasía, alguien había escogido recordar una vida tan lamentable.

En la parte superior de la colina, cruzando una calle, vivía Chafic Baz, un profesor de psicología y, más importante para nuestros propósitos, un vecino que había vivido siempre en aquel vecindario.

La casa de Baz había sido pasto de las llamas durante la guerra, pero ahora estaba completamente restaurada. Tenía un ventanal con vistas a un gran patio en cuyo centro había un limonero.

Baz y su esposa nos invitaron a entrar con la habitual cortesía libanesa. Su casa era la nuestra y fuimos tratados como si realmente fuéramos familiares. Nos sirvieron vino tinto casero, elaborado con las uvas de la parra de su jardín, y bandejas con fruta fresca.

Baz, que pertenecía a una familia de clase media alta, dijo que conocía bien a Salma y a sus familiares.

—Su familia era bastante pobre —comentó—. Salma trabajaba como doméstica en las casas de los vecinos y se encargaba de lavar la ropa de los estudiantes de la universidad.

Cuando Salma fue asesinada Baz tenía diecisiete años. Dijo que todo el mundo sabía que tenía problemas con su marido. La pareja tenía siete u ocho hijos y no tenía dinero.

—Su marido era un hombre despreciable, un alcohólico que maltrataba a Salma. Todo el día se estaban peleando por el dinero, por los niños, por todo. Salma trabajaba mucho, como todos en aquel entonces.

Pensé en nuestra entrevista con Itidal en su pequeño apartamento de Beirut. Algunas de sus afirmaciones me habían sobrecogido. Itidal contó que había sido asesinada a las tres de la madrugada, pero también dijo que, a aquella hora, estaba tendiendo la ropa. La madrugada me parecía un momento muy intempestivo para tender la colada.

—¿Recuerda a qué hora fue asesinada? —pregunté.

—Oí los tiros —respondió Baz—. Fue en plena noche, quizá a las tres o las cuatro de la madrugada. Por supuesto, fui a ver qué ocurría, y cuando llegué la vi tendida en el suelo. Fui el primero en llegar a su lado, pero ya estaba muerta. Había recibido un disparo en la espalda. Otro vecino también acudió para ver qué ocurría. Al vernos, el marido de Salma trató de convencernos de que, a aquellas horas de la madrugada, estaba cazando pájaros, y luego se marchó.

—¿Por qué estaría tendiendo la ropa a las tres de la madrugada?

—Salma empezaba a trabajar a medianoche. Si quería mantener a su propia familia, necesitaba levantarse pronto. La suya no era una vida fácil.

Itidal también había dicho que su marido la había disparado dos veces, aunque Stevenson dijo que no recordaba que hubiera declarado lo mismo cuando la entrevistó por primera vez.

—Sólo hubo un disparo —dijo Baz—. Le disparó a dos metros de distancia. Yo sólo oí un disparo, y Salma sólo tenía una herida. Estoy casi seguro de ello.

»Hace un año —prosiguió Baz—, de camino a la universidad vi a un grupo de gente rodeando a una niña. Cuando pregunté qué ocurría, me dijeron: "Es la niña que dice ser Salma." La niña se presentó. Personalmente, creo en sus palabras. He visto muchos casos como éste.

—¿Conoce alguno en el que las afirmaciones de los niños sean falsas? —pregunté.

—No —respondió—, creo que son ciertas. El hermano de mi esposa recuerda dos vidas, pero quizá no quiera hablar de ello con ustedes. Mi madre, que tiene 88 años, recuerda una vida anterior, pero no hablará de ello con ustedes.

»Sin embargo, conozco a un niño de 10 años que recuerda la vida de un vecino mío que murió durante un bombardeo. No he hablado con el chico, pero algunos de mis vecinos dicen que estuvo allí y que vieron cómo me señalaba con el dedo y decía mi nombre cuando yo paseaba por la calle. No me detuve a hablar con él porque tenía una cita. Pero su familia vive también en Aley, en el distrito industrial. No está lejos de aquí. Puedo darles la dirección.

Stevenson, como de costumbre, se mostró interesado pero no alteró su expresión de jugador de póquer. ¿Valía la pena perder el tiempo haciendo una entrevista para abrir un caso del que no podría hacer un seguimiento personal?

No obstante, Stevenson se preocupaba por el futuro de su investigación. Aquel futuro no le incluía a él, pero podría incluir a Erlendur Haraldsson, el investigador que había llevado a cabo tests psicológicos a algunos de los niños de Stevenson. Haraldsson había comparado los resultados de los tests psicológicos con los de algunos de sus alumnos. La hipotésis de trabajo era determinar si los niños que afirmaban recordar vidas pasadas mostraban algún signo de desorden psicológico tradicional o extrañas tendecias hacia la fantasía o la sugestión.

Los estudios que Haraldsson había llevado a cabo hasta la fecha indicaban que ninguno de los niños presentaba estas características.

De hecho, había concluido que esos niños tendían a ser menos propensos a estar condicionados que sus propios alumnos y además obtenían mejores resultados en los tests de inteligencia.

Finalmente, y considerando que aquel caso podría ser estudiado por Haraldsson en el futuro, Stevenson decidió entrevistar al niño.

Por mi parte tenía mis propias razones para querer hacerlo. Hasta la fecha, todos los sujetos que habíamos entrevistado eran adultos. Sus recuerdos eran sólo eso, meros recuerdos. Sin embargo, y aunque las afirmaciones de los niños hubieran sido testimoniadas, escuchar por mí mismo las palabras de un niño sería una experiencia totalmente diferente.

El distrito industrial era una zona cruzada por una carretera serpenteante y en mal estado, en cuyos arcenes había coches desmantelados, escombros y construcciones de hormigón con forma de cueva que albergaban tiendas, carpinterías, garajes y almacenes. No parecía el lugar idóneo para un vecindario, pero tras preguntar por la dirección que Baz nos había dado, Mahomoud estacionó el coche frente a un garaje con dos coches cochambrosos y herramientas esparcidas por el suelo. Por una escalera de madera se accedía a un apartamento situado en la primera planta, donde un joven veinteañero nos abrió la puerta.

—Buscamos a Bashir Chmeit —dijo Majd en árabe.

Una vez más, Majd explicó que Stevenson era un médico norteamericano interesado en niños que recordaban vidas pasadas.

El joven, que resultó ser el hermano de Bashir, nos invitó a entrar. El apartamento fue toda una sorpresa para mí, un oasis en mitad de aquel desierto de desolación. Nos sentamos en una habitación donde había una estufa de aceite. Al cabo de unos minutos apareció un niño que desprendía un agradable aroma a colonia. Por su aspecto parecía un adulto en miniatura. Vestía con una camisa rosa abotonada hasta el cuello y pantalones y mocasines negros. Su rostro parecía de porcelana. El chico nos estrechó la mano a los tres, luego retrocedió y se sentó en un sofá, cruzando las piernas y apoyando las manos en su rodilla. Mirándonos directamente a los ojos en espera de nuestras preguntas, su postura parecía la de un adulto.

—Tienes diez años, ¿verdad? —preguntó Stevenson.

—Tengo once —dijo Bashir—. Hace dos días fue mi cumpleaños.

—¿Recuerdas tu vida anterior?

—Recuerdo lo que le dije a mi hermano: «Yo no soy Bashir, soy Fadi.»

En aquel momento se abrió la puerta principal y entraron los padres de Bashir. Su padre era un hombre corpulento, con bigote fino y cabello rizado. Nos saludó con un gesto de la cabeza y se sentó junto a su hijo. Bashir apenas le miró.

—Recuerdo que solía llorar hasta que mi anterior madre entraba en la habitación. También recuerdo los nombres de toda mi familia, así como que fui asesinado en un búnker.

—Ha empleado la palabra *dishmi* —matizó Majd mientras traducía las palabras de Bashir—. Se trata de una especie de trinchera cavada en el suelo rodeada por un muro de cemento y sacos de tierra.

—Ocurrió en el distrito occidental de Aley —prosiguió el niño—. Yo estaba en la parte superior del *dishmi*. Acababan de construirlo. Me disponía a supervisarlo cuando explotó una bomba y una bala me atravesó la garganta.

—¿Una bala? —preguntó Majd—. ¿No habías dicho que se trataba de una bomba?

Majd y yo iniciamos un intercambio de frases al respecto.

—Ha dicho una bala porque es así cómo se llaman las piezas de metal que salen disparadas cuando explosiona —explicó Majd.

—¿Se refiere a la metralla? —pregunté.

—Eso mismo, un trozo de metralla —replicó Majd.

Bashir aguardó a que termináramos de hablar y luego prosiguió:

—Cuando estalló la bomba me desplomé. Estaba inconsciente, pero pude ver cómo mis amigos atendían a los heridos y también mi coche, un Toyota de color crema, estacionado en el arcén de la carretera. De pronto vi a un tipo correr hasta mi coche para robarme las joyas que tenía en la guantera del coche. Vi cómo aquel hombre robaba mis joyas pero les dije a mis amigos que no importaba, que atendieran primero a los heridos y luego volvieran a por mí.

—¿No habías dicho que estabas inconsciente? —pregunté.

—Pensaba que estaba inconsciente, pero podía ver y hablar con mis amigos. Al cabo de unos segundos ya no sentí nada más.

—¿Conservas otros recuerdos? —preguntó Stevenson.

—Sí. Solía salir con mis amigos Mutran y Bassam. Yo era miembro del Partido Socialista Progresista, pero no llevaba uniforme, iba siempre vestido con ropa de civil. Solía ir a las trincheras para colaborar en la lucha.

Fadi Abdel-Baki, el vecino de Baz, tenía sólo 17 años cuando murió en la guerra civil en 1978, ocho años antes de que Bashir naciera.

Stevenson preguntó a los padres del chico:

—¿Tiene Bashir alguna marca de nacimiento?

—No —respondió el padre—. Pero cuando empezó a hablar, su voz parecía más la de un hombre que la de un niño. Si le oías desde otra habitación, pensabas que se trataba de un hombre adulto.

—¿Advirtieron algo extraño en su comportamiento?

El padre asintió con la cabeza.

—De bebé no paraba de llorar. Estábamos muy sorprendidos porque era un niño saludable y comía bien, pero lloró sin parar hasta que vio a alguien de su familia anterior. Cuando era pequeño vivíamos con un tío cerca de la sede central del Partido Socialista Progresita. Creo que vio y reconoció a alguno de sus amigos (me refiero a un amigo de Fadi) y también vio el Land Rover que él, Fadi, había requisado al enemigo.

Según la madre, Bashir empezó a hablar a los quince meses.

—Empezó de pronto a construir frases completas. Decía: «Yo no soy Bashir, soy Fadi», y también daba los nombres de los hermanos de Fadi y de sus padres.

»No quisimos buscar a la familia de la vida anterior de inmediato —dijo la madre—. Pero después de dos semanas, la tía de mi esposo, que conocía a la madre de Fadi, le dijo: "Deja de llorar, tu hijo puede haber renacido."

Dos días después, la familia de Fadi visitó al chico. Bashir no reconoció a su madre, pero cuando le mostraron un álbum de fotografías, finalmente lo hizo. Cuando la madre le visitó cubría su cabeza y rostro con el *madeel* que llevaba desde la muerte de Fadi; por eso no la había reconocido. Sin embargo, en la fotografía llevaba el cabello descubierto. Bashir también reconoció a la hermana y hermanos de Fadi en las fotografías, así como a algunos de sus amigos.

—¿Conocen bien a la familia de Fadi? —preguntó Stevenson.

—Cuando mi hijo pronunció por primera vez aquel nombre, sabía de quién estaba hablando —dijo el padre—. Conocía la historia del chico que había muerto... De hecho lo había visto una vez y probablemente hubiera asistido a su funeral, pero me dedico a la compraventa de coches de importación de segunda mano y estaba en Alemania en viaje de negocios cuando el chico murió.

»No sabía que conocía a Fadi hasta que su padre me lo recordó. De hecho, casi estuve a punto de tener un accidente por su culpa. Fadi conducía muy rápido por la carretera y una vez estuvo a punto de arrollarme. Recuerdo que bajé del coche y le lancé un par de improperios. Él me maldijo, así que le agarré por el cuello. —El hombre se echó a reír y apoyó su mano en el hombro de su hijo—. Cuando estaba zarandeando al chico, alguien me dijo quién era su padre y le dejé marchar.

Bashir permaneció impasible mientras su padre contaba aquella historia.

—¿Recuerdas este incidente? —pregunté.

El chico negó con la cabeza.

—¿Quién eres ahora, Bashir o Fadi? —pregunté.

—Bashir —respondió sin vacilar.

—Cuando tenía ocho o nueve años —intervino el padre— empezó a decir que ya no era Fadi sino Bashir.

El padre se dirigió a su hijo, le susurró algo al oído y a continuación el niño abandonó la habitación.

—Le he pedido que se marchara —nos dijo en inglés—, porque no quiero preocuparle. Su padre anterior murió hace poco. Bashir dejó de comer y se quedó con su familia anterior desde primera hora de la mañana hasta las seis de la tarde, como si fuera Fadi. Estaba muy preocupado y nosotros por él.

Cuando Bashir regresó, Stevenson le formuló la última pregunta para determinar si tenía alguna fobia que pudiera estar relacionada con la vida anterior.

—¿Sientes miedo o aversión hacia algo?

Bashir esbozó una sonrisa y miró a Stevenson con complicidad.

—Me gusta ir de caza con mis amigos y no tengo miedo de los disparos —dijo el niño—. Soy un buen tirador.

༄

—Puede que sea demasiado mayor para Erlendur —comentó Stevenson cuando regresábamos.

Aunque Bashir era un buen candidato para Haraldsson, su caso tenía ciertas inconsistencias. Por ejemplo, las familias implicadas vivían en el mismo pueblo y se conocían de antes, así que cualquier información proporcionada por el niño sobre la vida de Fadi podía haberla conocido a través de sus padres, o éstos interpretado sus palabras en función de lo que sabían de Fadi.

A pesar de todo, estaba satisfecho de haber presenciado aquella entrevista. Aquella gente no nos esperaba, no nos había invitado. Nuestra presencia había sido toda una sorpresa y resultaba evidente que no esperaban obtener nada de nosotros al contarnos las experiencias del niño. Aquel caso me resultó muy interesante porque Bashir era todavía un niño. Había visto personalmente la precocidad de la que Stevenson hablaba en sus informes —la forma de vestir, la colonia, el autodominio que el niño demostró durante toda la entrevista—. También fue muy interesante el relato de la muerte del hombre en un lenguaje infantil, la metralla en el cuello, el lapsus de conciencia antes de morir, ver cómo alguien robaba su coche, cómo se preocupó de que sus compañeros fueran atendidos. Aquella descripción omnisciente de los hechos me recordó las declaraciones de aquellos que recordaban haberse desprendido de su propio cuerpo durante una intervención quirúrgica o después de accidentes y haber presenciado todo cuanto ocurría a su alrededor.

Del distrito industrial de Aley me llevé conmigo otra cosa: el hecho de que, a pesar las diferentes circunstancias de los casos que habíamos considerado, había un común denominador: la certeza con la que un niño al balbucear sus primeras palabras insiste en que no es quien los demás creen, Bashir, Suzanne o Daniel; que sus progenitores no son sus padres o que la casa en la que vive no es su casa.

Tras abondanar Aley nos dirigimos al este. A medida que avanzábamos, la carretera se hacía más empinada.

—Espero que Mahmoud haya revisado los frenos recientemente— dijo Stevenson. Empezaba a conocer a Stevenson y advertí cierta preocupación en su voz—. Esta pequeña aldea a la que nos dirigimos está alejada de la carretera principal, en la colina más empinada que jamás he visto. Cuando la visité hace años me pasé todo el camino imaginando qué podría ocurrir si los frenos fallaban.

Nos dirigíamos a un lugar perdido en las montañas, un lugar que Stevenson había descrito como «posiblemente el pueblo más pequeño del Líbano». Stevenson había estado allí por última vez en 1971. La aldea, un inaccesible *cul-de-sac*, contaba sólo con doce edificios y menos de cincuenta habitantes.

Stevenson había ido allí a entrevistar a la familia de un pobre granjero y agricultor llamado Khattar, que recogía piñas para extraer los piñones que finalmente terminarían en las tiendas especializadas de Europa y América. Un trabajo con el que a duras penas podía mantener a sus seis hijos.

Dos de esos seis niños, ambos varones, decían tener recuerdos de vidas anteriores. Stevenson se había interesado en el hijo mayor, Tali, de seis años de edad cuando le entrevistó por primera vez en 1971. Tali tenía marcas de nacimiento que aproximadamente correspondían a una herida sufrida por el hombre cuya vida decía recordar, un próspero hombre de negocios, llamado Said Abul-Hisn, que fue asesinado seis semanas antes de que Tali naciera.

El 22 de junio de 1965, a las seis de la mañana, mientras Said estaba sentado en el patio de su casa tomando café, un conocido entró en el patio, se acercó a él y le disparó con una pistola. La bala penetró por la mejilla izquierda, cercenó su lengua y salió por la mejilla derecha. Fue trasladado al hospital, donde murió once horas más tarde. El asesino fue detenido e ingresado en un hospital psiquiátrico. El móvil del crimen pareció ser el resultado de un error debido al parecido físico de Said con una persona con la que el asesino mantenía una disputa.

Tali no empezó a hablar hasta poco antes de cumplir tres años, y entonces lo hizo con serias dificultades e impedimentos. En cuanto sus palabras fueron inteligibles, les dijo a sus padres: «No me llaméis Tali, mi nombre es Said Abul-Hisn.»

A continuación el niño empezó a hablar del tiroteo. Cuando Stevenson le entrevistó, el niño dijo: «Me subieron a un coche y me llevaron al hospital. Mi esposa estuvo a mi lado. Tenía la lengua cortada, perdí un diente y mi ropa estaba cubierta de sangre.»

La familia declaró no haber advertido las marcas de nacimiento de Tali, pero cuando Stevenson le examinó, descubrió un círculo con pigmentación más fuerte, de medio centímetro de diámetro en su mejilla derecha. Había otra similar en la mejilla izquierda.

Stevenson analizó y fotografió las marcas y más tarde las comparó con el informe de la autopsia de Said. Las marcas de nacimiento de Tali estaban ligeramente desplazadas respecto a los orificios de entrada y salida de la bala, pero decidió que esa diferencia podía explicarse por el crecimiento del niño. También advirtió que el retraso en empezar a hablar y las dificultades, aunque resultaban más dificil de medir objetivamente, podían ser consideradas una dificultad funcional relacionada con el hecho de que la bala hubiera seccionado la lengua de Said.

Una de las preguntas formuladas por Stevenson en 1971 obtuvo una respuesta particularmente interesante. Cuando preguntó al niño por el último recuerdo de su vida anterior, éste respondió que haberse caído de la cama en el hospital. En el informe del hospital no se mencionaba este episodio. El informe posmortem era escueto y aséptico:

> «Efectuada traqueotomía. A las 5 horas el paciente tiene dificultades respiratorias. Ataque cardíaco. Muerte.»

Cuando Stevenson entrevistó a la esposa de Said, ésta dijo que aunque no tenía pruebas para demostrarlo. Había hablado con alguien relacionado con el hospital que le había dicho que Said se cayó de la cama y murió de asfixia antes de que las enfermeras pudieran introducirle de nuevo el tubo respiratorio. Esto ciertamente podría ser calificado como «dificultades respiratorias». No sería la primera vez que en un informe oficial se omiten incidentes significativos que podrían reflejar negligencia por parte del hospital.

No obstante, la esposa de Said se mostró escéptica y no aceptaba que Tali fuera la reencarnación de su marido. En primer lugar porque Tali nunca había mencionado a una de las hijas de Said, cuya enfermedad crónica había sido una de las principales preocupaciones de su vida.

Aunque el pueblo donde vivía Said estaba a sólo cinco kilómetros, los padres de Tali nunca le habían llevado allí antes de que empezara a hablar de Said, y después se habían mostrado reticentes a hacerlo porque el niño insistía tanto en decir que era Said que temían que se negara a volver a casa. Cuando finalmente visitó el pueblo y la casa de Said, le condujeron a una habitación donde había unas niñas sentadas a una mesa, entre ellas una hija de Said llamada Wafa. Cuando preguntaron a Tali si conocía a su hija, éste se sentó junto a ella y le preguntó: «Wafa, ¿por qué no has venido a verme?»

En los años posteriores a esta entrevista, Stevenson escribió un relato del caso en un libro dedicado a las marcas de nacimiento y defectos congénitos. Pero ahora, aunque quería comprobar las marcas de nacimiento de Tali de nuevo, Stevenson estaba más interesado en entrevistar a la familia para hablar de su hermano pequeño, un chico llamado Mazeed, que recordaba la vida de un cavador de pozos que había muerto cuando un cesto de piedras cayó sobre su cabeza. Este caso había sido publicado de forma abreviada, y Stevenson quería averiguar los detalles que faltaban antes de incluirlo en un futuro libro.

Habíamos conducido durante media hora cuando tomamos la carretera que llevaba hasta la aldea. Como indicaba una señal, en aquel punto acababa la carretera principal y empezaba un camino de tierra bordeado por pinos. El paisaje era de lo más agreste y espectacular. Sin embargo, una extraña sensación de vértigo se apoderó de mí y me pasé toda la bajada apretando un pedal de freno imaginario.

—La carretera ha mejorado mucho —observó Stevenson mientras descendíamos—. Parece que ha sido asfaltada recientemente.

Descendimos otros cinco minutos y llegamos a un llano en el que había una docena de casas. Las paredes de las casas estaban cubiertas de parras y grandes ristras de dátiles secos colgaban de los tejados de los porches. El humo de pequeñas hogueras se elevaba hacia el cielo.

Mahmoud se detuvo antes de que el camino se terminara y bajamos. La temperatura había descendido notoriamente y prometía bajar más cuando se pusiera el sol. A pesar del frío, un montón de gente trabajaba en los campos; al vernos llegar, nos miraron con curiosidad pero siguieron trabajando. Un hombre de baja estatura, vestido con un tradicional pantalón corto y una túnica gris, se acercó a nosotros.

—Es Khattar —dijo Stevenson. El hombre nos estrechó la mano. Majd dijo unas palabras en árabe, el hombre asintió con la cabeza, sonrió y nos condujo hasta su granja. La estancia principal era una sala con sillas y sofás. Sus dos hermanos, dos fornidos hombres, estaban sentados en rincones opuestos de la habitación. Cuando entramos, Mazeed, sentado junto a la puerta, nos miró y Tali, sentado contra la pared derecha, nos escudriñó con la mirada. Los dos hermanos llevaban vaqueros, camisetas deportivas y botas de trabajo, con sendos teléfonos móviles colgados del cinturón. Ninguno de los dos se levantó ni hizo gesto alguno en señal de bienvenida.

Stevenson no pareció advertir la fría acogida de los sujetos de sus dos casos. Sentado en un sofá, abrió su cartera y sacó los dos expedientes. Majd se sentó junto a él, cerca de Tali y yo hice lo propio junto a Khattar que, incómodo por el comportamiento de sus hijos, puso la mano sobre mi rodilla, sonrió y me dijo algo en árabe. Yo sonreí y miré a Majd para que tradujera lo que había dicho, pero ella estaba hablando con Tali.

Al cabo de un minuto, Majd se dirigió a Stevenson.

—Tali dice que le recuerda de la última vez que estuvo, cuando era un niño. Recuerda que cuando usted vino le regaló un cuchillo del ejército suizo. Sin embargo, dice que usted le prometió que le enviaría un libro pero nunca lo hizo.

Tali siguió conversando con Majd. Puesto que hablaban en árabe, las únicas palabras que entendí fueron «New Jersey».

Majd se reclinó en el sofá y bajó la voz mientras traducía:

—Dice que ya no es Tali. Ha cambiado de nombre, ahora responde al nombre de su anterior personalidad. No parece muy proclive a cooperar. Aquí la gente guarda rencor a los norteamericanos. Tienen un hermano que murió durante el bombardeo del *New Jersey*.

—En realidad, estamos aquí para hablar con Mazeed —dijo Stevenson.

Al escuchar su nombre, Mazeed habló por primera vez. Majd le respondió y luego mantuvieron una animada conversación.

—Estamos hablando de la religión drusa —explicó finalmente—. Se pregunta qué sentido tiene demostrar la existencia de la reencarnación cuando todos saben que es un hecho.

La madre, que llevaba un *mandeel* a la antigua usanza, entró con una bandeja de café. Le di las gracias esbozando una sonrisa, pero ella también parecía guardar el mismo resentimiento hacia los norteamericanos que sus hijos. Majd siguió hablando con ellos sin traducir la conversación, tratando sutilmente de dejarnos a Stevenson y a mí en segundo plano.

Al final Mazeed pareció distenderse un poco, pero Tali, ahora Said, seguía sentado en el sofá mirando a Majd con hostilidad. Aunque por su tono debió de hacer algún comentario desagradable, Majd le ignoró. Su estrategia parecía ser entrevistar a Mazeed y esperar que su hermano se uniera a la conversación.

—Mazeed es propietario de un negocio, una agencia de empleo —tradujo Majd finalmente—. Esto significa que se dedica a traer a chicas de Sri Lanka y luego les proporciona un trabajo. También dice que es corredor de seguros.

—Pregúntele si le gusta su trabajo —sugirió Stevenson, y Majd tradujo.

—Si no me gustara, no lo haría —replicó Mazeed con acritud.

En la habitación se respiraba tanta tensión que no pude por menos que recordar la advertencia del Departamento de Estado sobre el peligro que suponía aquel país para los norteamericanos y pensar lo aislados que estábamos de la civilización en aquella aldea perdida en medio de la montaña. Sin hacer caso de la agresividad de los dos jóvenes, Stevenson hojeó las notas de su expediente hasta encontrar la transcripción de la entrevista. Pidió a Majd que preguntara a Mazeed si todavía recordaba su vida anterior.

—Sólo un poco —contestó—. La guerra nos ha ayudado a olvidar.

Khattar me ofreció una bandeja de caramelos e insistió en que tomara uno. A continuación dijo algo a Majd.

—El padre dice que Mazeed dejó de hablar de su vida anterior a los veinte años.

—Pregúntele por su salud —dijo Stevenson.

—Fui herido durante la guerra —respondió Mazeed—. Heridas de metralla del *New Jersey*. —El joven nos miró a Stevenson y a mí de forma provocadora y extendió su mano para mostrar una cicatriz que llegaba hasta la muñeca—. Estuve en el hospital durante un mes y medio. Tuve suerte. Nuestro hermano murió en el pueblo. La culpa de todo la tuvo el *New Jersey*.

Mientras conversábamos, la madre había sacado una fotografía del hermano fallecido durante el bombardeo, un sonriente joven delgado.

De pronto uno de los teléfonos móviles empezó a sonar y Tali respondió.

—La mayoría de las casas de esta zona fueron destruidas y luego reconstruidas —dijo Khattar, y luego hizo un gesto de que le siguiera.

Me condujo hasta un jardín. Señaló una sección de las nuevas piedras con las que había sido reconstruida la casa. A continuación aplaudió al tiempo que emitió un sonido gutural imitando el estruendo de una explosión. Le miré a los ojos y advertí que, a pesar de ser norteamericano, me miraba sin ningún rencor.

Cuando regresamos, Mazeed seguía hablando, lo cual era buena señal. Dijo que estaba comprometido con una chica de Kfarsalwan, el pueblo donde había vivido en su vida anterior. Mazeed seguía visitando a su familia anterior. Había dejado de hacerlo pero volvió a verlos cuando se comprometió con su novia. La chica era un familiar lejano de su vida anterior.

—¿Qué vida prefieres? —preguntó Stevenson.

—Me da igual —respondió Mazeed—, la vida es dura.

—¡Somos el Tercer Mundo! —exclamó Tali con acritud.

Majd tradujo sus palabras y añadió:

—Tali me ha dicho que no encuentra trabajo. A veces conduce un taxi.

Tali se inclinó y le hizo un comentario. Majd replicó. Tali negó con la cabeza. Majd añadió algo más y Tali la interrumpió.

—Dice que no quiere figurar en el libro —tradujo Majd.

Stevenson se reclinó en el sofá, frunció el entrecejo y comentó:

—Dígale que ya figura en él.

Majd lo hizo y Tali se levantó de un brinco, se acercó a Stevenson y pronunció unas palabras con tono amenazador.

—Dice que si está en el libro quiere una compensación. Algo de dinero o que le ayude a encontrar un trabajo.

Mientras la habitación se enfriaba y la luz empezaba a desvanecerse, la tensión iba en aumento. No me gustaba como se estaban desarrollando las cosas. Khattar reprendió a Tali, pero éste le replicó gritando. Majd también trató de hablar con él, pero no le hizo caso.

—Creo que ha llegado el momento de emprender la retirada —dije a Stevenson en voz baja.

Tali se había acercado a Stevenson de nuevo y estaba a punto de gritar.

—Puesto que conduce un taxi, quizá podría trabajar como chófer para Haraldsson —sugirió Majd, sin dejar de mirar a Tali.

Stevenson guardó silencio durante unos segundos sopesando la oferta.

—Quizá Erlendur no venga nunca al Líbano —dijo finalmente—, pero no está de más tener su teléfono y dirección.

Majd comunicó a Tali la decisión de Stevenson. Tali permaneció en silencio. Majd le tendió un bolígrafo y él, tras dudar unos segundos, escribió un número de teléfono en la libreta de notas de Majd. A continuación giró sobre los talones y salió de la casa.

Yo ignoraba si regresaría, pero no quería quedarme allí para comprobarlo.

Mientras presenciaba aquel extraño enfrentamiento, casí no había advertido que una mujer y su hija de unos cinco años habían entrado en la sala. La mujer se sentó en el sofá junto a la madre, mientras la pequeña lo hacía en el suelo junto a los pies de la mujer. La madre de Mazeed miró a Majd y habló:

—Quiere que le dé una opinión médica sobre un caso —tradujo Majd.

—¿Es un caso cerrado? —preguntó Stevenson, refiriéndose a aquellos en que se había comprobado de antemano que la vida pasada encajaba con los recuerdos.

Estaba sorprendido de que Stevenson asumiera que la mujer estaba hablando de un caso de reencarnación y no pidiéndole su consejo médico respecto a una posible enfermedad.

Minutos más tarde descubriría que tanto Stevenson como yo estábamos en lo cierto. Majd tradujo la pregunta de Stevenson y la mujer respondió:

—Sí, se trata de un caso cerrado —dijo Majd—. La personalidad previa era una mujer a quien su marido disparó en el cuello. Permaneció en el hospital en estado de coma durante doce días y luego murió. El marido estuvo en prisión durante tres años y ahora está libre.

Por primera vez, miré de cerca a la niña que jugaba junto a los pies de la madre, como un gatito que pretende subir a un árbol. Intuí que se trataba del sujeto del caso. Había algo extraño en la sonrisa de aquella pequeña y sus piernas parecían desproporcionadas: demasiado largas en comparación con su delgado cuerpo. La madre la tomó en brazos y la acercó a Stevenson para que la examinara. Sus delgadas piernas colgaban en el aire. La niña cabeceaba ligeramente y sus ojos no parecían ver con nitidez.

—¿Es ésta la niña? —preguntó Stevenson.

—Sí —asintió la madre, y a continuación suplicó—: Por favor, doctor, ¿qué podemos hacer por ella?

—¿Puede caminar?

—No. Se arrastra por el suelo ayudándose con los brazos —tradujo Majd.

—¿Va a la escuela?

—No, nunca ha ido a la escuela. La han llevado a varias clínicas pero nadie ha sabido qué hacer. Los médicos son muy caros.

—La niña necesita terapia —dijo Stevenson—. Hay varios tratamientos que mejorarían su estado. Nunca andará sin ayuda, pero podría mejorar sus condiciones. Además, tendría que ir a la escuela.

Durante la conversación, la niña seguía con aquella extraña mueca dibujada en los labios, cabeceaba y balbuceaba palabras inconexas. La madre se acercó a Stevenson y volvió a pedirle ayuda.

—Quieren demostrarle cómo habla de sí misma y dice el nombre de la mujer asesinada —dijo Majd.

La madre miró a la niña y le preguntó:

—¿Cómo te llamas?

Pero la niña, sobrecogida por la presencia de extraños, sólo balbuceó palabras ininteligibles y luego siguió sonriendo.

Mientras el Mercedes ascendía por la empinada cuesta, todos guardamos silencio. Nuestra visita había durado menos de dos horas, pero me parecieron una eternidad.

—Me gustaría hacer algo por esa pequeña —dije finalmente.

—Sí —dijo Stevenson—. Deberíamos dar a la madre algún dinero para asegurar que la niña obtiene algún beneficio, pero eso podría causar problemas familiares. Quizá deberíamos dárselo a Khattar.

—La madre y el padre estaban muy preocupados por Tali —dijo Majd—. No dejaban de discutir entre ellos y no traduje la discusión. Su comportamiento dejaba mucho que desear.

Majd estaba en lo cierto, pero lamentaba haberme entrometido en su vida y lamentaba también el daño que el *New Jersey* había causado en la vida de aquella familia.

10

Detener un tren

A la mañana siguiente, mientras esperábamos a que Majd y Mahmoud vinieran a recogernos para emprender juntos el último día en Beirut, Tali y Mazeed seguían presentes en nuestros pensamientos. Stevenson no dejaba de cavilar en la pregunta de Mazeed. ¿Cómo era posible que, como druso y creyente, estuviera preocupado por demostrar la reencarnación a personas que no creían en ella?

—He aquí la paradoja —dijo Stevenson—. Mientras en Occidente la gente se pregunta: «¿Por qué invierte tanto tiempo y dinero estudiando la reencarnación, si todos sabemos que se trata de un fenómeno imposible?», en Oriente se plantean: «¿Por qué invierte tanto tiempo y dinero estudiando la reencarnación, si todos sabemos que es un hecho?»

Había otro aspecto que me inquietaba. Desde que habíamos llegado al Líbano, nos tropezábamos con casos de reencarnación imprevistos. Desde el primer día, cuando Ulfat nos contó que recordaba haber sido asesinada por un grupo de cristianos, hasta la tarde anterior, cuando entrevistamos a los dos hermanos que recordaban sus vidas anteriores y examinamos a su sobrina, al parecer paralítica porque en su vida anterior había sido asesinada por su esposo.

La proliferación de casos resultaba difícil de admitir. En realidad, si al emprender el viaje me preocupaba el no encontrar casos significativos, ahora mi preocupación era haber encontrado demasiados.

Mientras Stevenson y yo estábamos sumidos en nuestras respectivas cavilaciones, llegó Majd.

—Lamento llegar tarde —se disculpó con una sonrisa—, pero

me he entretenido hablando con el fontanero que está reparando las cañerías de nuestro apartamento. Me ha hablado de dos nuevos casos, un niño de nueve años y una niña de uno.

Los recuerdos de vidas anteriores en el Líbano eran como una epidemia. Según la hipótesis de Elie Karam, la capacidad de recordar podría ser genética. Desde el punto de vista de un demógrafo, esta hipótesis serviría para justificar las características comunes de una comunidad, por ejemplo, que los escandinavos tengan el cabello rubio.

Sin embargo, por lo que al Líbano respecta, la característica común era su creencia en la reencarnación, lo cual abría nuevos interrogantes: ¿Hasta qué punto los recuerdos de reencarnaciones eran falsos o generados consciente o inconscientemente para apoyar las creencias de los drusos? ¿Cabía la posibilidad de que la creencia en la reencarnación se hubiera consolidado a lo largo de los años a partir de los testimonios de niños que afirmaban tener recuerdos de vidas pasadas?

Semejante especulación hizo que la visita que teníamos prevista para aquella mañana resultara de lo más interesante, pues nos disponíamos a entrevistar a una familia cuya hija hacía muy poco que había empezado a hacer afirmaciones que podían estar relacionadas con una vida anterior. Aquel caso me brindaría la oportunidad de ver las condiciones dentro de una familia antes de que se hubiera identificado una personalidad anterior y, posiblemente, comprobar hasta qué punto el fuerte deseo de creer en la reencarnación puede influir en el relato de los hechos.

El sujeto de aquel caso era una niña de tres años y medio de edad. Su nombre era Lillian Al-Awar.

A la abuela paterna le habían sorprendido algunas frases pronunciadas por su nieta mientras jugaba. Al parecer la niña decía que su marido se «había ido», utilizando el verbo árabe que denota «morir». Cuando jugaba con sus muñecas, se dirigía a ellas en un tono muy maternal, llamándolas por su nombre y refiriéndose a ellas como «mis hijos».

La niña vivía con su madre y abuelos maternos en una casa de hormigón todavía en construcción al pie de una ladera. Sus padres estaban separados. Puesto que el informe del caso lo había dado la familia paterna de la niña, a la familia materna le sorprendió mucho nuestra visita.

Un hombre que debía de ser el abuelo materno de Lillian escuchó la explicación de nuestra presencia allí de Majd, y nos invitó a entrar en la casa. Una hermosa niña, de grandes y expresivos ojos color avellana y largo cabello castaño, permanecía oculta tras una silla sin quitarnos la vista de encima. Llevaba un jersey rojo con un bordado de Mickey Mouse.

—El hombre dice que le interesa mucho el tema de la reencarnación —nos comentó Majd tras hablar con el abuelo de la niña—. Sin embargo, asegura no haber oído decir a Lillian nada referente a una vida anterior. En su opinión, el único rasgo que llama la atención de su nieta es su precoz inteligencia.

—¿Ha advertido si Lillian tiene miedo o aversión a algo? —preguntó Stevenson.

—No le gusta la carne y ni siquiera la prueba —respondió el abuelo—. Cuando la llevo conmigo a la carnicería siempre dice: «No pongas la carne cerca de mí, ponla en la cesta.»

El hombre lanzó una carcajada y a continuación siguió conversando con Majd.

—Lillian tiene dos primos mayores, dos gemelos —tradujo Majd—. Uno de los primos tiene una extraña marca de nacimiento, una especie de cicatriz en la parte interior del codo. El médico que asistió a su madre en el parto era cristiano y, en cuanto vio la marca, dijo: «Debe de haberla heredado de una vida anterior.» Sin embargo, el niño nunca ha hecho comentarios al respecto.

En aquel momento, los dos niños entraron corriendo en la casa. El abuelo les llamó y los niños se detuvieron al instante. A continuación uno de ellos, obedeciendo las indicaciones de su abuelo, se acercó tímidamente a Stevenson y le mostró el codo.

—Quiere saber qué opina usted de la marca de nacimiento —dijo Majd, traduciendo las palabras del hombre.

—Por su aspecto yo diría que es una cicatriz de una herida de guerra.

La madre de Lillian entró en el vestíbulo. Iba vestida con una sudadera y pantalones de deporte y llevaba el cabello recogido en un moño. Por su expresión resultó obvio que nuestra presencia no le agradaba.

Majd le explicó lo que la abuela paterna había dicho de Lillian.

—¿Lilly? —inquirió la madre sorprendida—. Jamás la he oído decir semejantes cosas. Además, es muy normal que los niños hablen mientras juegan y repitan las frases que dicen las personas mayores.

La entrevista se alargó durante media hora, pero la respuesta de la madre siempre era la misma: Lillian nunca había dicho nada que pudiera interpretarse como recuerdos de una vida anterior.

Finalmente, Stevenson preguntó si podía tomar una fotografía de la marca de nacimiento de uno de los gemelos.

Tras entrar en una de las habitaciones para consultarlo con los padres del chico, el abuelo se excusó:

—Lo siento, pero mi hijo y mi nuera no están interesados en la reencarnación. Según ellos, lo único importante es nacer y vivir.

Tras salir de la casa nos dirigimos a Falougha, un pueblo a pocos kilómetros de allí, para entrevistarnos con los abuelos paternos de Lillian. En realidad, nos preguntábamos qué razones podía tener la abuela para sospechar que su nieta recordaba una vida anterior. Cuando llegamos, la abuela de Lillian no estaba en casa, pero una vecina le dijo a Majd que podríamos encontrarla en su zapatería, en la calle principal de aquel pequeño pueblo.

La tienda era pequeña, no más grande que una habitación de hospital. Las paredes estaban cubiertas por cajas de zapatos que parecían apiladas unas sobre otras desde hacía décadas. La abuela de Lillian estaba sentada en un rincón de la tienda, junto a una estufa eléctrica. Se trataba de una mujer atractiva, de unos cincuenta años, delgada, de baja estatura y cabello negro. Cuando Majd nos presentó, se dirigió a la trastienda y volvió con tres sillas de plástico que colocó junto a la estufa.

—Cada vez que veo a Lillian trato de hacerle preguntas —nos explicó—, pero no logro sonsacarle mucho. Quizá, cuando creí que hablaba con sus hijos, ella sólo estaba jugando con las muñecas. Que le gusten mucho los niños y sea muy maternal con las muñecas no significa que recuerde una vida pasada. Lo ideal sería que la oyéramos decir: «Yo era tal persona. Solía vivir en este o aquel pueblo.» —La mujer guardó silencio durante unos segundos, reflexionando sobre sus propias palabras—: Yo no creía en la reencarnación hasta que una amiga me convenció de ello.

Tras darle las gracias por la atención que nos había prestado, salimos de la tienda. Mientras permanecía de pie en la calle de aquel pequeño pueblo libanés, contemplando cómo se ponía el sol tras las montañas de Shouf, no pude evitar pensar que aquélla había sido nuestra última entrevista. De alguna manera, todo cuanto habíamos escuchado era convincente. A pesar de las sugestivas afirmaciones de la niña sobre su esposo muerto y sus hijos, los miembros de la familia de Lillian, aunque interesados en la posibilidad de la reencarnación, no habían manipulado ni tergiversado las frases de la niña.

Es más, había algo, tanto en las palabras de la abuela como del abuelo, que me había sorprendido sobremanera. Ambos habían dicho que observarían a la niña y aguardarían hasta tener pruebas concretas y verificables. Sin duda, un enfoque muy científico.

Me despedí de Stevenson en el aeropuerto Charles de Gaulle. Él viajaba a Estados Unidos, yo a Londres, donde pernoctaría antes de tomar el vuelo de vuelta a casa. En el tren de Heathrow a la ciudad, contemplé por la ventanilla los pintorescos barrios humildes londinenses, hileras de casas de ladrillo visto con sus típicas ventanas salientes, altos tejados y jardines flanqueados por estrechas vallas de madera. Este paisaje urbano daba paso a altos edificios gubernamentales, grises e imperturbables, seguidos por un cuidado campo de golf, sorprendentemente verde para estar en noviembre. Con la última luz del día, poco antes de que el tren entrara en la ciudad, pasamos lentamente junto a un cementerio lleno de lápidas y flores. De pronto, una figura solitaria llamó mi atención. De pie, junto a una lápida nueva, había un hombre ataviado con un abrigo marrón que sostenía un ramo de flores. Vi su espalda, luego su perfil y finalmente su rostro teñido de frustración. Con la cabeza gacha y la mirada perdida, aquel hombre tenía grabado en su rostro un profundo dolor. Por unos segundos tuve la sensación de que su abrumador dolor podía ser capaz de detener un tren, pero no de devolver la vida a quien hubiera perdido.

11

La última pregunta

Mientras contemplaba cómo la costa norteamericana se extendía ante mí, tuve la sensación de estar despertando lentamente de un profundo sueño. A 35.000 pies de altura y a un océano y medio de distancia, el Líbano había quedado reducido a un montón de notas guardadas en mi mochila negra. Desde que salí de Beirut no me había alejado de aquella mochila repleta de papeles en los que describía las entrevistas que había presenciado y las cientos de preguntas y respuestas que para el común de los mortales podrían resultar absurdas e inconcebibles. Había grabado todas las entrevistas con diligencia, acumulado en mi mente cada detalle de las mismas, pero todavía no las había examinado en profundidad. Durante todo aquel tiempo había estado demasiado próximo, demasiado absorto en su inmediatez.

Ahora, por fin, podría sopesar por primera vez aquella información de forma global. Sin embargo, tenía la extraña sensación de que todo cuanto había visto y oído durante aquellas tres semanas, o bien podía haber sido una monumental farsa, o bien algo realmente extraordinario. Me asaltaban tantas dudas que todavía no sabía qué pensar, si reconocer que aquellas pruebas no eran concluyentes o, por el contrario, admitir mi reticencia a afrontar las conclusiones.

En aquella mochila también llevaba un montón de artículos de revistas que había recogido antes de emprender el viaje con la sana intención de leer durante mi estancia en el Líbano, pero que ahora hojeaba por primera vez. La mayoría de artículos exponía las críticas a favor y en contra de los seguidores y los escépticos de la investigación y las conclusiones de Stevenson. En general, los argumentos en contra habían sido extensamente analizados en el libro de Paul Edwards que había leído hacía unos meses: los niños tienen una imaginación inagotable; los padres aleccionan a sus hijos hasta que éstos repiten textualmente lo que les han inculcado; la necesidad psicocultural de creer en la reencarnación es la que genera los casos y crea una conspiración inconsciente entre padres e hijos y entre vecinos y extraños.

Para mantener su postura, los escépticos arguyen los mismos factores que yo mismo había sopesado hacía tiempo: las inconsistencias que aparecían incluso en los casos más contundentes; la posibilidad de conexiones entre la familia presente y las familias de la vida anterior y, por último, los posibles beneficios obtenidos al proclamarse una persona reencarnada.

Leí con detenimiento aquellos artículos y finalmente decidí que ninguno de ellos explicaba todo cuanto había visto personalmente en el Líbano.

Sin embargo, uno de los escépticos, E. B. Brody, parecía enfocar su crítica desde una perspectiva distinta: «El problema estriba no tanto en la calidad de los datos que Stevenson aduce para demostrar su tesis, sino en el marco teórico, que debe ser rechazado o radicalmente modificado para aceptar dicha tesis.»

En otras palabras, las afirmaciones insólitas requieren pruebas insólitas. Según la mayoría de los científicos occidentales, la idea de que un niño pueda encarnar, por lo menos, una parte de una persona fallecida era, sin duda, una afirmación insólita. Pero ¿quién podía asegurar que las evidencias que Stevenson había recogido durante tantos años no eran también insólitas? Sin embargo, ¿eran lo suficientemente insólitas? Ésta era la pregunta que me embargaba desde que abandonamos Beirut.

Para otro grupo de escépticos lo importante es explicar el mecanismo que favorece que los niños tengan recuerdos de una supuesta vida anterior. En este sentido, aseguran que estos casos se explican a partir de la combinación de la sugestión y de la percepción extransesorial, la capacidad de recibir telepáticamente algunos detalles de la vida de una persona fallecida. La mayoría de estos artículos no justifican por qué prefieren explicar la idea de la reencarnación a partir de la percepción extrasensorial, sin embargo intuí (o quizá incluso capté telepáticamente) que se basan en pruebas de laboratorio que verifican cuantitativamente dicha capacidad mental.

Los argumentos en contra de esta tesis son muy sencillos. Ningún niño de los casos de Stevenson dice: «La persona de la otra vida tenía tres vacas», como lo haría si conociera los datos de una persona extraña telepáticamente. En realidad, las afirmaciones de los niños son directas: «Yo tenía tres vacas» y, por otro lado, actúan como si creyeran ser esa persona. Además, resulta evidente que ninguno de esos niños posee ninguna habilidad psíquica. De ser así, ¿qué sentido tiene que un niño exhiba un poder extrasensorial explicando la vida de otra persona?

Uno de los artículos parecía plantear una variante del argumento de la percepción extrasensorial. El autor proponía la existencia de algún tipo de campo energético asociado con la personalidad que de alguna manera se imprime en el cerebro de los niños. Sin embargo, ese hipotético campo energético parecía una posible definición del «alma». ¿Y qué era la reencarnación sino la transmigración de, por lo menos, una parte de la identidad de la persona fallecida a una persona viva?

En el fondo de mi mochila encontré una carpeta que contenía tres informes escritos por científicos independientes a los que el propio Stevenson había invitado a analizar detalladamente su trabajo de investigación.

La conclusión que sigue es de la antropóloga Antonia Mills, que estudió diez de los casos de la India en 1987:

> Antes de embarcarme en esta investigación, estaba preparada para descubrir que algunos o quizá todos los casos que analizaría serían fraudes perpetrados por diversas razones, como el deseo de un niño o de su familia por identificarse con una casta superior. Sin embargo, la investigación no corrobara estas suposiciones...
>
> Mi análisis indica que un investigador independiente, usando los métodos de investigación de Stevenson, halla resultados comparables. Ciertos aspectos de algunos casos resultan inexplicables. Sin embargo, no he encontrado prueba alguna que demuestre que los casos fueran fraudulentos o meras fantasías...
>
> Al igual que Stevenson, concluyo pues que, mientras ninguno de los casos por mí estudiados ofrezca pruebas incontrovertibles de la reencarnación o de algún proceso paranormal, constituyen una parte del creciente número de casos que, a pesar de los datos, no pueden explicarse dentro de parámetros normales.

Sin duda se trata de una contundente declaración a favor de Stevenson. Sin embargo, Antonia Mills forma parte del grupo de «investigadores independientes» que en realidad trabajan para Stevenson. Esto es en parte cierto: estas personas no trabajaban para Stevenson pero recibieron subvenciones de él. Además, también habían tenido relaciones profesionales con Stevenson.

Uno de ellos, el psicólogo australiano Jürgen Keil, abordó directamente el problema:

Mi respeto por Ian Stevenson podría sintetizarse a la vez en aprecio profesional y amistad personal. A tenor de esto, algunos lectores podrían cuestionarse la validez de un estudio independiente por mi parte del trabajo de Stevenson. Sin embargo, mi profundo respeto por él me conduce a pensar que obtendrá muy buenos resultados en su campo de investigación por el método que emplea, corroboren o no su hipótesis.

A pesar del tono sincero de estas palabras, resultaba claro que muchos detractores de Stevenson rechazarían tal afirmación. Por otro lado, no entendía por qué me preocupaba tanto si Keil era o no independiente; al fin y al cabo, yo mismo había visto y vivido los casos de Stevenson personalmente.

Unos días después de mi llegada a casa, mientras trataba de digerir toda la información acumulada durante el viaje, recibí un correo electrónico de Stevenson. Había decidido la fecha de su próximo viaje a la India y quería saber si me interesaba acompañarle. En muchas ocasiones, y de muchas formas, había dicho que realizar una investigación de campo en Asia era más arriesgado, peligroso y agotador que en el Líbano. Pero yo nunca rechacé la posibilidad de emprender con él una nueva aventura.

Uno de los argumentos más convincentes en contra de los casos de Stevenson como evidencias de la reencarnación era que todos ellos podían ser una manifestación del deseo de una comunidad por reforzar sus creencias y que, por consiguiente, lo único que demostraban era precisamente eso. Esto era algo que yo había pensado en el Líbano y que, sin duda, también sucedería en la India.

Aunque todavía desconocía el peso de la tradición cultural india y de la creencia hindú en la reencarnación, imaginaba que sería similar al de la cultura y creencias drusas. Por otro lado, estaba convencido de que si el fenómeno de niños que recuerdan vidas pasadas era sólo una creación cultural, cualquier parecido entre los casos del Líbano y la India sería superficial.

Pero ¿y si no lo eran? ¿Y si los casos eran esencialmente similares a los investigados en Beirut? De ser así, quizá por fin mis dudas se desvanecerían.

TERCERA PARTE

Niños de la pobreza

12

El lechero

A medianoche, mientras aterrizábamos en Delhi, la atmósfera de la cabina fue llenándose de un intenso y agrio olor a humo. Al descubrir que el avión no se había incendiado, me sentí aliviado, pero me sorprendió comprobar que aquel mismo olor invadía también la inhóspita terminal y que el aeropuerto estaba cubierto por una densa neblina de humo. Taxis pintados de amarillo y negro aguardaban como abejorros en el exterior del aeropuerto mientras una muchedumbre aguardaba expectante y bulliciosa tras un cordón de seguridad. Cuando Stevenson y yo salimos, un hombre se hizo cargo de nuestro carrito sin decir palabra. Tras empujarlo hacia un oscuro aparcamiento situado a unos cien metros de la entrada, empezó a cargar el equipaje en una furgoneta, por lo que deduje que se trataba de un conductor de taxi y no de un ladrón. De pronto, el hombre me hizo señales de que le ayudara a empujar dos coches que bloqueaban la salida de su furgoneta y corroboré mi hipótesis: era el taxista que nos llevaría a la ciudad.

Al cabo de un cuarto de hora, nos encontrábamos en la carretera que conducía a Delhi. Pasada la una de la madrugada, las calles estaban casi desiertas. Los faros del taxi cortaban la neblina de humo que envolvía la atmósfera nocturna y que, para mi consternación, en lugar de desvanecerse, fue aumentando gradualmente hasta el punto de dificultar la respiración.

—La contaminación empeora por la noche —comentó Stevenson.

—¿Acaso todas las noches ocurre lo mismo? —pregunté incrédulo.

—Se debe a las hogueras de carbón orgánico —explicó Stevenson que, con la mirada perdida en la oscuridad, no parecía preocupado por la contaminación a pesar de sus problemas crónicos de respiración—. En realidad, hoy la atmósfera está mucho más cargada de lo habitual.

La India, un país alucinante para la mayoría de los occidentales que lo visitan por primera vez, no era un paisaje nuevo para Stevenson. De hecho, fue precisamente allí donde realizó su primera investigación de campo. Ahora, 37 años después, éste sería probablemente su último viaje a aquel fascinante país.

El hotel, un lúgubre edificio de cinco pisos, se encontraba en Janapath, la calle principal de Delhi. Las habitaciones se alineaban en tres hileras a lo largo de un balcón común con vistas a la calle. En mi habitación, espartana donde las haya, había polvo por todas partes y además parecía estar en obras: la mitad de los azulejos del cuarto de baño estaban sin colocar; la bañera, llena de mugre y guijarros; la ventana, situada sobre la ducha, sin cristal y abierta de par en par, y la moqueta del piso, rasgada y mugrienta.

Pensé que aquellas habitaciones debían de ser un derroche de lujo comparadas con las que Stevenson habría encontrado la primera vez que visitó la India en los años sesenta. Pero, salvo por los inconvenientes mencionados, no podía quejarme: las sábanas estaban limpias y tenía agua caliente.

Aquella noche dormí de forma irregular. Me despertó el mugido enconado de una vaca. Aunque había bruma, el día era claro y el olor a humo apenas era perceptible. Pasamos la mañana esperando la llegada de Satwant Pasricha, la psicóloga india que había trabajado como ayudante de Stevenson y que dirigía sus propias investigaciones usando el método del viejo doctor. Volaba desde Bangalore, a tres horas al sur de Dehli, donde trabajaba en el National Institute for Mental Health and Neuro Sciences. Diez minutos antes del mediodía se personó en el mostrador del hotel. Era una mujer de baja estatura pero sólida complexión. Iba vestida con un llamativo sari violeta y llevaba dos bolsas colgadas al hombro. Lucía un sencillo collar de perlas y un círculo rojo pintado entre ambas cejas, símbolo de la casta a la que pertenecía. Tras instalarse en su habitación, Stevenson y yo nos reunimos con ella para almorzar. Satwant hojeó sus anotaciones y explicó a Stevenson el itinerario que había planificado. Mostraba

buenos modales y tenía una cara simpática y muy agradable. Resultaba muy interesante conocer personalmente a la doctora Satwant Pasricha, una destacada conocedora y crítica del trabajo de Stevenson y a
su vez muy criticada por su propia investigación.

Satwant era sij, es decir, miembro de la religión india que combi-
na elementos del hinduismo y el islamismo, tratando de unir las dos
creencias nacionales dominantes. Un elemento que los sijs habían tomado de los hindúes era la creencia de que el renacer del alma depende de sus acciones morales en vidas anteriores. Los virtuosos son
bien nacidos, mientras que los malvados renacen en la miseria o incluso se reencarnan en animales. Debido a esto, muchos escépticos
rehusaron tomar en serio el trabajo de Satwant.

En mi opinión, estas críticas eran injustas. Si los casos de Satwant
eran descalificados porque su fe apoyaba la idea de la reencarnación,
también debería serlo la opinión de alguien que personalmente creyera que la personalidad de un individuo perece con la muerte.

Cuando pregunté a la doctora al respecto, me respondió:

—Al margen de ser hindú, sij o cristiano, ante todo se es científico. Además, la tesis que defiendo en relación a estos casos no tiene
nada que ver con la creencia en la reencarnación hindú. De hecho,
cuando uno de mis ayudantes me comentó que Stevenson buscaba
un psicólogo indio interesado en dirigir este tipo de investigación, al
principio me mostré abiertamente escéptica. No creía en absoluto
que estos casos fueran ciertos. Recuerdo que cuando expresé mi escepticismo a Stevenson, me dijo: «Aguarde y verá.» Así que acepté
acompañarle para analizar por mí misma uno de los casos. Primero
fuimos al pueblo de la persona que el niño decía ser en una vida anterior y el hermano de aquél nos condujo al pueblo del sujeto de la investigación, una niña. Tuvimos que cruzar a pie todos estos campos.
Cuando por fin llegamos, la niña corrió hacia su hermano, se colgó
de su cuello y le abrazó. Fue una situación muy conmovedora. Y
cuando empezó a hablar del recuerdo de su muerte (la niña recordaba la vida de otra niña que al ir a buscar agua de un pozo, cayó en él y
se ahogó) pude comprobar que estaba realmente reviviendo el terror
de aquel trance. Aunque es imposible cuantificar esta sensación,
aquello fue precisamente lo que me persuadió de que estas historias
podían ser reales.

El almuerzo se prolongó más de lo previsto. Mis ojos se cerraban a causa del *jet lag*. Mi único deseo era poder tumbarme en la cama de mi mugrienta habitación para echar una cabezadita y apenas presté atención a la planificación del día hasta que Stevenson dijo:

—Iremos a comprobar este caso que Satwant encontró en el periódico. No está muy lejos de aquí.

Diez minutos más tarde estábamos en medio del caos urbano en un coche de alquiler. La gente, los animales, los automóviles, las bicicletas y la basura coexistían en sorprendente armonía. Ciclistas cargados con fardos de ladrillos o balas de heno se abrían paso entre los vehículos más pesados. Los camiones, sobrecargados con sacas de grano, hacían sonar sus bocinas mientras búfalos y bueyes tiraban de endebles carros también sobrecargados que, con unas ruedas sin apenas radios, se aguantaban de pie. Mulas y caballos piafaban bajo el peso de sus cargamentos. Rickshaws de bicicletas con asientos para dos transportaban a familias enteras. Frágiles motocicletas eran capaces de avanzar a pesar de los fardos atados en su parte posterior.

A lo largo de la carretera, un interminable ejército de hombres, mujeres y niños trabajaban sin descanso en el barro, rompiendo piedras con mazos y transportando los fragmentos en cestas de mimbre. Según me explicó Satwant, estaban ampliado la carretera. Su trabajo consistía en descargar la gravilla en los bordes hasta alcanzar el nivel de la carretera y a continuación apisonarla con los pies. Los bebés jugaban con las cestas vacías, las madres golpeaban con pesadas mazas la grava levantando nubes de polvo. La gente paseaba por caminos de tierra que atravesaban enormes vertederos de basura y entre destartaladas chozas de argamasa y planchas de plástico, separadas por un canal de aguas fétidas. Agazapados entre las hierbas, había hombres en cuclillas defecando —algo habitual en un país de casi mil millones de habitantes de los cuales 700 millones no tienen acceso al agua corriente—. Las mujeres paseaban portando sobre sus cabezas con gracilidad pesados fardos. En mitad de la calle las boñigas de vacas y búfalos se secaban al intenso calor. Los niños jugaban a cricket con palos hechos de caña. Los barberos rasuraban y recortaban la barba a lo largo de la carretera. Un hombre lavaba su caballo junto a una alcantarilla abierta. Tres vendedores ataviados con turbantes compartían un narguile. La multitud se arremolinaba alrededor de otros que jugaban a juegos de apuestas. Vendedores ambulantes cocinaban sus mercancías en hogueras al aire libre. Las ratas correteaban por la calzada. Todo este abanico de percepciones se arremolinó en la ventanilla abierta del taxi, una amalgama de sensaciones intensificadas por el olor a comida y sudor.

Y de pronto, lo bastante cerca para poder tocarlo con la mano, unas largas patas ataviadas con guirnaldas de colores pasaron junto a la ventanilla. Para mi sorpresa, se trataba de un camello que tiraba de un carro.

¿Dónde diablos me encontraba? Mi mente trató de interpretar el abanico de estímulos que azuzaban mis sentidos. ¿Acaso estaba contemplando una visión del futuro? ¿Era Dehli lo que nos aguardaba a todos cuando el crecimiento demográfico del planeta se desbordara? Reconozco que tuve una sensación muy desagradable, no cabía duda de que estaba sufriendo un intenso choque cultural.

Mientras nos dirigíamos al norte, el paisaje urbano dio paso a grandes extensiones de campos verdes de guisantes y trigo. En un flanco de la carretera, los trabajadores, hombres, mujeres y niños, recogían guisantes; en el otro flanco, algunos hombres orinaban y defecaban.

A una hora y media de Delhi, cruzamos un lodoso río pestilente. Grupos de niñas y mujeres vadeaban a las orillas del río, golpeando con fuerza ropa mojada contra las rocas. Otro ejército variopinto de braceros cavaban una zanja de riego a la orilla del río, mientras otros apilaban ladrillos.

Mujeres portando jarras de arcilla y de latón sobre sus cabezas se dirigían hacia un pueblo de barracas de ladrillo. A medida que avanzábamos, la carretera adoquinada se convertía en un camino de tierra. De pronto, el coche derrapó y las ruedas chirriaron.

—No sería la primera vez que tengo que bajar y empujar —observó Stevenson.

Cuando volvimos de nuevo a la carretera, estábamos cerca del pueblo. Una alcantarilla abierta parecía un surtidor en el centro de la calle; niños sucios vestidos con harapos jugaban y reían junto al chorro de agua pestilente. Dos niños salieron del grupo para golpear a un perro con una cuerda y un palo. El perro huyó despavorido y los niños le persiguieron riendo.

La familia a la que íbamos a entrevistar vivía en un pequeño montículo en la parte alta de un estrecho sendero donde algunos niños habían improvisado un campo de cricket. La casa era de ladrillo con dos habitaciones y, aunque tenía suelo de tierra, tenía marcos en ventanas y puertas. Estaba situada en el extremo de un campo donde había un pozo y una bomba de agua y tres búfalos atados a un poste. Las moscas se arremolinaban alrededor de los animales.

El sujeto del caso, una niña de siete años llamada Preeti, de baja estatura para su edad, de cara redondeada y corto cabello negro a lo *garçon*, estaba de pie en el umbral de la puerta. Vestía una sudadera con la fotografía de dos jugadores de fútbol americanos y el eslogan *The Best of the West*. Al vernos, sus padres sacaron de la casa dos bancos, los colocaron en el campo y comenzamos la entrevista.

El padre, Tek Ram, trabajaba en Nueva Dehli como operario en la compañía telefónica. Seis días a la semana tomaba un autobús desde el pueblo hasta el trabajo, una jornada de ida y vuelta en la que empleaba más de dos horas.

Nos contó que tan pronto Preeti pudo hablar con claridad, empezó a decir a su hermano y hermana: «Ésta es vuestra casa, no la mía. Éstos son vuestros padres, no los míos.» Una vez, incluso llegó a decirle a su hermana: «Tú sólo tienes un hermano, yo tengo cuatro», y añadió que su verdadero nombre no era Preeti sino Sheila, y mencionó los nombres de sus «verdaderos» padres. La niña no dejaba de suplicarles que la llevaran a «su casa», situada en un pueblo llamado Loa-Majra, a unos dieciséis kilómetros de allí.

Sin embargo, a diferencia de las que habíamos presenciado en el Líbano, la historia de aquel caso tenía un intrigante cariz. Los padres de Preeti, que dijeron no haber estado nunca en Loa-Majra y no conocer a nadie allí, no enviaron a nadie a aquel pueblo para investigar sobre la historia de su hija. Al contrario, instaron a la pequeña a que dejara de decir tonterías e ignoraron sus súplicas.

La falta de interés por parte de la familia hacía más convincente el caso. Si lo que decía Preeti era cierto, los padres no podían ser sospechosos de haber condicionado a la niña o de haberle proporcionado información que desnaturalizara sus declaraciones.

La madre de Preeti trajo una bandeja con té, frutos secos y dulces de leche y azúcar. Aquella invitación suponía un dilema del que ya me habían advertido: si rechazaba su hospitalidad ofendería a mis anfitriones, pero si bebía y comía comida preparada en la India rural, me arriesgaba a sufrir problemas estomacales. Stevenson, que ya durante uno de sus viajes había tenido que pasar varios días cuidando de un ayudante que había caído enfermo, me había recomendado tomar pequeños sorbos de té y comer pequeños bocados de comida y rezar mientras lo hacía. Así pues, no sin cierto recelo, simulé beber y comer mientras el padre proseguía con la historia.

—Cuando Preeti tenía cuatro años de edad dijo al lechero: «Esta gente no quiere llevarme a mi pueblo. ¿Me llevarás tú allí?»

¿Tenían lechero en aquel recóndito paraje?, me pregunté, pero pronto advertí que no se trataba del hombre que diariamente deja las botellas de leche en la puerta trasera de la casa. El lechero allí era un vecino, un labriego, que ordeñaba los búfalos a cambio de leche.

El lechero contó la historia de la niña a una mujer nacida en Loa-Majra. Le preguntó si conocía a un hombre llamado Karna casado con una mujer llamada Argoori y que habían perdido a una hija llamada Sheila.

La mujer conocía a un hombre llamado Karan Singh, apodado Karna, cuya hija adolescente Sheila había muerto atropellada por un coche en la carretera. La esposa de Karna se llamaba Argoori.

En pocos días las noticias llegaron a oídos de la familia que vivía en Loa-Majra, y algunos hombres del pueblo, entre ellos el padre de la niña muerta, se encaminaron hacia el pueblo de Preeti para conocerla. Tek Ram dijo que Preeti reconoció de inmediato al padre y que luego, cuando fue al pueblo con él, reconoció a más gente.

Stevenson y yo habíamos deliberado a menudo sobre este tipo de reconocimientos. Aparentemente eran considerados los elementos más relevantes para probar la veracidad de recuerdos de vidas anteriores. No obstante, siempre resultaban problemáticos. Dada la naturaleza de estas comunidades rurales y tradicionales, los encuentros entre los niños y las familias a las que decían pertenecer en vidas anteriores a menudo tenían lugar ante multitud de gente que, susurrando algo o simplemente dirigiendo la mirada hacia la persona en cuestión, podían fácilmente condicionar al niño en la identificación.

Stevenson indagó cómo se había producido aquel supuesto reconocimiento.

—¿Vio Preeti acercarse al hombre?

Tek Ram respondió negativamente. Cuando el hombre de Loa-Majra llegó, Preeti estaba en la escuela con su hermana. Cuando las niñas regresaron a su casa vieron que se había agrupado un gentío frente a la puerta, incluidos los visitantes.

A continuación pedimos permiso a los padres para entrevistar a la hermana de once años de Preeti, que contaba con nueve cuando el encuentro tuvo lugar. Con la cabeza cubierta por un pañuelo verde, como su madre, la niña se sentó en el banco junto Satwant y respondió a nuestras preguntas con timidez.

—Al llegar a casa vimos una multitud —recordó la niña—, Preeti se acercó a mí y me susurró: «Mi padre está aquí.»

Más tarde, dijo Tek Ram, cuando le preguntaron a Preeti quién era su padre, la niña se encaminó hacia Karna Singh y le abrazó. Desde hacía dos años Preeti visitaba a la familia en ocasiones especiales.

Antes de esas visitas, Preeti era una niña solitaria que no jugaba con otros niños.

—Tras visitarles cuatro o cinco veces —dijo el padre— se la veía mucho más tranquila y empezó a sonreír y ser feliz.

—¿Comentó alguna vez cómo había muerto en su vida anterior? —preguntó Stevenson.

—Todo cuanto dijo fue: «Me caí desde arriba y morí» —respondió la madre—. Una vez le pregunté cómo había llegado hasta aquí y ella me respondió: «Estaba sentada a orillas del río llorando porque no encontraba una madre y decidí escogerte a ti.»

Antes de irnos, el padre nos mostró unos recortes de prensa de periódicos indios en los que se hablaba de Preeti. Los guardaba en una funda de plástico. Con orgullo, me mostró el texto de un filósofo inglés, citado por un catedrático de filosofía que había visitado el pueblo para hablar con Preeti. En la primera página se citaba a Sócrates: «No vale la pena vivir la vida sin conocerla.»

Mientras desandábamos el sendero hasta el coche, el conductor me sugirió que debíamos dar dinero a la familia por la entrevista.

—Nosotros no damos nunca dinero —aclaró Stevenson al conductor—, de hacerlo condicionaríamos la información.

Satwant me susurró al oído:

—Es posible que haya hablado con la familia prometiéndoles algún tipo de retribución. Será mejor que hable con ellos.

Satwant volvió a la casa y conversó con Tek Ram.

—El padre no quiere dinero —nos comentó cuando se reunió con nosotros—. Trabaja para una agencia del gobierno y recibe un buen salario. Parecía molesto por el comentario del conductor.

El sol empezaba a ponerse. A pesar de una alcantarilla abierta, la tarde olía a trigo verde. Mientras nos alejábamos del pueblo, una docena de mujeres ataviadas con largos vestidos de seda de llamativos colores y con la cabeza cubierta por pañuelos se arremolinaban junto al pozo de agua del pueblo para llenar sus cántaros.

Aquella entrevista nos había llevado casi todo el día y todavía nos quedaban dos horas de viaje de regreso a Delhi. Esto me hizo pensar en los expedientes de Stevenson, más de 2.500 casos repartidos por todo el mundo, y sus correspondientes entrevistas. Cuando había hojeado las páginas mecanografiadas y las notas a mano que contenían las carpetas de papel manila, no había imaginado el trabajo y el esfuerzo físico que aquello suponía.

Mientras la luz del día se desvanecía tomamos la carretera que nos conduciría de vuelta al hotel. Cada dos por tres, el chófer enviaba ráfagas de luz a los camiones que transitaban en dirección contraria, pero decidió mantener los faros apagados como si temiera quedarse sin batería. Si aquel tramo destartalado de carretera, flanqueado a ambos lados por zanjas de regadío, ni siquiera era lo suficientemente ancho para que un taxi adelantara a un escúter, qué decir de los camiones y autobuses que circulaban a toda velocidad sin intención alguna de reducir la marcha o detenerse al cruzarse con nosotros.

—En la India, la ley tácita que rige la circulación en carretera es la del embudo: el vehículo más grande tiene preferencia —me explicó Stevenson desde el asiento trasero.

La otra ley, que para mi consternación pronto descubrí, era que al dejar pasar al vehículo más grande, el pequeño circulaba por el arcén sin disminuir la velocidad.

No resultaba extraño que Sheila hubiera sido arrollada en la carretera. Lo que me inquietaba de aquel accidente era que, a pesar de la muerte violenta de Sheila, Preeti no hablara mucho acerca de este tema. Y a pesar del interés de sus padres en la atención que el caso había generado, a tenor de los recortes de periódico que guardaban religiosamente, habían resistido a la tentación de inventar o decir haber escuchado a Preeti hacer algún comentario del accidente sufrido por Sheila. «Caerse desde arriba» no tenía relación alguna con ser arrollada por un coche, salvo que...

Si hablamos con la familia de Sheila, pensé, debemos preguntar si hubo algún testigo que presenciara el accidente. Una vez vi cómo un transeúnte era arrollado por un coche. El impacto lo impulsó a unos cinco metros del suelo, lo que de alguna manera justificaría la afirmación de Sheila.

El itinerario planificado por Satwant nos llevaría por todo el norte de la India antes de poder volver al caso del lechero. Suponía recorrer miles de kilómetros e incluía algunas breves paradas en Delhi, donde permaneceríamos lo justo para tomar otro tren u otro avión. En una de estas paradas intentamos visitar Loa-Majra pero nos quedamos atrapados en un embotellamiento y, en vista de que sólo recorríamos tres kilómetros por hora, decidimos regresar al hotel.

Cuando en nuestras idas y venidas a Delhi finalmente contamos con un día entero, esperamos hasta la tarde para evitar el tráfico de la mañana, y salimos en dirección Loa-Majra. Para entonces, Satwant había encontrado una descripción del accidente mortal del caso de Preeti en un artículo de la revista india *Manohar Kahaniyan*. Según leí en la traducción inglesa del relato, Sheila, de 15 años de edad, había ido con otras mujeres a recoger forraje para el ganado. La joven había olvidado su hoz y cruzó corriendo la carretera para regresar a casa y cogerla.

Tras leer lo que ocurrió después me detuve a pensar durante unos minutos. Por primera vez en la vida, el cliché escéptico que me caracterizaba no encajaba con la sensación de credulidad que despertaba en mí aquel caso. En el artículo se decía que el coche había arrollado a Sheila y la había levantado del suelo unos treinta metros.

Aunque estaba asombrado, pensé que quizá el autor del artículo habría especulado, tal como yo lo había hecho y, para hacer la explicación más persuasiva, inventó el detalle de que la niña hubiera salido despedida por los aires.

Pero el artículo no mencionaba el críptico comentario de Preeti de haber «caído desde arriba» y, por tanto, el periodista no parecía tener motivo alguno para inventar dicho detalle.

Loa-Majra era un pueblo que tenía más habitantes que el de Preeti. Mientras entrábamos en el pueblo, atravesamos una hilera de tiendas dispuestas en tres refugios de hormigón abiertos a la carretera. Sin bajar del coche preguntamos la dirección a un grupo de hombres que estaban frente a una tienda. Uno de ellos resultó ser el hermano de Sheila. Tras subirse al coche nos indicó el camino. Atravesamos el pueblo y luego avanzamos por una carretera de tierra hasta quedarnos casi atrapados en el barro. Desde allí caminamos por un sendero que cruzaba un campo. Tras recorrer unos doscientos metros, giramos a la derecha para tomar un camino de tierra. Pocos metros más abajo se encontraban media docena de estructuras de ladrillo que rodeaban un típico patio circular de tierra. Aquella familia, aunque pertenecía a la misma casta que la de Preeti, era más próspera. Karan Singh era sastre y también granjero. La casa principal tenía dos plantas, con un balcón en el piso superior con vistas al patio y los campos circundantes. Además de dos bancos de madera, algunos de los hijos de Karan colocaron en el patio sillas de mimbre y banquetas para los pies. Stevenson no quiso sentarse en las sillas, insistiendo en sentarse en el incómodo banco.

Nuestra presencia no pasó inadvertida a la gente del pueblo. En cuestión de minutos un grupo de vecinos se agolpó en el patio para presenciar la entrevista. Mientras hablábamos, un adolescente se dedicó a lavar su ropa en la pica de latón de la bomba de agua.

El padre de Sheila, sentado en una silla, llevaba unas gafas de aviador para protegerse de los últimos rayos de sol del día. Tenía el cabello negro, pero algunas canas perlaban sus sienes. Iba vestido con una camisa de manga corta de rayón sobre una camiseta de algodón, pantalones de algodón y chancletas de goma. Por su complexión deduje que medía aproximadamente un metro ochenta, un dato significativo, porque una de las declaraciones de Preeti sobre Tek Ram había sido: «Mi padre es más alto que tú.» Sin embargo, cuando visitamos a

Preeti, nos negamos a medir la altura de Tek Ram o preguntársela, así que no pudimos compararla con exactitud. Ambos, Stevenson y Satwan convinieron en que era evidente que Karan era más alto que Tek Ram, pero yo sólo podía recordarle sentando, así que no tenía seguridad respecto a aquel dato.

Otra de las primeras afirmaciones de Preeti a sus padres había sido: «Mi casa es más grande, la vuestra es más pequeña.» No había duda de que la casa de Karan Singh era mucho más grande que aquella en que había nacido Preeti.

Karan confirmó la historia que los padres de Preeti nos habían contado. El lechero había contado la historia de Preeti a una mujer nacida en Loa-Majra. En su siguiente visita a su pueblo natal, la mujer vio a la esposa de Karan Singh y la puso al corriente de la historia de Preeti.

Al día siguiente, Karan Singh, uno de sus hijos, y cuatro o cinco hombres más de Loa-Majra fueron a visitar a la niña.

—Teníamos curiosidad por comprobar si decía la verdad o si había algo extraño en su historia —nos explicó.

Primero fueron a la casa de la mujer que había hecho correr la noticia. Ella les condujo hasta la casa de Preeti. La niña, su madre, su padre, hermano y hermana se encontraban allí hablando con un vecino. Sin embargo, en cuanto corrió el rumor, un gentío se congregó delante de la casa.

—Queríamos comprobar que nadie había dicho a la niña quién era el padre de Sheila, pero Preeti no dejaba de mirarme. Su madre le preguntó: «¿No decías que recordabas a tu verdadero padre? ¿Cuál de ellos es él?» Sin vacilar, la niña me señaló con el dedo y dijo: «Mi padre es él». Luego uno de los vecinos le preguntó: «¿Cómo se llama tu padre?» La niña pronunció mi nombre y también el de mi esposa y el de nuestro pueblo. Más tarde alguien dijo: «No señales a tu padre desde tan lejos. Acércate a él y tócale.» Preeti caminó hacia mí entre la gente, se sentó en mis rodillas, se abrazó a mi cuello y no me soltó. Luego me susurró al oído: «Por favor, llévame de vuelta a casa.» Estaba plenamente convencido —dijo el hombre—. La niña se parecía mucho a mi hija.

Stevenson le preguntó si tenía una fotografía de Sheila. De pronto uno de los hijos de Karan Singh se levantó, entró en la casa y volvió a salir con una fotografía. En ella, había una docena de niños que posaban en dos filas. Karan señaló a una niña en el centro de la fila superior: era Sheila a la edad de diez u once años. Era una niña hermosa y encantadora vestida con un jersey con escote de pico que miraba fijamente a la cámara. Aunque por la diferencia de edad resultaba difícil establecer una buena comparación, había cierto parecido entre Sheila y Preeti. Por supuesto, supuse que Karan recordaría perfectamente el aspecto de su hija a la edad de Preeti. Pero también sabía que en muchos casos que había presenciado no había semejanzas físicas entre el sujeto y la persona que decía haber sido en una vida anterior. En cualquier caso, no consideré que ese dato fuera una prueba convincente. Pero quizá el padre se refería a algo distinto de la mera semejanza física, a algún rasgo personal más sutil que la curva de la nariz o la forma de la barbilla. Aunque, por otra parte, también podía tratarse de un deseo inconsciente. Debe de ser un verdadero choque emocional que una niña se siente en tus rodillas, te abrace y te susurre al oído: «Papá, llévame a casa.»

Los padres de Preeti trataron de disuadirla, pero ella no dejó de insistir.

—Puesto que la mujer que nos había conducido hasta allí era conocida de la familia, decidieron permitir que Preeti se viniera conmigo.

Tomaron un *tempo*, un taxi de tres ruedas para recorrer los dieciséis kilómetros de distancia entre la casa de Preeti y Loa-Majra. Se detuvieron en el mismo lugar en que Sheila había sufrido el accidente, bajaron del taxi y caminaron hasta la casa de la familia.

—Preeti fue quien nos guió a la casa desde allí —dijo Karan.

Por el camino, vio a uno de los hermanos de Sheila en una de las tiendas. Sin haberle dicho nada, la niña le señaló y le llamó por su nombre. Cuando llegaron a los barracones familiares, el patio estaba lleno de gente y de parientes.

—La gente aguardaba porque había corrido el rumor de que habíamos llegado —explicó el padre de Sheila—. Preeti reconoció a todos sus hermanos y hermanas. La gente le preguntaba dónde estaba éste o aquél y ella los señalaba con el dedo. Luego miró alrededor y dijo: «¿Dónde está Munni? ¿Se ha ido a vivir con su familia política?»

Munni era la hermana a la que Sheila estaba más unida. Se había casado antes del accidente de Sheila y cuando Preeti visitó la casa familiar ya no vivía allí, sino en la casa de su esposo.

—Al día siguiente, Munni vino a ver a Preeti y la niña se echó a llorar de alegría en cuanto la vio —comentó Karan.

Desde aquel momento, prosiguió el padre de Sheila, no le cupo la menor duda de que Preeti era la reencarnación de Sheila. Además, añadió, en el accidente Sheila sufrió un corte en la pierna y Preeti tenía una marca de nacimiento en el mismo lugar.

Stevenson había examinado algunas marcas en la piel de Preeti cuando visitó a su familia. Pidió a Karan Singh que fuera más específico acerca de la herida de su hija en la pierna.

—Yo no la vi, fue su madre quien la vio.

La madre de Sheila estaba trabajando en el campo. Fueron a buscarla y apareció unos minutos después. Stevenson le preguntó si Sheila tenía alguna herida visible. La madre señaló la parte exterior de la pierna derecha. Su marido discrepó:

—Tú dijiste que estaba aquí —dijo señalando la parte interior de la pierna. La madre hizo una mueca y se encogió de hombros.

Stevenson insistió y esta vez señaló la parte interior de la pierna derecha.

—Ya no recuerdo en qué pierna estaba —admitió la madre.

—¿Qué le hace pensar que Preeti es la reencarnación de su hija? —preguntó Stevenson.

—Cuando llegó, yo me hallaba en medio de otras muchas mujeres. Alguien le preguntó quién era su madre y ella me señaló con el dedo. Cuando uno de mis hijos señaló al hermano pequeño de Sheila y preguntó a Preeti: «¿Es mayor o más pequeño que tú?», ella respondió: «Era más pequeño que yo, pero ahora es más mayor.» Al día siguiente Preeti estaba jugando en la casa y otro de mis hijos dijo: «Se parece a mi hermana.» Preeti le miró y le dijo: «¿Todavía dudas de que esté aquí?» Mi intuición me dice que ella es mi hija —aseveró la madre—. Una vez, cuando salí a pasear con Preeti, parecía tener mucho miedo. Me dijo que no quería salir de la casa porque podían volverla a atropellar.

Pregunté a la madre si había presenciado el accidente, pero ella negó con la cabeza. La única persona de la familia que lo había presenciado era uno de los hermanos de Sheila, que en aquel momento estaba trabajando en el campo.

—Estuvo muy angustiado durante mucho tiempo —dijo Argoo-ri—. Dos semanas después soñó que Preeti entraba en la casa y se sentaba a su lado. Estaba muy asustado porque sabía que no es bueno soñar con muertos. En su sueño, Sheila le dijo: «No tengas miedo, volveré.»

Esperamos un rato a que el hermano regresara del campo. Pero transcurridos veinte minutos decidimos partir porque también quería-mos encontrar al lechero, de quien sólo conocíamos su nombre y su pueblo. Así pues, nos despedimos y nos encaminamos hacia el coche acompañados por el padre de Sheila. Traté de imaginar lo difícil que debió de resultarle a Preeti guiarles hasta la casa. En realidad, no ha-bía muchas alternativas, sólo tenía que saber girar en el primer cruce, en lugar de seguir todo recto, y luego escoger el camino que conducía a los barracones familiares y, una vez allí, decidir cuál era el de la fa-milia de Sheila.

Mientras cruzábamos una zona llena de barro, un chico que lle-vaba una sudadera azul y blanca se acercó a nosotros en una bicicleta cargada con una pila de heno en la parte posterior. Tras detenerse, sa-ludó al padre.

Satwant escuchó la conversación y luego nos dijo que aquél era el hermano que presenció el accidente. Retrocedimos y entrevistamos al chico en el arcén de la carretera, lleno de barro.

Tenía dos años menos que Sheila, doce o trece años de edad cuando ocurrió el accidente. Según nos explicó Sheila, no fue lanzada por los aires. El coche la arrolló y arrastró por la carretera unos me-tros. Sheila se quedó tendida a un lado del coche y sus zapatos al otro lado.

Se acordaba de los zapatos porque eran difíciles de conseguir y eran los mismos que llevaba el día que soñó con Sheila dos semanas después. Volvió a relatar el sueño que la madre nos había contado pero añadiendo un detalle diferente:

—Sheila no dijo «Volveré». Se sentó en mis rodillas y yo no podía ocultar mi miedo. Entonces me dijo: «No tengas miedo, ya no verás mi rostro nunca más.»

Recorrimos un estrecho camino asfaltado bordeado por dos canales de riego. Queríamos llegar a un pueblo llamado Kharkhoda. Sabíamos que el lechero vivía en los alrededores, pero era un pueblo bastante grande y, para empezar, sólo teníamos su nombre.

Tardamos más de media hora en llegar. Durante el trayecto, escribí en mi libreta de notas lo que me permitieron los baches de la carretera. Estaba intentando sacar conclusiones de la información obtenida en Loa-Majra. Confeccioné una lista de puntos que parecían confirmar las declaraciones de Preeti y otra con todos aquellos que resultaban dudosos.

Los puntos más importantes de la columna a favor tenían que ver con las múltiples confirmaciones de las identificaciones de Preeti. Había también algunos detalles adicionales que no podían ser explicados, como el hecho de que Preeti advirtiera la ausencia de su hermana casada y preguntara por ella llamándola por su nombre.

Por otro lado, aunque los padres habían tratado de establecer una relación entre las heridas de Sheila y las marcas de nacimiento de Preeti, tras someterlos a un detallado interrogatorio resultó obvio que sus recuerdos eran confusos. De igual modo, la versión de la madre sobre el sueño de su hijo, en que Sheila decía «Volveré», era distinta a la del chico, ya que según él su hermana le había dicho: «No volverás a ver mi cara nunca más.» Ambos podían indicar un deseo por parte de los padres de hacer que el caso pareciera más creíble de lo que en realidad era.

También resultaba curioso el hecho de que el padre hubiera dicho que cuando él llegó a casa de Preeti para verla por primera vez, Preeti ya estaba allí. La familia de la niña había dicho que el padre llegó mientras ella estaba en la escuela.

Finalmente, la posibilidad de que el recuerdo de Preeti de haber «caído desde arriba» tuviera que ver con que Sheila volara por los aires a consecuencia del impacto, como se decía en la revista, había sido refutada por un testigo del accidente.

En cualquier caso, todas estas confusiones podían ser descartadas. Quizá la madre recordaba la explicación del sueño del hijo más claramente que el propio hijo. Quizá el relato del artículo sobre el accidente de Sheila estaba más cerca de la verdad que el recuerdo del hermano —por entonces era muy joven y los recuerdos de experiencias traumáticas no siempre son claros—. Quizá las contradicciones de los padres indicaban las imperfecciones normales de la memoria en lugar de errores; nadie recuerda detalles con total perfección, equivocarse un poco es normal, no resulta extraño. No obstante, aquel recuerdo era la base sobre la que se sostenía el caso.

Cuando llegamos a Kharkhoda, estacionamos en la calle situada al final del pueblo. Tiendas con escaparates abiertos se alineaban a ambos lados de la calle de tierra, vendiendo todo tipo de productos, desde incienso a software de Internet, mientras cerdos y perros callejeros bebían de las aguas residuales que corrían bajo sus pies.

Satwant y el conductor salieron del coche y desaparecieron por una estrecha calle entre dos muros de ladrillo con barracas adosadas. Stevenson iba en el asiento trasero y yo en el delantero con la ventanilla medio abierta respirando el calor de la tarde. Un atestado autobús azul subía por la calle, la gente iba literalmente colgada de las ventanillas. Algo extraño en uno de los pasajeros, una mujer, llamó mi atención. Se aferraba a la ventanilla de forma precaria, tenía el rostro pálido y desencajado. A medida que el autobús se acercaba, la vi hacer muecas con la boca como si tratara de hablar. A continuación un vómito verduzco salió de su boca, se arqueó y finalmente cayó al suelo. En ese momento un ciclista pasó rozando el autobús. Un cerdo que removía la basura en el borde de la calle levantó la vista y echó a andar cansinamente entre el tráfico.

Miré a Stevenson. Estaba absorto leyendo sus informes, ajeno al corte de digestión que había sufrido aquella mujer.

—Esto es la India para usted —murmuré, secándome el sudor de la frente con un pañuelo, y decidí no hablar más del tema.

Satwant hacía rato que se había ido cuando el conductor regresó al coche y nos dijo:

—Síganme, hemos encontrado al hombre que buscábamos.

La calle estrecha conducía a un largo camino del que salían varios más pequeños por la derecha. Pasamos por cuatro o cinco antes de enfilar uno de ellos. Aguas residuales corrían calle abajo por unos canales de ladrillo a ambos lados. Las paredes de ladrillo dieron paso a un pasaje abierto que conducía a una casa de dos plantas. A través de las ventanas abiertas escuché la música de *Fiebre del sábado noche*.

La casa del lechero estaba a media manzana de allí, una humilde y destartalada barraca de ladrillo en la parte trasera de un patio de tierra. El único signo de bienestar era un cubículo de cemento que hacía las veces de cuarto de baño junto a la bomba de agua, cuya puerta era una cortina de plástico.

El nombre del lechero era Ranbir Singh (Singh, descubrí más tarde, era un apellido muy común entre los hindúes y los sijs, significa «león» y tiene connotaciones religiosas que se refieren a la fiereza de su fe). Así pues, Ranbir no era pariente de Karan Singh. El lechero confirmó la historia de ambas familias, pero añadió un detalle esencial: la familia de Preeti no sólo había ignorado las súplicas de la niña de que la llevaran a Loa-Majra, sino que la habían disciplinado para que negara que era Sheila.

—Cuando llegué aquel día para ordeñar los búfalos, les oí gritar y pegar a la niña. Preeti lloraba, se acercó a mí, me abrazó y me dijo: «Por favor, llévame a mi verdadero pueblo.»

El lechero, incómodo por aquel incidente, se dirigió a la única persona que conocía de Loa-Majra, la mujer que transmitió las declaraciones de Preeti a la familia de Sheila.

El lechero nos dijo que cuando la mujer fue a hablar por primera vez con Preeti, ésta inmediatamente la reconoció y la llamó por su nombre. Él no había presenciado aquello, pero la mujer se lo había contado.

Ranbir nos mostró el camino de vuelta al coche. Llevaba un bastón muy pesado.

—Es por los perros —nos explicó.

El hombre rodeó la parte trasera de la casa y nos mostró una calle que no habíamos visto antes. Unos perros, todos tan famélicos que sólo parecían tener pelaje, huesos y dientes, nos ladraron mientras avanzábamos por un camino enfangado lleno de baches. Los perros nos rodearon y nos siguieron como si de sombras siniestras se tratara. Cuando llegamos al coche, Ranbir le dijo a Satwant que una mujer había sido mordida el día anterior y que el perro tenía la rabia —un hecho que me alegró no saber antes de llegar al coche.

Antes de regresar a Delhi hicimos una última parada para visitar a la mujer que había hablado de Preeti a la familia de Karan Singh.

Casi anochecía y cuando llegamos al lugar donde vivía la mujer, algunas familias estaban preparando la cena, encendiendo las hogueras para cocinar usando carbón de estiércol, que ardía como el carbón normal. Unos niños lloraban en el patio trasero. A la mujer a la que íbamos a entrevistar sólo se le veían los ojos, pues llevaba una especie de pañuelo que le cubría la cabeza y parte del rostro. Repitió lo que ya habíamos escuchado, pero insistió en que cuando Karan Singh fue a ver a Preeti, antes fue a verla a ella. Después vinieron a buscar a Preeti y fue entonces cuando identificó a Karan Singh como su padre.

—Con las declaraciones de la mujer contamos con tres versiones del reconocimiento, o quizá cuatro si tenemos en cuenta la del lechero —observé cuando regresábamos a Delhi—. En lo único en que todos parecen coincidir es en que Preeti les reconoció.

—Creo que esa mujer sólo trataba de mejorar su papel en esta historia —dijo Satwant.

—Sí, a veces ocurre en estos pequeños pueblos —asintió Stevenson al tiempo que cruzaba los brazos. Luego dijo—: Bueno, creo que los escépticos se lo pasarán muy bien cuando analicen este caso y lo desechen.

Satwant le miró con gesto de interrogación.

—¿A qué se refiere? —preguntó.

—Permítame que sea yo quien responda —dije al tiempo que me giraba—. En primer lugar tenemos a una niña que no parece feliz viviendo con sus padres. Está convencida de que sus padres no la quieren. Quizá la mujer que acabamos de entrevistar no sea la única mujer de Loa-Majra que se casó con alguien del pueblo de Preeti. Quizá haya tres o cuatro mujeres que conocen a Karan Singh y su familia. Quizá Preeti un día oyó hablar a estas mujeres de los viejos tiempos y luego la historia de una adolescente llamada Sheila que murió en un accidente. Quizá incluso mencionaran el nombre del padre, el de la madre y comentaron lo apenados que estaban los padres de la joven por su pérdida. Y la niña de pronto se dice: «Quizá no pertenezco realmente a esta familia. Quizá estos padres que echan tanto de menos a su hija son mis verdaderos padres. Y quizá yo sea la niña que murió.» Quizá, puesto que desde muy pequeña ha oído hablar de la reencarnación, empieza a decir: «Vosotros no sois mis padres. El nombre de mi padre es Karan Singh.» Quizá el lechero se lo contara a la mujer. La familia de la niña muerta quiere creer que su hija se ha reencarnado. Cuando llegan a la casa hay una multitud congregada delante. Cuando le preguntan quién es su padre, la niña se acerca a la persona a la que todos están mirando, y Karan Singh toma este hecho como una auténtica identificación. Algo parecido ocurre cuando la niña es llevada al pueblo de Sheila. Quizá la niña comete algún error al principio (se aproxima a la persona equivocada), pero al ver que la gente niega con la cabeza, finalmente, por ensayo y error, da con la persona correcta. Y cuando se interesa por su hermana casada, quizá escuchó antes a alguien decir: «Es una lástima que Munni no esté aquí para ver esto.» Y no es de extrañar en esta cultura asumir que la razón de que una hermana no esté en su casa en porque vive en la de su esposo.

Satwant me miró con contrariedad y asombro a la vez. Me preguntó:

—¿Es eso realmente lo que cree?

Reflexioné y a continuación respondí:

—En absoluto.

13

Una ciudad de cristal y glamour

T omamos el primer tren expreso a Agra, ciudad del Taj Mahal, y contemplamos el amanecer en las llanuras de la región central de la India.

—Estos vagones con aire acondicionado son nuevos —observó Stevenson con cierta melancolía—. No puede decirse que estemos viviendo la genuina experiencia de un viaje en tren por la India.

Sin embargo, cuando el tren se detuvo en la estación de Agra, viví realmente una experiencia sin parangón. Como si de un enjambre de moscardones se tratara, mozos y mendigos se arremolinaron a nuestro alrededor siguiéndonos hasta el aparcamiento. La estación estaba tan concurrida que no podíamos dar un paso sin tropezarnos con docenas de brazos extendidos pidiendo limosna. Sobre el tejado de la estación una veintena de monos correteaban o subían y bajaban frenéticamente por una cañería oxidada. Mientras tratábamos de zafarnos del gentío y el barullo, una agradable voz gritó en correcto inglés:

—¡Doctor Stevenson!

—¡Charlie! —exclamó Stevenson mientras un amigable rostro pálido emergía entre la muchedumbre—. Charlie es el último angloindio que queda en el país —me comentó mientras el joven se aproximaba—. Ya sabe, madre india y padre inglés. Le conozco desde hace años.

En cuanto Charlie nos alcanzó y se hizo cargo del equipaje de Satwant, los mozos que nos perseguían comprendieron que sus esperanzas de ganar unas rupias habían sido en vano.

—¿Es éste tu nuevo coche? —preguntó Stevenson mientras abría con dificultad la pesada portezuela del taxi, un reluciente Ambassador.

—¡Qué va! El mío está en la tienda, señor —respondió Charlie—. Éste me lo han prestado sólo para que les lleve hasta el hotel. Me han prohibido salir de la ciudad y mucho menos conducir por esas carreteras por las que a usted le gusta tanto viajar.

—¡Qué lástima! —exclamó Stevenson, y añadió—: Por cierto, ¿cómo está tu hermano, Charlie?

—Ha muerto, señor. La bebida acabó con su pobre vida...

—Lo siento mucho, Charlie.

De camino hacia el hotel pasamos frente a edificios amurallados, una instalación militar y una comisaría de policía. Innumerables señales indicaban el camino al Taj Mahal y al Fuerte de Agra, imponente construcción castrense y segunda atracción turística de la ciudad. Nuestro hotel se hallaba cerca de una típica y sórdida encrucijada. Aunque la fachada dejaba mucho que desear, tras cruzar un patio decorado con floridos parterres y arbustos, el hotel ofrecía el lujo y la elegancia necesarios para complacer a los turistas europeos que desean ver el Taj Mahal, el cual, según anunciaba un cartel colgado de la pared del vestíbulo, podía contemplarse desde el tejado del edificio.

Tras subir a nuestras habitaciones y deshacer las maletas, alquilamos un coche. Esta vez no se trataba de un flamante Ambassador, sino de un destartalado Maruti cuya chapa parecía fabricada con latas de coca-cola. Stevenson y Satwant se acomodaron en los asientos traseros y yo junto al conductor. Puesto que el parabrisas del vehículo era vertical, en la parte delantera no había techo y, como las carreteras indias están plagadas de animales y de toda clase de extraños vehículos, durante el trayecto tuve la sensación de estar sentado en la primera fila de un cine en el que se proyectaba una película en tres dimensiones.

La ciudad de Agra era mucho más antigua que los barrios de Delhi que habíamos visitado. Agra era un laberinto urbano de calles sobreedificadas que confluían en un estrecho puente colgante que atravesaba un río contaminado, dominado por la majestuosa silueta de la cúpula y las torres de mármol blanco del Taj Mahal.

A dos horas de Agra, en los alrededores de la ciudad industrial de Firozabab, dejamos atrás la carretera de tierra para adentrarnos en un laberinto de estrechas calles repletas de tenderetes y atestadas de gente. El endeble parabrisas del Maruti hacía las veces de escudo protec-

tor contra las ruedas traseras de las bicicletas y los bueyes que circulaban por aquella sobrepoblada ciudad. Tras enfilar una de aquellas calles, que iba estrechándose gradualmente, nuestro chófer, a pesar de
las pésimas condiciones para la conducción, pisó el acelerador e hizo
sonar la bocina para esquivar a los siempre distraídos transeúntes. Finalmente, al tomar un calle todavía más estrecha e impracticable, el
conductor no pudo por menos que detener el Maruti. Al bajar del coche por el reducido espacio que mediaba entre las portezuelas y la pared, tuvimos que sortear el riachuelo de aguas residuales que bajaba
por la calle.

Mientras Satwant se detenía cada pocos metros para preguntar
por la dirección de la familia a la que íbamos a visitar, no pude evitar
sentir cierta desolación. El entorno me superaba y la impresión domi-
nante podía definirse con una sola palabra: boñiga. Fuéramos donde
fuéramos, topábamos con boñigas amontonadas en mitad de la calle
y entre la basura, o aspirábamos su hedor en la nube de polvo que se
levantaba del suelo. De pronto, un camello exhausto se tumbó en mitad de la calle sobre un charco de aguas residuales bloqueándonos el
paso y tuvimos que rodearlo para seguir nuestro camino. Durante
buen parte de nuestro periplo y hasta unos cien metros de nuestro
destino, fuimos perseguidos por un grupo de niños harapientos perseguidos a su vez por un enjambre de moscas. Tras pasar por un improvisado puente de tablas que cruzaba una alcantarilla llegamos por fin
a un pequeño patio de tierra, de unos quince metros de ancho por
treinta de largo. En aquel lugar vivía una niña que recordaba la vida
de una prima muerta en el incendio de una barraca de aquel mismo
vecindario.

Satwant la descubrió gracias a un sondeo llevado a cabo por uno
de sus ayudantes en aquella zona de la ciudad. En tan sólo seis semanas el ayudante de la doctora contabilizó más de 150 casos potenciales. El de esta niña llamó la atención de Satwant porque, según el informe, la pequeña tenía una marca de nacimiento posiblemente
relacionada con su vida anterior. El sujeto de la investigación era todavía muy joven, cuatro o cinco años de edad. Según sus padres, desde el momento en que empezó a hablar decía haber sido su prima,
una joven que murió abrasada a la edad de catorce años mientras fun-
día los típicos brazaletes indios de metal o de cristal llamados «escla-

vas», tan de moda en occidente. Su fabricante era una industria algo-
donera en los barrios pobres de las ciudades indias; niños y mujeres
trabajan todo el día, fundiendo aros de metal con lámparas de queroseno. El trabajo era tedioso y peligroso. La familia contó que la adolescente estaba sentada sobre una esterilla de mimbre cuando la lámpara se volcó sobre ésta y empezó a arder. Al no haber nadie en la
barraca que pudiera socorrerla, la joven murió abrasada.

Según Satwant, la familia estaba convencida de que la pequeña
prima de la adolescente había nacido con marcas en la parte posterior
de sus piernas que reproducían el dibujo de la esterilla de mimbre,
como si ésta hubiera sido grabada en su piel.

Stevenson había analizado casos similares durante veinte años.
Frustrado demasiadas veces por el subjetivismo de testimonios verbales, como el advertido en el caso que nos había ocupado en Delhi,
consideró las marcas de nacimiento (correspondientes en algunos casos a heridas de una personalidad anterior médicamente probadas)
una prueba a tener muy en cuenta.

El pequeño patio central de los barracones pronto se llenó de familiares y curiosos. Nos sentamos en unos bancos de madera situados frente a una chabola de ladrillo, techumbre de paja y hogar de
una familia numerosa. En un cobertizo como aquél, a menos de cien
metros de allí, había muerto la adolescente. El mismo tipo de esterilla
de mimbre que se había quemado en el incendio cubría también el
suelo de tierra de la chabola.

El grupo de niños que nos había seguido entró en el patio para
sumarse a los allí presentes. Desde el lugar en que me encontraba
percibía el olor a sudor de sus harapos, les oía toser, sorberse los mo-
cos y sentía sus pequeñas manos rozando mi sudadera de algodón y
mi mochila de nailon con cierta frecuencia, hasta que un adulto les
obligó a no hacerlo. Aunque al principio obedecieron sin rechistar,
no tardaron en repetir su improvisado ritual. El patio estaba tan abarrotado de gente y hacía tanto calor que empecé a sudar al tiempo
que todo mi ser se revelaba contra aquella circunstancia: ¿cómo podía ser posible que un niño naciera para vivir en aquellas miserables
condiciones y agonizar hasta morir sólo para volver a renacer en otra
existencia tan desdichada como la anterior?

La misma razón que hacía que aquella idea me deprimiera constituía un sólido argumento contra todos aquellos que consideraban estos casos como manifestaciones del deseo de realización por parte de los individuos y de la cultura como totalidad. Si la creencia hindú en la reencarnación generaba en las personas ilusorios recuerdos de vidas pasadas, ¿por qué no se conformaban con la creencia básica hindú en el karma? En ninguno de estos casos, ni siquiera en el del lechero, había huella alguna de que la reencarnación sirviera para que la clase social de la persona renacida mejorara. Al contrario, el vínculo entre las dos vidas parecía aleatorio y natural, del mismo modo en que las raíces de un roble se relacionarían con el árbol centenario del que cayó la primera bellota, fruto de la proximidad y el azar, pero nunca como consecuencia directa de ninguna ley moral.

Los casos del Líbano respondían al mismo patrón. Si los innumerables casos drusos respondían al deseo de reforzar la creencia religiosa en la reencarnación, ¿por qué el tiempo que mediaba entre la muerte y el renacimiento era de ocho meses si el dogma insistía que el intervalo entre ambos debía ser nulo?

Tras acomodarnos en los dos bancos del patio, nuestras rodillas rozaban las de la madre de la niña, de alegres ojos aunque enfermizos, y las del padre, un hombre de cabello gris ataviado con una túnica blanca. Según Satwant, el padre era carnicero y dueño de uno de los tenderetes que había en la calle principal. Un escuálido perro se acercó a olisquearnos los pies pero uno de los niños que nos habían seguido le golpeó con un bastón y el animal huyó despavorido.

Satwant mantuvo una larga conversación con los padres de la niña sin traducir su contenido. Mientras la madre charlaba animadamente, tres hombres apostados tras el banco en el que estaba sentada hacían comentarios en voz alta.

Cuando la conversación entre la ayudante de Stevenson y la madre pareció llegar a su fin, ésta se levantó y entró en la chabola a buscar agua, que nos sirvió en unos vasos de metal.

—La madre tiene miedo de que nos llevemos a la niña —me comentó Satwant.

Stevenson ya conocía reacciones como aquélla. Una vez, mientras entrevistaba a la familia de un niño, una mujer empezó a gritar. Tras preguntar a la intérprete que ocurría, ésta le respondió: «Está diciendo: "Matémosle antes de que se lleve al niño con él."»

Afortunadamente, Stevenson salió ileso de lo que podía haber sido un mal trance. Sin embargo, en aquella ocasión Satwant había aplacado a la madre con sus sabias palabras.

—He asegurado a la mujer que el doctor Stevenson ha entrevistado a casi trescientos niños de todo el mundo y que su único interés es hacerles unas cuantas preguntas. Aquellos hombres nos interrumpieron para preguntarme qué beneficio obtendría el doctor. Les expliqué que se trata de un científico, que los descubrimientos de la ciencia nos benefician a todos, pero se han burlado. No me extrañaría que causaran algún problema. ¡Ya veremos!

—¿Cree que la familia espera recibir algo a cambio de la entrevista? —pregunté.

—Solíamos regalar cuchillos multiusos del ejército suizo, pero dejamos de hacerlo porque la gente no parecía muy contenta —respondió Satwant—. A buen seguro debían pensar: «Estos ricachos sólo nos regalan fruslerías.»

Al escuchar las palabras de la doctora no pude por menos de preguntarme qué habría pensado aquella gente sumida en la pobreza de saber que debajo de la cinturilla de mis vaqueros llevaba una cartera con dos mil dólares en efectivo, una tarjeta de crédito con un límite de 15.000 dólares y unos billetes de avión por valor de 1.500 dólares, mucho más dinero del que ellos verían en toda su vida. Al pensarlo, no pude evitar preguntarme también por qué yo tenía tanto y ellos tan poco.

En cuanto la madre volvió a sentarse en el banco, iniciamos la entrevista. Nos explicó que la niña, de cinco años, había empezado a hablar cuando sólo tenía un año; que una de las primeras frases completas que pronunció había sido «Me quemé» y que hasta hacía poco solía llamar «papá» a su tío, el padre de la chica muerta, y no a su verdadero padre. También comentó que todavía tenía la costumbre de trasladar cosas de su casa a la de la familia de su prima. Entre sus primeras palabras se contaba «lámpara de queroseno», y siempre se había mostrado temerosa ante el fuego.

Mientras conversábamos advertí que había alguien en el interior de la choza. Se trataba de una mujer joven sentada sobre la esterilla de mimbre. Se estaba limando las uñas de las manos y de los pies. Junto a ella, en un rincón había una mujer de más edad que se cubría el rostro con ambas manos.

Satwant debió de advertirla también porque, tras preguntar a los padres de la niña, nos dijo:

—La madre de la (personalidad anterior) está aquí, en la casa, sumida en la tristeza porque su esposo ha desaparecido. Su hijo emprendió un viaje a otro estado y puesto que no tenían noticias de él, el marido de la mujer salió en su búsqueda. El hijo finalmente regresó, pero nunca se cruzó con su padre. Hace ya ocho meses, y desde entonces nadie sabe nada.

Satwant pensó que la mujer preferiría no hablar delante del vecindario al completo y, tras entrar en la chabola y preguntarle si lo haría dentro, ella accedió. Stevenson y yo esbozamos una sonrisa y simulamos beber un sorbo del agua que nos habían servido. Al descubrir que nuestra presencia allí no era tan interesante como suponían, algunos de los curiosos reunidos en el patio se marcharon.

Diez minutos más tarde, Satwant salió de la barraca y nos puso al corriente de la conversación mantenida con la mujer. Meses antes del nacimiento de la niña, el padre de la joven fallecida en el incendio había tenido varias veces un sueño en el que veía a su hija en el vecindario. Más tarde, cuando la madre de la pequeña estaba en el campo, la madre de la joven soñó que su hija le decía: «Lleva mis cosas a casa de mi tía.» Sorprendida, la madre preguntó por qué debía hacerlo, y la joven respondió: «Porque dentro de poco viviré allí.»

Estos sueños «premonitorios» eran fascinantes pero no poseían el valor y rigor científico necesarios para ser incluidos como pruebas. Sin embargo, no cabía duda de que habían potenciado la expectativa de que la niña recién nacida recordaría la vida de su prima.

Lo único que nos quedaba por hacer era comprobar las marcas de nacimiento. La madre entró en la chabola y salió llevando en brazos a una niña llorona con el cabello sucio y despeinado. Su hermoso rostro se veía ensombrecido por una úlcera en el labio superior, aparentemente causada por el goteo crónico de su nariz. Nerviosa por nuestra presencia, la niña empezó a rascarse la herida mientras miraba de reojo cómo Satwant rebuscaba en el interior de su bolso. Tras sacar finalmente un carrete de hilo azul envuelto en plástico, se lo dio a la pequeña, que de inmediato dejó de llorar.

El padre levantó a la niña del suelo y se la acercó a Stevenson para que éste examinara la parte posterior de sus piernas. El doctor recorrió con sus dedos unas débiles y rojizas estrías verticales que la pequeña tenía en ambos muslos pero que no se asemejaban al trenzado de la esterilla de mimbre.

Percibiendo el poco entusiasmo del doctor tras el examen, los padres explicaron a Satwant que la joven fallecida tenía el dedo gordo del pie izquierdo más largo a consecuencia de una infección mal curada y que su hija había nacido con aquel mismo defecto. Tras mostrarnos el pie de la niña, comprobamos que todos sus deditos eran aparentemente iguales. No obstante, Satwant sacó una regla de su bolso y trató de medir el dedo gordo de ambos pies. Si bien el del pie izquierdo parecía ligeramente más largo que el del derecho, también era cierto que la poca flexibilidad de la regla aumentaba las posibilidades de error. A este inconveniente había que añadir la inexistencia de algún informe médico que especificara que la adolescente fallecida tuviera aquel defecto.

A pesar de todo, Stevenson tomó nota de las medidas y a continuación volvió a examinar las marcas de nacimiento de la niña.

—Es todo muy vago —musitó el doctor con gesto pensativo—. De hecho, cualquiera podría tener esas mismas marcas de nacimiento. A decir verdad, las marcas sólo pueden ser consideradas pruebas si se corresponden con algo muy concreto.

Stevenson había estudiado casos de ese tipo. Uno de los más espectaculares era el de un turco nacido con una herida sangrante en la barbilla. Desde el momento en que empezó a hablar, el hombre, Cemil Fahrici, decía recordar la vida de un bandido que, tras ser rodeado por la policía en una casa en llamas, había acabado disparándose un tiro en la barbilla. Stevenson no puso demasiadas esperanzas en esas afirmaciones sobre una vida anterior. En primer lugar porque la personalidad anterior resultó ser un familiar lejano y, en segundo lugar, porque había habido contactos entre las familias implicadas, pero sobre todo porque el famoso bandido en cuestión era considerado una especie de Robin Hood y sus fechorías y hazañas conocidas en toda la India. Finalmente (al igual que en el caso de la joven víctima del incendio), el padre de Cemil había tenido un sueño la noche antes de que éste naciera en el que se predecía que el bandido se reencarnaría en su hijo.

Así pues, salvo la marca de nacimiento, Stevenson no consideró que los supuestos recuerdos de Cemil fueran pruebas convincentes de la reencarnación.

Cuando Stevenson analizó y fotografió la marca de nacimiento, Cemil contaba ya con treinta años de edad. La cicatriz con forma de media luna bajo su barbilla tenía el tamaño de una moneda.

Tras entrevistar a la hermana del bandido, que había identificado el cadáver de su hermano y a uno de los policías que entraron en la casa en llamas antes del suicidio del bandido, Stevenson comprobó que ambas declaraciones coincidían. Según ellos la bala había penetrado por la parte interna de la mejilla y salido por la parte superior de la cabeza.

Preso de una repentina inspiración, Stevenson volvió a entrevistar a Cemil y le preguntó si tenía alguna marca de nacimiento en la cabeza. Sin dudarlo, Cemil inclinó la cabeza, se separó el cabello y mostró una especie de cicatriz de casi un centímetro en el cuero cabelludo. Posteriormente, Stevenson comparó aquella marca con la fotografía de la herida de bala en el cráneo del bandido tomada por el forense durante la autopsia y descubrió su gran similitud.

A pesar de que muchos casos de Stevenson parecían resueltos favorablemente a partir de las marcas de nacimiento, no dejaba de sorprenderme la dificultad que dichas pruebas entrañan: si un niño nace con marcas similares a las de una persona fallecida, éstas pueden generar en quien afirma ser dicha persona falsas presunciones respecto a los recuerdos de una posible vida anterior.

Esto no es una remota posibilidad teórica sino que, de hecho, sucede. En efecto, poco después de que Stevenson estudiase el caso del bandido turco, otro hombre reclamaba ser la reencarnación del bandido. Al igual que Cemil, aquel hombre también había nacido con una marca en la parte superior del cráneo y, aunque no tenía cicatriz en la barbilla, afirmaba tener recuerdos detallados de la vida del bandido.

Así pues, salvo que fuera posible que un alma genere múltiples reencarnaciones, uno de aquellos hombres mentía o había fomentado una falsa ilusión a partir de sus marcas de nacimiento.

En realidad, estas marcas sólo deberían considerarse pruebas convincentes de la reencarnación, en el hipotético caso de que un niño afirmara recordar la vida de una persona totalmente desconocida para su familia y de que dichas marcas no determinaran en absoluto sus recuerdos de una vida anterior. En este sentido, las afirmaciones del niño deberían ser suficientemente concretas para que el investigador pudiera concluir que sus recuerdos coinciden plenamente con la vida de la persona que dice haber sido. Sólo entonces, tras entrevistar a la familia de la personalidad anterior, el investigador debería comprobar que la persona fallecida tenía heridas o cicatrices que coincidan con las marcas de nacimiento del sujeto del caso.

Que Stevenson no hubiera encontrado nunca un caso tan perfecto no significaba que no existiera. A decir verdad, de los 150 casos potenciales contemplados en su sondeo, casi el 20 por ciento implicaba marcas de nacimiento de algún tipo, y algunos figuraban en el itinerario de nuestro viaje de campo.

Sin embargo, las marcas del caso que nos ocupaba revelaron a Stevenson muy poco, por no decir nada. Cuando nos disponíamos a abandonar aquel patio atestado de curiosos, una niña que llevaba un bebé en brazos se acercó a Satwant. Se trataba de una vecina que quería que echáramos un vistazo a las marcas de nacimiento de su hermanita. En lugar de la mano derecha, la pequeña tenía un muñón. Aunque la niña apenas hablaba y mucho menos de una vida anterior, según la hermana, parecía entristecerse cuando contemplaba su deformidad o cuando alguien la miraba.

—¿Padece alguna fobia? —preguntó Stevenson.

—Le aterran los gatos —respondió un hombre que se presentó a sí mismo como el abuelo de la pequeña.

Uno de los curiosos que se habían reunido en el patio hizo un comentario en voz alta y todos se echaron a reír.

—Están diciendo que quizá un gato se comió la mano de la niña en una vida anterior —tradujo Satwant—. Me temo que están siendo muy sarcásticos.

A pesar de ello, Stevenson tomó meticulosas medidas y fotografías de la deformidad de la niña previendo que, cuando empezara a hablar, afirmaría tener recuerdos de una vida anterior. El doctor llevaba también un archivo de casos en que los sujetos, a pesar de no hablar acerca de una posible vida anterior, tenían marcas de nacimiento, como el caso de un chico de Agra nacido con quince marcas circulares en la espalda y en la parte posterior de los brazos. Estas marcas tenían la forma y el tamaño de orificios de balas e incluso algunas de ellas mostraban una pequeña hendidura.

Mientras abandonábamos aquel humilde vecindario, algunos de los hombres que habían estado divirtiéndose a nuestra costa insistieron en que Satwant les tomara una fotografía conmigo.

Al llegar al lugar donde se suponía debía estar el Maruti, descubrimos que había desaparecido. Durante el tiempo que duró la entrevista, el chófer se las había ingeniado para salir de aquella estrecha calle, recorrer una manzana y estacionar el vehículo en un atajo que conducía a la calle principal. Mientras nos acercábamos al coche, vimos que el conductor tenía la camisa empapada de sudor. Al parecer algunos niños del vecindario habían pinchado una rueda trasera con un clavo. Cuando llegamos, el pobre hombre ya había cambiado la rueda; afortunadamente, antes de salir Satwant se había cerciorado de que el vehículo contaba con rueda de recambio. Ni que decir tiene que la ayudante de Stevenson no parecía muy feliz de tener que regresar a Agra con la rueda de recambio pinchada.

—¿Cree que si pinchamos en una de esas carreteras en mitad del campo alguien acudirá en nuestra ayuda? —pregunté con ingenuidad.

—No necesariamente —respondió Satwant con acritud.

Diez minutos después, Stevenson, su ayudante y yo estábamos sentados en el banco de madera de un tenderete construido con cajas y latas y que, al parecer, era el taller de reparaciones de neumáticos del pueblo. Por extrañas razones, solucionar el problema del pinchazo llevó casi una hora, tiempo suficiente para cuestionarme el significado de una valla publicitaria situada a unos diez metros: FIROZABAD, CIUDAD DE CRISTAL Y *GLAMOUR*.

14

Marcado de por vida

En Agra, Stevenson quiso buscar informes médicos sobre un caso basado en marcas de nacimiento localizado en un pueblo a tres horas de distancia. De pronto, recordé la eterna mañana que dedicamos a localizar la noticia del periódico en la que se relataba un accidente de circulación en Beirut, luego multipliqué el tiempo por el caos propio de la India y, resignado a vivir un día interminable y frustrante, suspiré.

El sujeto del caso era un joven de 17 años. Mientras Satwant me ponía al corriente de las entrevistas con la familia del joven, un aspecto en concreto me llamó la atención: de entre todos los casos vistos hasta ahora, aquél era el primero en que las afirmaciones del niño sobre su vida anterior parecían anteceder a su capacidad de hablar. Según sus padres, en cuanto el niño dio sus primeros pasos, aprovechaba cualquier ocasión para ir al pueblo vecino, situado a menos de dos kilómetros, por lo que tenían que ir siempre tras él.

El niño había nacido con dos pequeñas marcas circulares en la parte derecha del pecho; la más grande y nítida tenía dos centímetros y medio de diámetro. Ambas marcas estaban ligeramente hundidas en la piel y rodeadas por un delgado círculo.

Según explicaron los padres a Satwant, cuando el niño empezó a hablar, dijo señalando sus marcas: «Me dispararon aquí.»

Asimismo, también les dijo su «verdadero nombre» y los de los hombres que le habían abordado una noche. Los padres conocían los nombres y habían oído hablar del asesinato del hombre. Había sucedido en el pueblo vecino que tanto atraía al niño unos años antes de que su hijo naciera. A todo esto había que sumar que el hombre asesinado era hindú y los padres del niño musulmanes. Sin embargo, el chico negaba ser musulmán, rehusaba unirse a las plegarias familiares e insistía en volver a vivir con su familia hindú. Como es de suponer, esto no complacía a los padres y, en consecuencia, parecía limitar la posibilidad de que las afirmaciones del niño hubieran sido inventadas o urdidas por ellos.

Stevenson quería encontrar el informe de la autopsia de la víctima de asesinato para comparar la localización de las heridas de balas con las marcas circulares de nacimiento del sujeto del caso.

Según las averiguaciones de Satwant, el asesinato había tenido lugar en 1976. Si encontrar en Miami el informe de una autopsia de un asesinato cometido hacía veinte años podía ser todo un reto, ¿qué sería en la India rural?

Cuando manifesté a Stevenson mi escepticismo, admitió que la probabilidad de encontrarlo era muy remota.

—Si conseguimos el informe policial, la probabilidad es una entre cien, quizá una entre cincuenta —comentó el doctor, y añadió—: Convendrá conmigo que un caso con autopsia tiene mucho más valor que diez simples casos.

Así pues, aquella misma mañana salimos de Agra con destino a la ciudad de Etawah. La comisaría se encontraba en una zona de la periferia. Era un viejo edificio de hormigón que, por su ruinoso estado, en Estados Unidos habría sido confundido con una gasolinera abandonada. El comisario, vestido de paisano, estaba sentado tras una mesa de madera situada en un sombreado rincón del patio trasero. Frente a la mesa había dos sillas de plástico pero, de inmediato, un hombre trajo otra para que los tres pudiéramos tomar asiento. El día era bochornoso y me alegró sentarme y disfrutar de una agradable brisa. Absorto en su trabajo, el comisario nos hizo esperar veinte minutos antes de atendernos. Finalmente, uno de sus subordinados dejó sobre su mesa un libro de registros y el comisario lo abrió con parsimonia. Con anotaciones hechas a mano, en aquel libro estaban registrados todos los crímenes cometidos en el distrito desde 1975. Durante media hora comprobó meticulosamente uno por uno los informes, pero no hubo suerte.

Cuando hubo terminado de hojear por segunda vez los informes de 1976 y nos disponíamos a darle las gracias y marcharnos, exclamó:

—¡Aquí está!

El asesinato se había cometido en diciembre de 1975, un año antes de lo que Satwant creía.

—Sigue siendo una remota posibilidad, pero las probabilidades se decantan a nuestro favor —comentó Stevenson.

Un policía de uniforme se acercó para comunicar algo a su superior. Tras la respuesta del comisario, el hombre hizo un breve comentario y se dispuso a entrar en el edificio. De pronto, el comisario enrojeció y vociferó lo que debía ser un improperio dirigido al policía, que, encogiéndose de hombros, se fue sin decir palabra.

Cuando salimos de la comisaría descubrimos a qué se debió el entredicho: un coche, un camión y una furgoneta habían colisionado frente al edificio. El conductor de la furgoneta, todavía al volante, estaba muerto. Nadie conocía al conductor y, al parecer, nadie parecía dispuesto a retirar el cadáver.

El comisario había dicho al policía que se encargara de trasladar el cadáver al depósito, pero el oficial se había negado a obedecer y de ahí la furiosa reacción del superior. El accidente debió de ocurrir mientras hablábamos con el comisario en el patio trasero y nos resultó muy extraño no haber oído nada.

Me acomodé en el asiento trasero y dije a Satwant:

—¿Puede pedirle al conductor que conduzca con precaución?

—Ya lo he hecho —respondió asintiendo con la cabeza.

Sin salir del pueblo, dimos varias vueltas buscando el juzgado, donde esperábamos encontrar el expediente correspondiente al número de registro policial que acabábamos de descubrir. El juzgado estaba en un anodino campus universitario que contaba con varios edificios viejos de dos o tres plantas alrededor de una plaza pública. En el centro de la plaza, una cola de gente esperaba su turno para llenar sus tinajas de agua en un pozo. El ambiente era penoso y el jardín de la plaza estaba totalmente descuidado. En una parte de lo que en su día debió de haber sido césped, había una docena de personas echando la siesta.

Entramos en el edificio más grande. El vestíbulo y todos los pasillos y escaleras que conducían a las distintas dependencias estaban atestados de gente, cuyos pasos y conversaciones zumbaban como un enjambre de abejas.

Mientras subíamos por una escalera, advertí que en la pared opuesta a la barandilla la ajada pintura blanca tenía unas extrañas vetas de un marrón rojizo parecido a la sangre seca. Las vetas ascendían siguiendo el recorrido de la escalera como si de la señal de un sismógrafo se tratara. Al principio no supe a qué podían deberse, sin embargo, al ver subir a un hombre por la escalera advertí que las manchas empezaban justamente a la altura de su cabeza. De pronto, recordé la imagen de nuestro conductor abriendo la portezuela del coche en marcha para escupir un hilillo de saliva rojiza segregada al masticar hojas de betel, una costumbre típicamente india. Había solucionado el enigma: aquellas manchas eran el testimonio de décadas de escupitajos, la huella de miles de personas que habían escupido, y seguían haciéndolo, al subir o bajar por la escalera. Advertí también la presencia de manchas similares en cada rincón del edificio. En cualquier lugar imaginable, por recóndito que fuera, alguien practicaba aquella costumbre nacional.

La sala de archivos era una gran estancia con techo alto situada en el tercer piso. Al entrar en la antecámara, seis funcionarios con cara de aburrimiento nos miraron con desgana. Uno de ellos, se acercó a nosotros, atendió nuestra solicitud y nos hizo una señal de que le siguiéramos hasta una sala llena de estanterías repletas de libros de registro, apilados unos sobre otros sin orden aparente. El funcionario rodeó la gran mesa situada en el centro de la sala, se subió a una silla y cogió uno de los volúmenes apilados en uno de los polvorientos estantes. Tras dejar el libro en la mesa, lo abrió y empezó a hojearlo con parsimonia. Al cabo de unos minutos lo cerró y nos indicó que le siguiéramos hasta la antesala.

Allí, el funcionario hojeó otro libro de registro que había sobre su mesa.

—Lo lamento pero en este caso no hubo ningún acusado y nunca se celebró un juicio, así que no tenemos ningún informe —dijo—. Yo de ustedes iría a la comisaría central. Quizá ellos tengan el informe de la autopsia.

—Pidan para hablar con el jefe del departamento —nos aconsejó

Stevenson mientras cruzábamos la calle en dirección a la comisaría, sorteando el denso tráfico de vehículos, animales y seres humanos—. Si te atiende un subalterno siempre sales con las manos vacías.

Siguiendo el consejo de Stevenson, al entrar en la comisaría central, Satwant mostró una de las tarjetas de presentación del doctor. Al cabo de unos minutos, fuimos conducidos a una gran oficina en la que todavía se respiraba la atmósfera decadente del Imperio británico. Las aspas de un viejo ventilador de techo giraban imperceptiblemente sobre sí mismas mientras los mosquitos revoloteaban frente al tenue haz de luz que iluminaba la estancia. El subjefe de la comisaría, un hombre con bigote vestido con una camisa de manga corta amarilla, sentado tras una viejo escritorio enfrente del cual había tres sillas de plástico, estaba anotando algo en un libro de registros. De pie y junto a él, tres oficiales conversaban entre ellos. Al vernos, el subjefe nos indicó que nos sentáramos. Cuando Satwant solicitó el informe de la autopsia, uno de los oficiales asintió con la cabeza mientras los otros dos rápidamente le contradijeron.

Entretanto, más oficiales, unos de paisano y otros de uniforme, fueron entrando en la oficina. En cuestión de minutos, diez personas estaban discutiendo si sería o no posible encontrar el informe que habíamos solicitado. Treinta minutos después nos comunicaron el veredicto final: «Imposible.»

Aunque por mi parte estaba convencido de estar perdiendo el tiempo, Satwant sugirió una última posibilidad y nos dirigimos al hospital, otro edificio impersonal de hormigón, situado en la misma calle, a unos trescientos metros de la comisaría. Allí, por lo menos, teníamos un contacto, un administrativo que solía redactar los informes de las autopsias. Tras rodear el edificio principal, entramos en un pequeño anexo y el administrativo nos condujo hasta una pequeña sala de espera que, afortunadamente para nosotros, contaba con un viejo aparato de aire acondicionado que, por su ruidoso zumbido, parecía a punto de estallar. Cansados de esperar durante más de media hora sin nada más que hacer que contemplar las paredes, la doctora Satwant decidió salir para interesarse por el progreso de la búsqueda del informe. Regresó al cabo de unos minutos y me comentó que habían encontrado las informes de 1974 y 1976, pero no de 1975. Tras casi una hora más de espera, Satwant y yo fuimos al despacho donde dos funcionarios estaban revisando para nosotros los libros de registro. Aunque al principio parecían reticentes, finalmente se decidieron a acompañarnos hasta la sala de archivos, una pequeña garita a la que se accedía saliendo del edificio y que, probablemente en otro tiempo, había hecho las veces de conserjería. En los carcomidos estantes que cubrían las paredes de madera de aquel reducido cubículo había cientos de rechonchas carpetas amarillentas. Al contemplar aquel caos, miré a Satwant con la intención de decirle que había llegado el momento de tirar la toalla. Sin embargo, en ese instante, un funcionario que hojeaba las fichas índice de los registros de las autopsias, se acercó a un estante, abrió una carpeta y con absoluta parsimonia nos entregó un papel amarillento: el informe de la autopsia que buscábamos.

De nuevo en la sala de espera, Satwant y yo estudiamos el informe, un dibujo esquemático de la anatomía del sujeto con anotaciones escritas a mano, la mayoría indescifrables a pesar de estar en inglés. La víctima había muerto por el impacto de una sola bala en el pecho. El impacto estaba localizado junto al pezón derecho de la víctima, mientras que la marca de nacimiento de nuestro sujeto estaba situada un poco más abajo y a la izquierda. Las marcas de nacimiento pueden cambiar ligeramente de lugar mientras el niño crece, pero Stevenson no creía que pudiera desplazarse hacia abajo y hacia la izquierda a la vez. Por otra parte, según el informe de Satwant, la marca parecía estar en una parte del pecho bastante alejada de la localización de la herida de la víctima, lo cual ponía en tela de juicio la posibilidad de que se hubiera desplazado con el tiempo.

—De no ser por las marcas de nacimiento, sólo se trata de un caso más de los muchos asesinatos que se cometen en Uttar Pradesh —comentó Stevenson mientras regresábamos a Agra.

Uttar Pradesh es una de las regiones más populares y pobladas de la India y donde tienen lugar la mayoría de estos casos. Algunos asesinatos presentaban pruebas muy convincentes en favor de la reencarnación. Por lo que a este caso se refiere, todavía sigo creyendo muy significativo que el niño sintiera la necesidad de ir a «su» pueblo, incluso antes de que aprendiese a hablar y que, a pesar de ser musulmán, dijera que era hindú. Sin embargo, por el tono que empleó Stevenson al decir: «sólo se trata de un caso más de los muchos asesinatos que se cometen en Uttar Pradesh», deduje que el doctor quería encontrar algo realmente más significativo; necesitaba evidencias palpables y no meras coincidencias. En este sentido, no parecía que el caso de este chico musulmán de 17 años pudiera proporcionárselas.

Stevenson quería visitar a la familia y volver a comprobar las marcas de nacimiento y preguntar a la madre dónde se hallaban exactamente cuando nació el chico. Además, también quería cerciorarse de algo que había visto en el informe de la autopsia: la bala había penetrado por el pecho desplazándose en una trayectoria diagonal hasta alojarse justo en la parte inferior de la espalda.

—No cabe duda de que la víctima debía de tener un moratón en la zona lumbar —dijo Stevenson—. Quiero echar un vistazo a la espalda del chico.

Así pues, pasamos otro día entero de viaje por las impracticables carreteras indias para, finalmente, regresar a Agra con las manos vacías.

—Si quiere hacerse ilusiones —dijo tras nuestro largo periplo— podría decir que hay un moratón en su espalda ligeramente diferente, pero tengo que hacer lo posible para que esa pelota entre y ganar el partido.

Stevenson se refería a una conversación que habíamos tenido aquella misma mañana acerca de la objetividad y parcialidad del método científico. Me había dicho: «Encuentre a un investigador a quien no le importen los resultados y yo le mostraré un mal investigador», y había comparado su meticulosa objetividad científica con un partido de tenis. En tanto que hombre competitivo, deseaba ganar aquel partido a toda costa. Sin embargo, no estaba dispuesto a hacer trampas diciendo que una pelota que había salido fuera era buena o viceversa. De hecho, tenía tanto interés por ganar el partido que para él cualquier detalle era de vital importancia. Alguien a quien no le importasen las formalidades sería más proclive a jugar de forma menos rigurosa, pero Stevenson era un experto y meticuloso jugador.

En la India hubo otros muchos casos cuyas pruebas, por un motivo u otro, resultaron imposibles de contrastar empíricamente pero que, a pesar de ello, resultaron fascinantes.

Entre éstos, hubo uno que llamó mi atención. Los indicios se habían iniciado en el hospital de Etawah, el mismo en que Satwant y yo habíamos aguardado durante casi dos horas en aquella pequeña sala mientras los funcionarios buscaban el informe de la famosa autopsia. Años atrás, mientras Satwant y Stevenson hacían averiguaciones sobre otro caso en el hospital, se encontraron con el doctor Raja Ram, que les explicó que su propio hijo, Kamariliya, hablaba de una vida anterior desde que tenía dieciocho meses. El niño solía decir: «Mi coche se dirige a Kanpur», algo que sorprendió a sus padres porque la familia vivía en Agra y jamás habían tenido contacto alguno con la ciudad de Kanpur, situada a cinco horas al este de Agra y que no recordaban haber mencionado en presencia del niño. Cuando empezó a hablar con más fluidez, además de repetir con insistencia el nombre de la ciudad, empezó a hacer afirmaciones sobre su vida anterior. Kamariliya explicó a sus padres con lujo de detalles que había vivido en una casa de su propiedad y situada cerca de la estación de tren y la de autobuses. Según el niño, en su vida anterior había sido un ingeniero que murió en un accidente de tráfico mientras llevaba a sus hijos a casa tras recogerlos en la escuela. Su vehículo, un Fiat azul, había colisionado con un autobús. Además, el niño afirmaba tener dos hijos y una hija, Arun, Manoj y Sangita. También les dijo que el nombre de su amada esposa era Alma.

Con permiso del padre, el doctor L. P. Mehrotra, un psicólogo que había ayudado a Stevenson en sus primeros trabajos de campo en la India, publicó en julio de 1994 un anuncio en el periódico de Kanpur solicitando que quien considerara que los detalles del accidente coincidían con el sufrido por algún amigo o familiar se pusiera en contacto con él. Transcurridos un par de días, Mehrotra recibió la llamada de un tal Arun Sahu. Al parecer los detalles del accidente coincidían con los vividos por su padre, Drone Sahu, muerto en un accidente de tráfico en 1959, trece años antes de que Kamariliya naciera.

Aunque entre la vida de Drone y los recuerdos del niño había notables diferencias, Stevenson consideró que las coincidencias eran mayores. Tal como afirmaba Kamariliya, Drone tenía dos hijos y una hija, pero el nombre de la niña no era Sangita sino Anita. Salvo por el sonido, los nombres no coincidían. Por lo que se refiere a los hijos, el nombre del segundo no sólo era distinto al mencionado por Kamariliya, sino que ni siquiera había nacido cuando Drone sufrió el accidente porque su esposa estaba embarazada. El hijo del doctor Raja Ram se había referido a «su» esposa con mucho cariño y la llamaba Alma, nombre que tampoco coincidía con el de la esposa de Drone.

Además de los nombres, había otras diferencias destacables. En primer lugar, Drone no había sido ingeniero. A pesar de ello, Stevenson había considerado «plausible» la afirmación del niño basándose en las declaraciones hechas por la familia años atrás. Al parecer Drone solía decir que era «ingeniero» porque reparaba aparatos de radio y coches. En segundo lugar, Drone no había muerto a consecuencia de una colisión con un autobús cuando regresaba a casa con sus hijos. El día del accidente, mientras él y su familia se disponían a asistir a una boda, su automóvil pinchó, Drone perdió el control del volante y chocó contra un árbol.

Por lo que respecta a las coincidencias, Drone, tal como había dicho Kamariliya, era propietario de su casa y de su coche, algo que en la actualidad es muy poco común en la India y todavía mucho más inusual en 1959. La fachada de la casa había sido de color verde, aunque tras la muerte de Drone había sido pintada de color gris. Por otra parte, la casa en cuestión estaba efectivamente muy cerca de la estación de tren y de la de autobuses.

Transcurridos varios años desde entonces, Stevenson quería aprovechar nuestro viaje para contrastar de nuevo las discrepancias de aquel caso con la familia de Drone y también para comunicarles la nueva dirección de Kamariliya Ram, pues éste ya no vivía en Etawah. En realidad, a pesar de que Arun estaba convencido de que Kamariliya había sido su padre en una vida anterior, nunca habían tenido ocasión de conocerse.

Tomamos el tren a Kanpur y, al llegar a nuestro destino, Satwant y yo alquilamos un *ciclo-richshaw* para recorrer el corto camino que conducía hasta la casa de los Sahu. A pesar del intenso calor, Stevenson insistió en ir caminando detrás de nosotros para medir la distancia que había entre la estación y la casa. Una vez más, el doctor rechazó mi oferta de hacerlo por él arguyendo que el medidor estaba ajustado al ritmo de sus pasos. Al dar la dirección al conductor del *ciclo-richshaw*, éste nos indicó que no podía llevarnos hasta allí porque la casa se encontraba al otro lado de la vía del tren. En efecto, el camino que conducía hasta la casa de los Sahu pasaba más allá del andén contrario, pero para cruzar la vía tuvimos que caminar unos ciento cincuenta metros bajo un sol abrasador y luego retroceder otros ciento cincuenta metros hasta tomar un camino desde donde podía verse la estación de autobuses.

En ambos márgenes del camino empedrado había profundas zanjas por las que fluían las aguas residuales de varios edificios de dos, tres y cuatro plantas. Por el camino nos cruzamos con un grupo de niños que correteaban, un par de perros vagabundos, una niña sentada en cuclillas sobre una cloaca y un gran búfalo atado a un poste que yacía al sol bloqueando nuestro paso.

La casa en la que había vivido Drone estaba emplazada en el vértice de un ángulo recto que trazaba el camino. El vestíbulo era tan estrecho que tuve que entrar con la espalda contra la pared. Nos sentamos en un comedor estrecho pero de techo alto, la habitación principal de las tres con que contaba la casa. Entre el suelo de hormigón y los ventiladores de aspas colgados del techo, el ambiente era bastante agradable. Las paredes estaban pintadas de violeta y en una estantería de madera había dos televisores, un aparato de vídeo y un equipo de música.

Para la ocasión, Arun, que tenía cinco años de edad cuando su padre murió en 1959, había reunido a su madre y a un tío suyo octogenario, es decir, a la esposa y el hermano de Drone.

Comparada con las entrevistas de otros casos, la de éste fue breve pero esclarecedora. En las notas de Stevenson no había mención alguna de si la familia había nombrado el tipo de automóvil que conducía Drone cuando sufrió el accidente dos décadas atrás. Según Kamariliya, se trataba de un Fiat azul.

—No recuerdo qué coche conducía —dijo el hermano de Drone—. Lo único que puedo decirle es que en aquella época sólo había dos clases de coches en la India: Austin y Ford.

Satwant preguntó a la viuda de Drone si podía hacerle un par de preguntas en privado. Tras asentir con la cabeza, las dos mujeres se dirigieron a la habitación contigua. (Más tarde, cuando regresábamos a Agra, Satwant nos informó que habían hablado sobre los apasionados recuerdos que Kamariliya tenía de una mujer llamada Alma que decía ser su esposa. Puesto que la viuda de Drone no se llamaba

Alma, Stevenson quería descubrir si había alguna posibilidad de que dicha mujer hubiera sido la amante del fallecido. Satwant resolvió la cuestión interesándose por el tipo de relación que su esposo mantenía con ella. La respuesta de la viuda fue clara y contundente. Drone siempre la había adorado, siempre se había mostrado muy afectuoso con ella y su matrimonio había sido muy feliz. Así pues, el tema de la amante quedaba totalmente descartado.)

Cuando las dos mujeres regresaron, abordamos el tema de la ocupación laboral de Drone.

—Nuestra familia se dedica a la joyería. Drone nos echaba una mano en el negocio familiar pero no parecía muy entusiasmado —comentó el tío de Arun.

—Si alguien por la calle le hubiera preguntado a qué se dedicaba, ¿qué hubiera respondido? —inquirió Stevenson.

—Que era vendedor de automóviles y escúters. Solía comprarlos de segunda mano y luego revenderlos —dijo el anciano.

—¿Cree posible que Drone dijera que era ingeniero porque a veces reparaba aparatos de radio? —presionó Stevenson.

—En absoluto —respondió Arun tras discutir la cuestión con su tío.

Llegados a aquel punto, no pude por menos que empezar a pensar que, o bien los «recuerdos» de Kamariliya no eran más que fantasías infantiles, o que la vida anterior que recordaba no era la de Drone Sahu.

En una ciudad grande como Kanpur, con cuatro millones de habitantes en 1959 y posiblemente el doble en la actualidad, el número de personas que podían coincidir con los detalles alegados por el sujeto podían contarse a docenas. Miles de personas debían de vivir por aquel entonces cerca de la estación de tren y la de autobuses. Arun era un nombre muy común en la India. Además, en Kanpur había muchas casas pintadas de verde. Y, el hecho de ser propietario de un coche y una casa, aunque limitaba las posibilidades, reducía escasamente el número de candidatos con características similares a las de Drone.

No estaba claro si Stevenson había malinterpretado las notas de la entrevista realizada hacía cuatro años o si la familia había cambiado su opinión acerca de que Drone se considerara a sí mismo ingeniero.

Cuando negaron tajantemente aquella posibilidad durante la segunda entrevista, Stevenson preguntó a Arun:

—¿Cuál fue realmente el motivo por el que se decidió a responder al anuncio del periódico?

—Había muchos detalles que parecían coincidir con la vida de mi padre —replicó Arun, y añadió—: Mi padre murió en 1959 y el chico no nació hasta 1972. Trece años son mucho tiempo para recordar nombres con exactitud. Quizá cuando el chico nos conozca recordará más detalles.

La familia ya había convenido la fecha para viajar a Agra para conocer personalmente a Kamariliya.

—Prepáreles para recibir una decepción —dijo Stevenson a Satwant, mientras ésta buscaba entre sus notas la nueva dirección y el número de teléfono de Kamariliya.

Cuando Satwant tradujo las palabras de Stevenson, Arun respondió:

—Un viejo proverbio hindú reza: «Si tienes fe en las piedras, podrás sacar fruto de ellas.» Se trata de dejarse guiar por los sentimientos. Cuando le conozcamos, sabremos si entre nosotros existen o no vínculos emocionales.

Después de la entrevista teníamos que esperar varias horas el tren nocturno a Delhi. Así que tomamos un taxi y nos dirigimos a un hotel donde Stevenson solía alojarse en sus primeros viajes a la India. El hotel había perdido su antiguo esplendor y estaba en decadencia: la maleza se había apoderado del que en su día seguramente era un hermoso jardín; la piscina estaba vacía y sus paredes agrietadas; el vestíbulo desierto y el restaurante, situado en la primera planta, olía a orines. Sobre las mesas había ceniceros llenos de colillas y ofrecían un menú muy pobre. Stevenson y yo compartimos una cerveza, que tuvieron que ir a comprar en la tienda contigua al hotel, y Satwant tomó un té.

Estaba cansado y pensativo. ¿El caso de Drone Sahu —asumiendo sus irremediables defectos— apoyaba la posición escéptica de que cuando las familias se encuentran antes de que un investigador llegue, suelen adecuar sus historias para que no haya discrepancias?

Por supuesto, la familia de Arun conocía las discrepancias antes de nuestra visita y había tenido la oportunidad de decir que, después de todo, Drone se consideraba ingeniero. Sin embargo estaba claro que no tuvieron necesidad de hacerlo.

Además, si aquello era una falsa coincidencia, el error hubiera podido generarlo el propio proceso de la investigación, es decir, haber divulgado detalles suficientemente específicos en una ciudad de millones de personas. Dadas las notables coincidencias que existían, ¿quién podía culpar a Arun por responder al anuncio?

Es más, el caso de Drone Sahu carecía de una de las características fundamentales de los casos más sólidos de Stevenson: no había habido encuentro entre el niño y la familia de la vida anterior, ni antes ni después de que el investigador entrara en escena. El encuentro entre las familias y el reconocimiento por parte del niño de lugares y personas concretas es el que a menudo proporciona la sólida evidencia de un conocimiento que no puede haber sido obtenido de forma habitual. De hecho, las familias confían normalmente en estos encuentros para persuadirse o disuadirse de que el vínculo entre ellas es auténtico.

Al final, nuestro viaje nocturno en tren sólo nos llevó a Delhi para pasar allí muy poco tiempo. Desde Delhi, tomamos un vuelo de tres horas de duración que nos llevaría más al sur de Bombay, a una ciudad llamada Nagpur. Allí visitaríamos a un sujeto de otro «caso B», término que Stevenson empleaba para los casos en que las afirmaciones del niño habían sido anotadas antes de que se hubiera identificado la personalidad anterior.

A diferencia del caso de Kamariliya, en éste el niño había conocido finalmente a una familia que parecía encajar con sus descripciones y ya había hecho un sustancial número de reconocimientos que habían impresionado al investigador.

Este peculiar investigador no había sido ni Stevenson ni Satwant, sino un periodista indio llamado Padmakar Joshi. Stevenson no confiaba en el relato de Joshi, pero en un viaje anterior lo reconsideró y entrevistó a otros testigos de primera mano.

Nos reunimos con Joshi para desayunar en un hotel cercano al aeropuerto de Nagpur. Era un tipo de baja estatura muy enérgico que hablaba sobre la situación política de la India con apasionamiento y agudeza. Durante nuestra visita, el país se encontraba en plena campaña electoral. Su relato periodístico del caso había provocado la feroz crítica de los indios escépticos que afirmaban que Joshi había manipulado los hechos para beneficiarse personalmente. Para explotar al máximo aquel filón, Joshi había preparado una especie de rueda de prensa para que nuestra entrevista con el sujeto del caso, una mujer de 24 años llamada Sunita Chandak, pudiera ser presenciada por los medios de comunicación.

Según sus padres, Sunita empezó a hacer afirmaciones sobre una vida anterior a los cuatro años de edad. Decía haber nacido en un pueblo llamado Belagon y suplicaba a su padre que la llevara allí.

La intensidad de su deseo impresionó a su padre, pero éste no supo cómo reaccionar. Nunca había oído hablar de ese pueblo, pero tenía cierta idea de dónde podía estar; a Sunita no le gustaba la forma de cocinar de su madre y siempre le decía: «¿Por qué no lo preparas de esta forma, como lo hacen en mi pueblo?» Sus preferencias culinarias sugerían un estilo de cocina particular de una región cercana. El padre pidió a Sunita que le contara más cosas sobre el pueblo. Ella le dijo que tenía un templo, pero no había escuela, y que entre el pueblo y las montañas cercanas pasaba un río.

El padre de Sunita se puso en contacto con Joshi para que le ayudara a localizar un pueblo como el descrito por su hija. Joshi descubrió que había veintiocho pueblos que respondían al nombre de Belagon. Entre éstos, nueve parecían encajar bastante con los detalles de la niña.

Durante unos meses, los padres de Sunita llevaron a la niña a los nueve Belagon que figuraban en la lista de Joshi. En cada caso, Sunita dijo que no era el pueblo que recordaba. En aquel momento de la búsqueda, Joshi publicó un relato sobre la historia de Sunita, así como otras afirmaciones de la niña sobre una vida anterior, con la esperanza de que sirviera de reclamo a la familia de la vida pasada. Aunque Sunita no había mencionado el nombre de su vida anterior ni el de la familia, dijo que tenía una hermana llamada Sumitri y que nunca había llevado un sari, por lo que Joshi consideró que había fallecido siendo niña, ya que las mujeres adultas indias llevan sari.

Un lector que vivía en uno de los seis Belagon que quedaban en la lista de Joshi le escribió diciendo que creía que, por los detalles que había dado Sunita del lugar, debía tratarse de su pueblo. Éste respondía a todas las características geográficas mencionadas y allí vivía una familia cuya primera hija había muerto siendo niña y cuya segunda hija se llamaba Sumitra. La niña fallecida, Shanta Kalmegh, había nacido en 1945 y fallecido a la edad de seis años.

En el invierno de 1979, cuando Sunita tenía cinco años, su familia la llevó a Belagon. Estaba a unos 140 kilómetros y requería muchos cambios de autobús. Cuando se acercaban al pueblo, Sunita dudó unos segundos y luego anunció: «¡Es éste!» Según la gente del pueblo que presenció la visita, Sunita no paró de hacer sustanciales identificaciones.

Como es habitual en estas situaciones, la niña fue rodeada por una multitud desde el momento en que llegó al pueblo. Así pues, puesto que era imposible saber qué tipo de influencia recibió la niña del gentío, Stevenson estaba más interesado en los reconocimientos que habían sido espontáneos o contenían información que trascendía lo que podía ser sugerido como lenguaje corporal u otras claves no verbales.

Se dijo que Sunita había reconocido la casa de la familia Kalmegh y que había ido hasta la casa, tomado la mano de la madre de Shanta y dicho: «Ésta es mi madre.»

Ambos reconocimientos podían haber sido fácilmente condicionados por la expectativa de la gente. Sin embargo, otros no eran tan fáciles de explicar.

Sunita advirtió que «su» casa tenía una acera elevada enfrente de donde «ella» vivía. En el momento de su visita, tal acera no existía pero, según el padre y el tío de Shanta, había una cuando Shanta vivió allí.

Cuando Sunita entró en la casa de la familia dijo: «Esta casa está completamente cambiada», y señaló una pared que no estaba antes. La familia confirmó que la pared había sido construida después de la muerte de Shanta. En otro lugar de la casa dijo: «Aquí solíamos orar.» De nuevo, la familia dijo que la niña estaba en lo cierto. En ese sitio había habido un altar que, tras la muerte de Shanta, fue cambiado de lugar.

Durante la visita, según algunos testigos, Sunita quiso beber leche. Tomando un vaso de la casa de los Kalmegh, se dirigió a una casa del vecindario. Allí, se detuvo frente a un muro y dijo: «Aquí solía haber una ventana donde comprábamos la leche.» La sobrina de la persona que vendía la leche en aquella casa hacía casi treinta años lo confirmó.

Después de esto, Sunita fue a la casa de un vecino, señaló un rincón del comedor y le dijo al vecino: «Tu padre solía escribir sentado a una mesa. Mi padre venía a menudo aquí y yo le acompañaba.» El vecino dijo que su padre había sido un funcionario local y que, de hecho, trabajaba en su escritorio en ese lugar.

Aunque ahora en Belagon había una escuela, la afirmación de Sunita de que su pueblo «tenía un templo pero no escuela» era cierta cuando Shanta vivía allí. Cerca del edificio de la escuela, Sunita dijo: «Aquí había una carnicería.» Aquella afirmación también era correcta. Según el alcalde del pueblo, la carnicería había sido demolida para construir la escuela.

En tanto que pruebas, todos estos reconocimientos, aunque nada desdeñables, tenían el inconveniente del tiempo. Shanta había fallecido alrededor de 1950, lo que significaba que las confirmaciones de los dichos de Sunita estaban basadas en recuerdos de hacía casi treinta años. Pero por lo que respecta a la familia de Shanta, Sunita había más que demostrado sus afirmaciones, y así fue como empezó una relación duradera entre ellos.

Sunita se convirtió también en un personaje muy querido para el pueblo de Belagon. Durante su primera visita al pueblo, mientras recorría sus calles señaló un solar sin edificar cerca de la escuela y preguntó: «¿Vais a construir un templo aquí?» Y, aunque no tenían proyectos al respecto, los habitantes del pueblo tomaron su pregunta como una señal y finalmente edificaron el templo en aquel lugar.

Con ocasión de nuestra visita, la familia de Sunita se había reunido en casa de la familia de su marido, a unas horas de Nagpur. La casa se encontraba en una calle de tierra entre varios edificios de viviendas en construcción. A pesar de su aspecto humilde, la casa de una sola planta del suegro de Sunita, un homeópata que hablaba con fluidez en inglés, estaba muy bien amueblada.

Los padres de Sunita y su hermana gemela Anita habían ido hasta allí en tren.

Su padre, un hombre con una amigable sonrisa y risa fácil, nos dijo:

—Siempre le decía a Anita: «Tu hermana me ha dicho dónde vivía. ¿Por qué no me dices dónde vivías tú?» Pero nunca me contestó.

Stevenson estaba muy interesado en casos en los que había hermanos gemelos porque, si eran idénticos esto significaba que habían compartido el óvulo materno y tenían exactamente los mismos genes. Sin embargo, la diferencia de personalidad entre gemelos idénticos nada tiene que ver con la genética. La explicación vulgar es que las diferencias se deben al entorno, desde la distinta posición de los fetos en el seno materno durante el embarazo hasta las vivencias de cada bebé durante el parto.

Stevenson no estaba de acuerdo con esta teoría. Además, argüía que había casos de hermanos siameses que, aunque unidos físicamente y literalmente incapaces de tener experiencias independientes el uno del otro, tenían personalidades completamente diferentes. En un caso muy conocido, uno de los hermanos siameses era alcohólico y el otro abstemio. La consecuencia para Stevenson era obvia. Quizá las diferencias entre la personalidad de hermanos gemelos idénticos podían ser explicadas a partir de la reencarnación.

Stevenson había estudiado bastantes casos de gemelos, pero se enfrentaba al problema de distinguir los gemelos idénticos de los gemelos fraternos —los que se parecen genéticamente como los hermanos—, y no era fácil. Al parecer, la apariencia idéntica no era garantía alguna de que los gemelos fueran genéticamente idénticos. Para asegurarse de ello, se debían hacer análisis de sangre, y no sólo a los gemelos, sino también a toda la familia. En la India, esto implicaría no sólo un considerable gasto económico, sino también convencer a todos los miembros de las familias para que viajasen hasta el hospital de una gran ciudad para tomar las muestras de sangre.

Proponer esa idea a la familia de Sunita era uno de los objetivos de Stevenson, pero quería reservar el tema para el final de la entrevista.

La mujer sirvió fruta fresca, nueces, dátiles, pasas y té en una mesilla reluciente. Luego el padre de Sunita ofreció su sillón a su hija, una delgada y hermosa mujer vestida con un sari de seda blanco bordado. Mi primera impresión fue que Anita, que tenía el mismo aspecto que Sunitra, era una gemela fraterna: era tan atractiva como su hermana pero su rostro presentaba ligeras diferencias. A pesar de ello,

Stevenson había dicho que los hermanos gemelos idénticos tampoco son exactamente iguales.

Lo primero que advertí fue que Sunita se refería a su padre como «mi padre de Verni Kotha», el pueblo en que ella había nacido, para diferenciarlo de su «padre de Belagon», que era el padre de Shanta.

—A veces pienso que está más unida a su familia de Belagon que a nosotros —comentó el padre con una sonrisa.

—Sólo les veo en ocasiones especiales —le interrumpió Sunita poniéndose a la defensiva—. No les veo más que a mis padres de Verni Kotha. Quizá cuando vivía con ellos advirtieron que echaba de menos a mis padres de Belagon. Si tienes dos hijas y una está en la escuela y la otra en casa, tiendes a pensar más en la que está en la escuela porque la echas de menos. Ahora que me he trasladado y vivo en la casa de mi marido, echo de menos igualmente a mis padres de Verni Kotha y a los de Belagon.

Le preguntamos si seguía teniendo recuerdos de su vida anterior.

—Algunos —respondió Sunitra—. Recuerdo estar jugando con mi hermana pequeña, por ejemplo, pero ahora pienso mucho menos en ello. Es como cuando tienes que rendir un examen y estudias mucho, lo apruebas y luego olvidas lo que sabías. Yo deseaba encontrar mi pueblo y ver a mi familia y cuando lo conseguí ya no pensé más en ello.

Mientras un grupo de periodistas y fotógrafos aguardaban la rueda de prensa que se llevaría a cabo en el patio delantero de la casa, Stevenson decidió formular la pregunta referente a los análisis de sangre. Dijo que él mismo financiaría los viajes a Bombay, la ciudad más cercana donde podían hacerse análisis de sangre.

Tras hablar con sus padres, Sunita dijo:

—Lo siento, pero eso no me interesa. Estoy interesada en descubrir otra cosa. Recuerdo una vida anterior pero no sé los nombres del pueblo ni de mi familia. Quizá ustedes puedan ayudarme a encontrarles.

Un par de años después de su visita a Belagon, cuando tenía siete años de edad, Sunita empezó a visualizar vívidamente rostros que la miraban con mucho cariño. La niña les reconoció como su padre y su madre, pero no pudo decir sus nombres.

Todo lo que ella sabía era que sólo era una niña y que sus padres estaban orgullosos de ella, que su casa era de cemento y que había un árbol cercano —podía ver los camiones desde el balcón de la casa y advirtió que la tierra del campo era rojiza, en contraste con la tierra amarillenta de su región—, que su familia tenía una tienda de ropa situada en la misma calle donde vivían. Las únicas imágenes que tenía de ella misma eran de niña.

Satwant le propuso someterse a una sesión de hipnosis regresiva —una técnica que Stevenson ha probado en algunos sujetos que tienen recuerdos espontáneos, aunque con escasos resultados.

—¡Por supuesto! —respondió Sunita—. Estoy muy interesada en descubrir más cosas.

La madre de Sunita se quejó y levantó las manos. Resultaba difícil saber si estaba exasperada o sólo lo fingía. Quizá la posibilidad de que Sunita tuviera unos terceros padres no agradase demasiado a su verdadera madre.

—Supongo que nosotros siempre seremos los últimos —dijo la madre a Sunita encogiéndose de hombros.

15

Sumitra ya no vive aquí

El tiempo y el espacio son relativos pero en la India, donde recorrer una distancia puede llevarte siglos, todavía lo son más. Un día salimos temprano hacia un pueblo llamado Sharifpura, a unos 120 kilómetros al nordeste de Agra. Dadas las condiciones de las carreteras indias, supuse que tardaríamos, por lo menos, el doble de lo normal, pero nunca hubiera imaginado que tardaríamos seis horas en recorrer 120 kilómetros en coche.

Durante seis largas horas sentado en el asiento delantero del Maruti, me sobró tiempo para considerar la precariedad de mi situación. En una ocasión, mientras circulábamos por una estrecha carretera de un solo carril, nuestra lata de alumino se enfrentó a un autobús y dos camiones que, sin reducir la velocidad, trataban de adelantarse mutuamente por uno de los arcenes de tierra. Ante la inminencia de la colisión, los conductores de los cuatro vehículos hicieron sonar sus bocinas y, en el último minuto, nuestro chófer dio un volantazo para meterse en el otro arcén y adelantar al autobús que estaba a punto de chocar con los camiones que, en dirección contraria, aceleraban disputándose el liderazgo. Esta clase de episodios son habituales en la carreteras indias y lo sorprendente es salir ileso. En efecto, durante las primeras horas de nuestro accidentado viaje, vimos los restos de tres camiones en la cuneta que quizá colisionaron al tratar de adelantar a otro vehículo. ¡Quién sabe! Y entretanto, peatones, búfalos, perros, niños, bicicletas y escúters circulaban abriéndose camino y sorteando todo tipo de obstáculos.

Alguien ajeno al caos circulatorio de la India podría pensar que mi preocupación era exagerada, pero después de haber visto los restos del accidente mortal al salir de la comisaría de Etawah y leer un artículo de un periódico de Delhi, convendría en que estaba más que justificada. Según el periódico:

> En veinticuatro horas, veintidós personas han muerto y cincuenta y dos han resultado heridas en las carreteras de la región del Rajasthan. En Jasolpata, once personas murieron y varias resultaron heridas en la colisión de un jeep y un autobús estatal. Tres muertos y veintiocho heridos en el accidente sufrido por un autobús de Haryana... Los cuatro ocupantes de un jeep murieron y diez personas resultaron heridas cuando su vehículo chocó contra un camión... Tres muertos y siete heridos en una colisión frontal en Udaipur...

La retahíla proseguía citando el número de víctimas de los accidentes ocurridos el día anterior en cierta región de la India. Y para colmo, Stevenson explicó que durante uno de sus viajes a este caótico país, uno de sus ayudantes tuvo un accidente mientras conducía su jeep y, tras recobrar la conciencia, descubrió que le habían robado.

Así pues, hice todo lo posible por no pensar en ello ni en el precario tratamiento médico que, de tener un accidente, recibiríamos en aquel recóndito paraje de la India. Ocupé mi mente en el informe del caso que nos ocupaba. Entre 1985 y 1987, Satwant, Stevenson y Nicholas McClean-Rice, un profesor adjunto de la Universidad de Virginia, llevaron a cabo numerosas entrevistas en Sharifpura. El sujeto del caso era una mujer joven llamada Sumitra. Ésta había contraído matrimonio a los 13 años de edad, un enlace que, siguiendo la costumbre india, había sido concertado por las familias de los novios. A los 18 años, uno o dos meses después de tener a su hijo, la joven empezó a padecer extraños trances que podían durar unos minutos o un día entero. En dos ocasiones, mientras estaba en trance habló y se comportó como si fuera otra persona. La primera vez adquirió la personalidad de una mujer que se suicidó lanzándose a un pozo; la segunda, la de un hombre que vivía en un pueblo muy lejano al suyo. Sin embargo, estas identidades fueron muy fugaces.

El 16 de julio de 1985, cuando el hijo de Sumitra tenía sólo seis meses, la joven volvió a entrar en trance y predijo que moriría al cabo de tres días. El 19 de julio Sumitra se desmayó; al ver su rostro cubierto de sangre, comprobar que no tenía pulso y que su corazón había dejado de latir, sus amigos y familiares creyeron que había muerto. Según los suegros de Sumitra, la joven permaneció inerte en el suelo durante cinco minutos y de pronto revivió. Tras recobrar la conciencia, Sumitra manifestó no reconocer a nadie de los allí presentes. Cuando la gente la llamó por su nombre, respondió «No soy Sumitra, soy Shiva», y explicó que ella, Shiva, había muerto asesinada por su familia política de un golpe en la sien con un ladrillo. La joven mostró inquietud cuando empezó a preguntar por la salud de los dos hijos pequeños de Shiva.

Tras adoptar la personalidad de Shiva, Sumitra explicó otros detalles sobre la vida y el asesinato de Shiva. Incluso dejó de responder a su verdadero nombre y no reconocía a su propio hijo, ni a su marido, ni a su padre ni a la mujer que la había criado (su madre había muerto cuando ella era muy pequeña).

Transcurridas varias semanas, Sumitra empezó a portarse con normalidad con toda la familia pero siguió diciendo que era Shiva y que se comportaba como una madre con aquel niño porque «si cuido de este pequeño, Dios cuidará de mi hijo [el hijo de Shiva]». Por lo que respecta al vínculo que le unía a su esposo, Sumitra solía decir que se trataba de «su primer matrimonio».

Asumida la personalidad de Shiva, Sumitra decía pertenecer a una clase social superior a la de su actual familia y manifestó su consternación por tener que hacer sus necesidades en el campo en lugar de en una letrina. Según la joven ella solía vestir con ropa de mejor calidad y calzar sandalias en lugar de ir con los pies descalzos.

El cambio más notable fue su repentina capacidad para leer y escribir. Sumitra nunca había ido a la escuela y prácticamente era analfabeta. Sin embargo, insistía en que había ido a dos universidades y demostró a su esposo y a su padre que podía leer y escribir con fluidez.

∽

Unos meses después, a un vecino de un pueblo, a unos 60 kilómetros de distancia de Sharofpura, que estaba convencido de que su hija de 23 años de edad, Shiva, había sido asesinada por su familia política, le llegaron noticias sobre el caso de Sumitra y decidió visitarla. Cuando le comunicaron a Sumitra que «su padre» la esperaba en la puerta de su casa, salió corriendo a su encuentro y llamándole por el cariñoso apodo que solía usar cuando se dirigía a su padre.

El hombre le preguntó el resto de los apodos de los familiares de Shiva, y Sumitra respondió acertadamente dos de ellos. La joven reconoció e identificó a personas relacionadas con la vida de Shiva, tanto en persona como a través de fotografías. Y aunque el padre de Shiva trató de engañarla mostrándole una fotografía de un grupo de personas entre las que no se encontraba la madre de ésta y pidiéndole que la identificara, no lo consiguió. Sumitra pasó ésta y otras muchas pruebas más como aquélla.

Las circunstancias reales en torno a la muerte de Shiva eran misteriosas. En mayo de 1985 el tío de Shiva fue a visitarla a la casa de su familia política, donde, según la tradición india, vivía con su esposo. Sumida en el llanto, Shiva le contó que su suegra y sus cuñadas le habían pegado. El tío de la joven advirtió que ésta estaba preocupada pero en absoluto deprimida. Al día siguiente, la familia política informó al tío que Shiva había muerto. Al parecer, había desaparecido de casa por la mañana y al ir en su búsqueda la encontraron muerta en la vía del tren, por lo que se deducía que se había suicidado.

Cuando el tío vio su cadáver en la vía férrea, donde la familia política la había trasladado tras asesinarla, le sorprendió que sólo tuviera una herida en el cráneo y no pudo creer que el tren la hubiera arrollado. Sospechando algo, el tío pidió a la familia política que retrasara la ceremonia de cremación unas cuatro horas, para que el padre de Shiva pudiera asistir. Sin embargo, ignorando sus palabras, no sólo celebraron la ceremonia a las once de la mañana sino que aceleraron la cremación rociando con gasóleo los troncos. Cuando el padre de Shiva llegó al pueblo, el cuerpo de su hija había sido reducido a cenizas.

El padre cursó una denuncia en la comisaría local y finalmente el esposo de Shiva, sus suegros y su cuñada fueron detenidos. No obstante, los cuatro fueron exculpados del crimen por falta de pruebas.

En los periódicos locales se habían publicado diversos noticias sobre la historia de Shiva. Sin embargo, ningún vecino del pueblo de Sumitra admitió tener conocimiento del caso de Shiva hasta que la joven empezó a hablar de ello. No obstante, en el informe de Stevenson se señala que sería imposible descartar que Sumitra o alguien relacionado con ella hubiera leído los periódicos. Sin embargo, muchos de los detalles que Sumitra había dado sobre la vida de Shiva, como los nombres de las universidades donde ésta había estudiado, trascendían la información del caso relatada en aquellos artículos.

Mientras seguíamos nuestro periplo por carreteras remotas y caminos de tierra transitados por ciclistas, camellos y autobuses, recordé que la primera vez que tuve noticias de este caso pensé que, en lugar de corroborar la reencarnación, planteaba un sólido argumento en contra: el sujeto del caso y la personalidad anterior habían coexistido. A diferencia de los otros casos de Stevenson, en éste no se producía el tránsito de un alma que abandona un cuerpo tras su muerte física para reencarnarse en uno nuevo.

Por supuesto, era posible argüir que se trataba de un caso especial. Quizá Sumitra había muerto físicamente durante unos segundos y el alma de Shiva se reencarnó en su cuerpo antes de que su descomposición fuera irreversible.

Sin embargo, y en tal caso, ¿qué relación guardaban con el caso los trances sufridos anteriormente por Sumitra? Éste era uno de los aspectos problemáticos del caso y que no encajaban con la idea de la reencarnación. Nadie sugirió que Sumitra hubiera muerto físicamente antes de que, durante los trances, asumiera distintas identidades. ¿De dónde procedían y adónde fueron las almas que parecían reencarnarse en ella durante minutos u horas? ¿Acaso se trataba de personalidades temporales?

Si tomamos como punto de referencia el informe del caso, se observa que la situación todavía se complica más:

En el otoño de 1986 —varios meses después de que el sujeto afirmara ser Shiva—, Sumitra pareció recobrar durante unas horas su personalidad normal. Más tarde, la personalidad de Shiva volvió a tomar el control del sujeto, tal como confirmamos en nuestra última entrevista, en octubre de 1987.

Uno de los aspectos que más me había impresionado al visitar y entrevistar a los sujetos de los casos de Stevenson era el buen estado mental del que parecían gozar todos ellos, confirmado por los tests psicológicos dirigidos por Erlendur Haraldsson que mostraban ausencia de síntomas patológicos entre los sujetos que afirmaban tener recuerdos de vidas pasadas.

Sin embargo, en el caso de Sumitra la conducta respondía a una posible patología de personalidad múltiple. ¿Cómo era posible que Shiva hubiera recobrado temporalmente la personalidad de Sumitra si ésta, de hecho, había muerto? La similitud y consistencia de los otros casos que habíamos analizado y, en definitiva, su simplicidad, contribuían a hacerlos más creíbles, a inscribirlos en el paradigma oriental respecto al orden natural de los acontecimientos, aunque desde la perspectiva de la cultura occidental pudieran parecer fenómenos «sobrenaturales».

Aunque estaba deseoso por conocer más detalles sobre el renacimiento temporal de Sumitra, en el informe, a pesar de la importancia de aquel hecho, sólo se mencionaba vagamente que «el sujeto pareció reanudar temporalmente su personalidad habitual».

Durante el trayecto dispuse de tres horas para estudiar en profundidad aquel caso antes de conocer a su protagonista. Sin embargo, a tenor de la lentitud del vehículo, mis dudas tardarían en resolverse. El problema era debido en parte al mal estado de las carreteras y en parte a la cantidad de pueblos que íbamos dejando atrás. Cuando nos aproximábamos a una de esas poblaciones, la carretera empeoraba, la calzada se convertía en arcilla y después en fango. Invariablemente, el centro de todos aquellos pueblos estaba atestado de gente, tráfico, chabolas, tierra, humo y tenderetes variopintos. Había aprendido a repetirme, como si fuese un mantra, «Se trata del centro neurálgico, un área muy concurrida» al tiempo que trataba de no ver las aguas residuales, los excrementos de los animales, el aire irrespirable, para lograr concentrarme en la exuberancia de vida que rezumaba la India por doquier. A medida que nos alejábamos de Agra, el tráfico fue disminuyendo hasta el punto de no ver ningún coche y casi ningún camión grande. En un momento, siguiendo la retaguardia de un rebaño de búfalos pequeños, un halcón rojo se precipitó del cielo y apresó en sus garras una rata que no dejaba de chillar.

De vez en cuando, en la relativa paz del campo, pedíamos al conductor que se detuviera para estirar las piernas. El asiento trasero, aunque más seguro que el delantero, era más incómodo. Stevenson sufría estoicamente de dolor de espalda y las periódicas paradas fueron haciéndose cada vez más necesarias. Mientras caminábamos en círculos y nos estirábamos, los ciclistas y los carros tirados por asnos pasaban junto a nosotros y nos miraban con curiosidad.

En una de esas paradas le pregunté a Stevenson por qué la descripción del desconcertante renacimiento de Sumitra resultaba tan críptica.

—Sólo contamos con el testimonio del marido —respondió—, y no era el testigo más fidedigno.

Tras preguntarle si habían corroborado aquel dato con otros posibles testigos, Stevenson contestó que no lo recordaba con exactitud. Me sentí bastante frustrado porque, salvo por aquel detalle, el caso era bastante convincente. Aunque se aceptara el improbable hecho de que una campesina prácticamente analfabeta hubiera podido leer en un periódico los pormenores de la vida de Shiva, ¿cómo justificar el que Sumitra identificara a los familiares de aquélla?, ¿cómo explicar el que conociera con detalle la vida de Shiva, el nombre cariñoso con que ésta llamaba a su padre o que era madre de dos hijos, si ninguno de estos datos habían aparecido en el periódico? y ¿qué decir respecto a la repentina alfabetización de Sumitra, capacidad que parecería totalmente fuera del alcance de alguien con su pasado y situación?

Pregunté a Satwant si la había visto leer y escribir. La doctora asintió y dijo que la joven tenía cierta reticencia y timidez en demostrar su destreza, aunque finalmente accedió a hacerlo.

—Escribía como una niña de cuarto o quinto curso de primaria y no como una universitaria —dijo Satwant.

—Siendo analfabeta, hubiera sido extraño no advertir cierta mejora, pero no la destreza de alguien que instantáneamente pasa de serlo a tener educación universitaria —comenté.

—Bien, sería el mismo caso de un virtuoso del piano que toca un instrumento desafinado —intervino Stevenson desde el asiento trasero del Maruti—. No sonaría igual que si estuviera tocando su propio instrumento. Tendría que familiarizarse poco a poco con el nuevo piano.

Enfrascados en la conversación, de pronto me percaté de que ya no transitábamos por «carreteras principales», sino por caminos de tierra que ocasionalmente se bifurcaban. Puesto que hacía más de una década que Stevenson no viajaba por aquellos parajes y no recordaba con exactitud la dirección, nos detuvimos varias veces para preguntar por el camino a Sharifpura. Sin embargo, todos nuestros esfuerzos fueron en vano. En uno de aquellos recónditos caminos perdidos nuestro conductor se vio obligado a detener el vehículo ante un gran neumático que obstaculizaba el paso, sujeto por dos cuerdas atadas a dos postes. Junto a uno de los postes había un hombre que, tras hacernos señales con un bastón, se acercó a la ventanilla del conductor para un peaje por «mejoramiento de la carretera». Creí que se trataba de un atraco, pero mis temores se disiparon al ver que el conductor hablaba con Satwant y a continuación daba un billete al hombre. Al cabo de unos segundos el hombre entregó un recibo al conductor y luego apartó el neumático con el bastón. Reanudamos nuestro camino.

Unos minutos más tarde dimos finalmente con alguien que sabía cómo llegar hasta Sharipfura. Tras cruzar un puente de madera sobre un canal de riego, nos adentramos por un estrecho camino de tierra que atravesaba un exuberante campo salpicado de flores amarillas. Trescientos metros más arriba se convertía en un gran foso de arcilla donde se fabricaban ladrillos; los trabajadores los secaban al sol y luego los apilaban.

Más allá de las pilas de ladrillos había un campo sembrado de trigo. A medida que avanzábamos las ruedas iban hundiéndose cada vez más en el barro y, aunque nuestro chófer parecía decidido a llevarnos hasta el pueblo al precio que fuese, finalmente nos quedamos empantanados.

Eran casi las dos de la tarde, así que decidimos seguir a pie el resto del camino y dejar al chófer allí para que ingeniara una forma de sacar el coche del lodo. Mientras caminábamos bajo el intenso sol, un único pensamiento rondaba mi mente: al margen de lo que durara la entrevista, el viaje de regreso a Agra llevaría otras seis horas más. Seis largas horas hasta poder usar un cuarto de baño más o menos decente.

Caminando por el campo en fila india parecíamos una peculiar y extraña procesión. Stevenson, con la chaqueta sport y el maletín lleno de papeles que siempre llevaba consigo, a la cabeza, seguido por Sat-want, con su bolso y su cámara fotográfica, y a continuación yo, con mi mochila negra al hombro. Pasamos junto a dos mujeres que deja-ron de segar hierba con la azada para vernos pasar.

Tras una curva del camino apareció Sharifpura. Jamás hubiera imaginado ver un pueblo como aquél. Todas las casas estaban cons-truidas con materiales rudimentarios: los tejados eran de paja roja y las paredes de una extraña mezcla de barro, cañas y estiércol.

El camino que atravesaba el campo se transformó en una serpen-teante carretera de tierra que rodeaba el pozo del pueblo, desde don-de salían varios caminos en forma radial que conducían hasta la puer-ta de las viviendas familiares. Cada barracón estaba rodeado por muros construidos con el mismo material que las paredes, dejando un espacio donde los niños jugaban y el ganado descansaba o bebía agua de las cisternas.

Al entrar en el pueblo, nuestra presencia atrajo a una docena de curiosos que nos siguieron. Cuando llegamos a la casa de la familia de Sumitra, la mitad del pueblo ya se había congregado allí.

La suegra de Sumitra, una mujer baja y de cabello gris que vestía un sari anaranjado y lucía en ambas muñecas pulseras de turquesa, haciendo caso omiso de los curiosos, se acercó a Satwant y dijo:

—Sumitra vive en Delhi. Hace siete años que se marchó.

Mientras, después de seis extenuantes horas de viaje, Stevenson y yo encajábamos aquella nefasta noticia, Satwant preguntó a la mujer la dirección de Sumitra en Delhi.

—No tengo su dirección —respondió la suegra—. Hace mucho que no sé nada de ella.

—Me temo que está mintiendo —comentó Satwant.

Traté de analizar la reacción y los gestos de la mujer, que mientras hablaba no dejaba de encogerse de hombros y de agitar un brazo. En-tretanto iban llegando más curiosos, y en cuestión de minutos se con-gregaron en el patio delantero de la casa. De pronto, un niño se abrió paso mientras la gente le señalaba con el dedo. Alguien habló con Satwant.

—Dice que es el hijo de Sumitra —tradujo la doctora—. Y que después de convertirse en Shiva, su marido y ella tuvieron una niña que también está en el pueblo.

Aquellas declaraciones resultaban bastante sospechosas. ¿Cómo podía ser posible que Sumitra y su marido hubieran abandonado a sus hijos y que éstos tampoco supieran nada de sus padres?

—Están mintiendo —dijo Satwant leyéndome el pensamiento, y preguntó a la suegra de Sumitra si podía hablar con su esposo.

—Mi marido le dirá lo mismo que yo. No sabemos nada de Sumitra.

En cuestión de segundos la gente nos rodeó. Cincuenta o quizá sesenta personas tenían sus miradas clavadas en nosotros. Por un momento me temí lo peor y no pude evitar pensar en el coche atascado en el barro.

La suegra de Sumitra farfulló un par de frases con brusquedad que Satwant se apresuró a traducir.

—No deja de decir: «¿Por qué han vuelto? Ya respondimos a todas sus preguntas la última vez.»

La mujer señaló con el dedo la cámara de Satwant y siguió hablando con la misma acritud. Supuse que se quejaba por no haber recibido las fotografías que les habían prometido enviar durante la última visita. Pero lo cierto es que sí las habían recibido y lo que estaba diciendo es que quería que tomáramos más fotografías.

—¿Tomo una fotografía del grupo? —sugerí.

—Buena idea —respondió Satwant—, quizá eso les aplaque un poco.

La mujer pareció calmarse y dijo que tomáramos la fotografía cuando su marido regresara a casa. Pocos minutos después de que la mujer entrara en la choza para ponerse sus mejores galas, el suegro de Sumitra surgió de entre la multitud. Era un hombre de cabello gris con el rostro curtido por el sol.

Tras tomar varias fotografías de los suegros de Sumitra y del hijo de ésta, Stevenson decidió que había llegado el momento de formularles alguna pregunta. Cuando el doctor preguntó si Sumitra seguía afirmando ser Shiva cuando abandonó el pueblo, todos los presentes lanzaron sonoras carcajadas. Un hombre, que sentado en cuclillas junto a la puerta de la casa apestaba a licor, empezó a vociferar como un poseso.

—Creo que deberíamos irnos de aquí —dijo Satwant.

—¿Nos está amenazando? —pregunté.

—No, pero está borracho y me da miedo —insistió Satwant.

Tras tranquilizarla, Stevenson le pidió que preguntara si había alguien que supiera el paradero de Sumitra. En cuanto formuló la pregunta, un hombre gritó:

—¡Si me dieran tres mil o cuatro mil rupias, tal vez podría decirles su dirección en Delhi!

—¿Está diciendo que conoce su dirección pero no nos la facilitará a menos que se la compremos? —repuso Satwant.

—¡No, no! —exclamó el hombre fingiéndose ofendido—. Lo que quiero decir es que si tienen dinero para viajar desde Delhi hasta aquí, tres mil o cuatro mil rupias no supondrán mucho gasto para ustedes...

Aquellas palabras estaban ciertamente cargadas de rencor. Allí estábamos nosotros, con nuestras cámaras fotográficas, nuestra ropa nueva, nuestro coche y chófer de alquiler, ante aquella pobre gente que probablemente no entendía por qué no compartíamos con ellos una parte de nuestro dinero. La tensión era palpable. Aunque se negaban a admitir estar pidiendo dinero a cambio de información, no cabía duda de que nuestra presencia allí provocaba en ellos un intenso resentimiento.

Satwant creía que Sumitra estaba en el pueblo, probablemente escondida en la choza de sus suegros. Para comprobarlo, la doctora pidió permiso a la suegra de la joven para entrar en la casa y hablar a solas con ella.

—¿Por qué? —inquirió la mujer con cierto nerviosismo—. ¿Para qué quiere entrar en la casa?

A tenor de la tensión que se respiraba, propuse a Stevenson una digna retirada, pero él insistió en hacer preguntas y estuvimos allí una hora más.

Cuando finalmente decidimos llegado el momento de marcharnos, el pueblo entero nos siguió hasta el coche, abucheándonos y empujándonos. Stevenson resbaló o alguien le empujó, y tuve que ayudarle a levantarse.

Gracias a la ayuda de algunos hombres, nuestro chófer había logrado sacar el coche del lodo, y nos esperaba sentado al volante. Al vernos llegar, puso en marcha el motor y emprendimos el viaje de regreso.

—Tengo serias reservas respecto a este caso —comentó Satwant mientras el Maruti se alejaba del pueblo.

Sabía a lo que se refería. La única nueva información obtenida tras la entrevista era sólo que Sumitra y su marido ya habían vivido en Delhi una vez. Sumitra contaba entonces 18 años y todavía no había sufrido ningún trance.

Si bien no habíamos conseguido mucho, las fechas eran muy sugerentes. Quizá Sumitra disfrutara de su estancia en la capital; quizá había tenido la oportunidad de mejorar su escritura y lectura cuando estuvo allí. Después de vivir un año en Delhi, regresar al pueblo de su marido debió de deprimirla. Cuando tuvo noticias de que una joven de una casta superior a la suya y de su misma edad había sido asesinada, debió de pensar que si asumía su personalidad podría escapar de la rutina que constituía su propia existencia. Es posible que los trances sufridos por Sumitra fueran auténticos, consecuencia de una depresión nerviosa.

El padre de Shiva, guiado por su deseo de venganza contra la familia política de su hija, probablemente creyó las declaraciones de Sumitra porque corroboraban la sospecha de que Shiva había sido asesinada por ellos. Así pues, el testimonio del padre de Shiva respecto a las identificaciones de Sumitra podía haber sido condicionado por este motivo.

Sin embargo, y una vez más, aquella objeción en contra del caso no era definitiva. El padre de Shiva, por ejemplo, no era la única persona que había presenciado los reconocimientos de Sumitra. Si se trataba de una conspiración para lograr que las declaraciones de Sumitra fueran creíbles, toda la familia de Shiva, además de sus amigos y conocidos, debían de estar compinchados.

Aunque para regresar a Agra tomamos otra ruta, no logramos ganar tiempo. La última parte del trayecto la recorrimos sumidos en la oscuridad de la noche. El brillo de las estrellas, ofuscado por el humo de las hogueras, así como el de los faros de los camiones y autobuses que nos cruzábamos por el camino, eran las únicas señales luminosas que nos advertían de la existencia del mundo exterior y, por un momento, no pude evitar pensar que estábamos tentando al destino. Entre la infructuosa entrevista que acabábamos de realizar y las doce horas de viaje, era lógico que se respirara cierto desconsuelo general. Por lo que a mí respecta, echaba de menos a mi familia. En la India, a diferencia del Líbano, no había podido tener acceso al correo electrónico y, salvo por unas pocas y cortas llamadas efectuadas en las cabinas telefónicas internacionales, siempre ubicadas en los rincones más concurridos y ruidosos de las ciudades, casi no había podido comunicarme con mi esposa y mis hijos. Podía sentir la distancia (medio planeta) que nos separaba y era consciente de que cualquier peligro al que me enfrentara se intensificaría debido a mi soledad e incomunicación. Me sentía tan desconsolado que traté de animarme pensando en mi propia encarnación. Sin embargo, de inmediato me dije: No deseo vivir otra vida sino *ésta*.

Stevenson empezó a hablar de una conferencia que tenía prevista pronunciar en Virginia ante un grupo de científicos interesados en las posibles alternativas a la investigación científica corriente. La cuestión que Stevenson iba a plantear se refería a los elementos irreductibles de la ciencia. Básicamente, quería eliminar algunas expectativas convencionales. Una de ellas era la repetibilidad, la idea de que un experimento pueda repetirse a voluntad. Stevenson sufría las críticas de sus colegas porque sus estudios tenían como objeto un fenómeno espontáneo que no podía ser recreado en el laboratorio.

—Es imposible recrear el impacto de un meteoro o una explosión volcánica —dijo Stevenson—. Sin embargo, esto no significa que no se pueda llevar a cabo una investigación rigurosa sobre estos temas.

—Pero su investigación admite cierto tipo de repetibilidad —maticé—. Cualquier investigador puede entrevistar a las mismas personas que usted ha entrevistado, volverlos a examinar, comprobar de nuevo documentos relevantes. Pero deberían pensárselo dos veces antes de emprender el viaje a Sharifpura... —El interior del Maruti estaba tan oscuro que no pude ver si mi comentario había arrancado al doctor una sonrisa.

Tras un minuto de silencio, Stevenson prosiguió:

—La predictibilidad es otro punto a tener en cuenta. En la ciencia tradicional, para que una teoría sea validada debe favorecer la formulación de predicciones que luego puedan ser sometidas a un examen experimental. Stevenson, por ejemplo, había predicho que el hombre que decía ser un bandido turco debía tener una herida en la parte superior del cráneo similar a la de su pecho, y su deducción había sido correcta. Pero aquella predicción era sin duda una excepción. Stevenson no podía predecir el modelo de un alma, o qué niño recordaría la vida de una persona específica. ¿Significaba ello que su investigación no era válida?

De nuevo pensé que Stevenson podía haber olvidado un aspecto muy importante y se lo comenté.

—Pero usted sí puede hacer predicciones, y además bastante contundentes. Puede predecir que en cualquier lugar donde investigue casos antiguos surgirán nuevos casos. Puede predecir que los investigadores encontrarán pruebas de que ese niño hizo afirmaciones correctas sobre la vida de una persona, que no puede haber aprendido de forma normal.

Stevenson se centró en otros puntos. Falsabilidad, por ejemplo —la idea de que una teoría para ser válida debe ser potencialmente falsable—. Algunos críticos preguntarían a Stevenson: «¿Cómo puede demostrar que alguien no se ha reencarnado?» Sin embargo, no creo que él esperara que alguien le formulara esta pregunta. El único modo de lograr que Stevenson hiciera sus maletas y regresara a casa sería demostrar que la reencarnación no explicaba sus observaciones.

Stevenson y yo conversamos sobre este tema largo y tendido, pero cuando terminamos de hacerlo él parecía tan pesimista como siempre. Esperar lo contrario hubiera sido una utopía. Stevenson estaba totalmente sumergido en sus casi tres mil casos que corroboraban, de una u otra forma, sus hipótesis. Había trabajado en ello durante casi cuatro décadas pero no había conseguido un recorrido por la ciencia ortodoxa. Stevenson sabía que su tiempo se estaba agotando.

—Hay un poderoso conservadurismo en la comunidad científica —dijo—. No se persuade a la gente con pruebas. Antes preferirían morir que aceptar nuevas ideas.

Mientras un par de faros iluminaron el interior del Maruti, reflexioné sobre las palabras de Stevenson.

—¿Por qué la gente se niega a aceptar esta evidencia? —me preguntó.

¿Se refería a la gente en general o en concreto a mí? ¿Estaba pidiéndome que me pronunciara a favor o en contra de la reencarnación?

Respondí con cautela:

—Bien, ciertamente esta evidencia hace de la reencarnación un fenómeno posible, pero ¿también probable? Nadie sabe qué es el alma. No sabemos a través de qué mecanismo el alma puede abandonar el cuerpo y entrar en otro. Todavía desconocemos mucho sobre estos temas y en este desconocimiento radica esencialmente el problema.

—Pero ¿qué otra explicación puede darse a todo cuanto hemos visto y presenciado? He tratado de pensar en otra posibilidad pero, por eliminación, la reencarnación es la única vía que parece justificarlo.

—Bueno, desde luego la reencarnación es una explicación razonable para todo cuanto hemos presenciado. Pero no estoy absolutamente convencido de que no sea una sutil combinación de fuerzas culturales o algún tipo de percepción extrasensorial la que genere algunos de estos casos. Me refiero a ciertas pulsiones culturales, a tradiciones inconscientes... Quizá algunas necesidades humanas se manifiestan a través del inconsciente colectivo y sea precisamente la fuerza de éste la que genere estos casos de alguna manera... —Pero mientras me escuchaba pensé: ¡Dios mío!, ¿esto que acabo de decir es siquiera probable?

Empezaba a dolerme la cabeza de tanto pensar en ello. Estaba aprendiendo lo que Stevenson había aprendido hacía años: que el caso perfecto siempre parece estar a la vuelta de la esquina pero, cuando aparece, provoca todavía más dudas. Por un momento tuve la sensación de que una extraña fuerza nos enviara esos casos convincentes para hacer imposible su refutación, pero nunca con absoluta certeza.

La lógica de la investigación no resolvía las posibles dudas, sino que las intensificaba todavía más. Sin embargo, tarde o temprano la reencarnación dejaría de ser una explicación fantástica. Si personalmente aceptaba la validez de uno de aquellos casos, me vería obligado a aceptarlos todos, o al menos la mayoría. Si la reencarnación era la explicación de sólo uno de ellos, la posibilidad de que las declaraciones de Shiva, el lechero y los demás testigos fueran una conspiración quedaría totalmente descartada.

Así pues, me pregunté por primera vez por qué, a tenor de todo lo visto y oído, me resistía a aceptar la evidencia de la reencarnación.

Sin embargo, había algo que me impedía aceptarlo, un factor que intuía pero aún no lograba comprender.

CUARTA PARTE

Niños del vecindario

16

Un territorio llamado Dixie

Cuando regresé a Estados Unidos y narré las experiencias vividas en el Líbano y la India, siempre me preguntaban por qué en nuestro país no se daban casos de reencarnación. Sin embargo y al cabo del tiempo, descubrí que muchas personas también tenían historias que contarme sobre sus propios hijos o sobre niños que parecían albergar recuerdos de vidas anteriores.

La mayoría de estas historias eran fragmentarias y vagas y no aportaban demasiadas evidencias, salvo la confirmación de que los niños son criaturas muy imaginativas. Una mujer me contó que su hija solía decir «Recuerdo cuando estaba en el cielo», mientras que otra aseguraba que su hermana de dos años de edad se quedaba de pie en la parte superior de la escalera contemplando su cuerpo y luego decía: «Me alegra haberte escogido.»

Recuerdo que mi hija tenía un pánico terrible a los *hula-hoops*. Había encontrado uno en el armario de los juguetes y se puso a llorar y gritar con desespero. ¿Acaso se trataba de una fobia de una vida anterior? Mi hijo solía contar historias que siempre iban precedidas por una frase como «Cuando yo era padre...». Pocos días después de regresar a casa, le pregunté si recordaba haber dicho aquello.

—Era muy pequeño —me contestó—. No sabía cómo decirlo correctamente. En realidad, lo que quería decir era «cuando sea padre».

Supongo que aquello podrá ser un ejemplo más de cómo un niño está condicionado cultural y socialmente para ignorar y censurar recuerdos de una posible vida anterior. Pero, al igual que muchas de las cosas que escuché, la afirmación original era tan fragmentaria que no le di demasiada importancia.

Sin embargo, algunas historias eran mucho más que meras anécdotas. Una vecina que había trabajado como maestra en un parbulario me comentó que una de sus alumnas siempre hablaba de cuando vivía en Virginia y explicaba detalles de su vida allí. Una día, mi vecina preguntó a la madre de la niña cuántos años tenía su hija cuando se trasladaron de Virginia a Florida. La madre la miró con sorpresa y respondió: «Nunca hemos vivido en Virginia.»

Una niñera me explicó que una niña que había estado a su cargo le había contado una larga historia que empezaba así: «Antes de ser yo, vivía en San Francisco. El nombre de mi mejor amiga era Bonnie y las dos íbamos en una camioneta cuando tuvimos un accidente y morimos.»

¿Qué habría descubierto si hubiera podido localizar a aquellos niños y entrevistar a sus padres? Quizá la niña que decía haber vivido en Virginia tenía otros recuerdos y podía concretar un tiempo y un lugar. Y respecto a la que decía haber muerto en San Francisco en un accidente con su mejor amiga, Bonnie, si echaba un vistazo a los informes de accidentes de tráfico ocurridos cinco años antes de que la niña naciera, quizá habría encontrado una Bonnie que murió junto con otra mujer en un accidente de tráfico. Por supuesto, mi amiga no recordaba el nombre de la niña o si Bonnie era realmente el nombre de la amiga.

Mientras estaba contando estas historias a un amigo mío, Gene Weingarten —periodista y editor del *Washington Post* y una de las personas más escépticas que jamás he conocido, la clase de persona que antes preferiría que le cortaran la mano a admitir la existencia de fenómenos paranormales—, dijo:

—¿Recuerdas la historia del hermano de Arlene?

Arlene, la esposa de Gene, había crecido en Connecticut, hija de una vieja familia norteña. Sin embargo, tan pronto su hermano pequeño Jim aprendió a hablar, empezó a decir que había nacido en Dixie. Cuando el niño decía aquello, sus padres le corregían y le decían que había nacido en Bridgeport, Connecticut. Pero Jim insistía: «Yo nací en Dixie.»

Según Arlene, lo extraño no era que su hermano no dejara de repetir aquella frase, sino que empleara la palabra «Dixie» para referirse a los estados del sur de Estados Unidos, una palabra coloquial ya en desuso. ¿Quién utilizaba aquella palabra en Connecticut en los años sesenta del siglo xx?

Pregunté a mi amigo si su esposa o los padres de ésta pensaron alguna vez que pudiera tratarse del recuerdo de una vida anterior. «¿Bromeas?», le respondió ella cuando se le ocurrió sugerírselo. Según Arlene, tanto sus padres como ella estaban convencidos de que la actitud de su hermano se debía a que era un niño muy extraño.

Durante sus primeras vacaciones la familia al completo se trasladó al sur del país, concretamente a Florida. Arlene tiene un vago recuerdo de aquel viaje en coche, pero, estaba segura de que su madre lo recordaría con más claridad. Así pues, llamé a la madre de Arlene, Phyllis Reidy, que ahora vivía cerca de Miami.

—Recuerdo que el viaje fue muy pesado (mi esposo, mi suegra, mis dos hijos y yo viajábamos en nuestra furgoneta roja) —recordó la mujer—. En aquella época no había autopista, así que condujimos por la vieja carretera estatal 301. Arlene tenía nueve años y Jim seis. Una de las primeras frases que Jim pronunció cuando empezó a hablar fue: «Yo soy de Dixie.» No dejaba de repetirla. Y también hablaba de una manera extraña. Parecía tener cierto acento sureño. Solíamos preguntarle si había nacido en Boston y él siempre respondía: «No, yo soy de Dixie.» Supongo que debimos preguntarle a qué se refería con que era de Dixie, pero nunca lo hicimos. En aquellos días no era habitual hacer preguntas a los niños.

»Cuando conducíamos por el sur del país, empezó a ponerse nervioso y nos contó que sus abuelos y sus padres eran de Dixie. Recuerdo que le dije: "Nosotros somos tu padre y tu madre", pero él replicó: "No, no lo sois."

»Cuando nos encontrábamos en Georgia, en dirección a Carolina del Sur, empezó a volvernos locos con sus comentarios: "Os mostraré dónde vivía. ¡Es por aquí! Está muy cerca de aquí, en la cima de aquella montaña, detrás de aquellos árboles."

—¿Describió Jim la casa? —pregunté.

—Sólo dijo que era una casa vieja.

—¿Fueron a echar un vistazo?

—No, no queríamos desviarnos de nuestra ruta —respondió la

madre—. Después de aquel viaje, ya nunca volvió a decir que era de Dixie. Y dejó de tener aquel extraño acento sureño dos semanas después de regresar a casa. Nos aliviamos mucho cuando dejó de darnos la lata con aquella cantinela.

Arlene no pudo evitar reír cuando le conté la versión de la historia según su madre.

Aunque Phyllis me dijo que no creía que Jim pudiera recordar aquel incidente, me dio su número de teléfono y le llamé. Jim Reidy es en la actualidad un ingeniero de telecomunicaciones que vive en Massachusetts.

—No recuerdo mucho más de lo que mi madre te ha explicado —me dijo al principio.

—¿Lo recuerdas como una historia que tu familia te ha contado? ¿O tienes recuerdos propios anteriores a tu viaje a Georgia?

—Recuerdo que podía describir la casa —me dijo—. Siempre tenía la imagen de aquella casa: el porche, el sauce llorón del jardín, la cerca que rodeaba la casa. También recuerdo a mis padres.

—¿Te refieres a tus padres y a los de Arlene?

—No, me refiero a los que tenía cuando vivía en aquella casa. Sus rostros están borrosos, pero recuerdo que se trataba de una familia aristocrática, gente con influencia. Yo era hijo único, el niño mimado al que todos malcriaban. Es todo cuanto recuerdo.

—¿Cómo te explicas todo esto? —pregunté—. ¿Has pensado alguna vez que quizá alguien se reencarnara en ti?

—Eso no. Nosotros somos católicos irlandeses y la reencarnación no encaja con nuestra fe. Pero aquello me hizo pensar en la posible existencia de un universo paralelo o algo así.

Una cosa estaba clara, pensé. Comprobar las declaraciones de Jim no habría sido más difícil que de tratarse, efectivamente, de un fenómeno en el que estaba implicada una cuarta o quinta dimensión. Supongo que hubiera podido acompañar a Jim en coche por la vieja carretera 301 hasta Georgia y comprobar si reconocía la casa. No obstante, en el improbable caso de que la casa todavía estuviera en pie, y en el más improbable supuesto de que la reconociera, ¿cuál era el siguiente paso? Todo cuanto él recordaba era que en otro tiempo una pareja aristocrática con un hijo único había vivido en una casa con un porche y un sauce llorón. En los años anteriores a la década de los sesenta, aquella imagen era bastante común en el sur de Estados Unidos.

Todo aquello no era más que una anécdota curiosa, pero sin embargo no podía dejar de pensar en ello. Se trataba de una familia a la cual la idea de la reencarnación le sonaba a chino. Ciertamente no sabían nada de Stevenson ni de sus casos. Sin embargo, técnicamente el caso era idéntico a los del Líbano: con su primera frase un niño afirma no ser del lugar en el que ha nacido; a continuación, dice que sus padres no son sus padres, que los verdaderos eran de Dixie, como sus abuelos. «Os mostraré dónde vivía...»

Ciertamente aquella historia empezaba a responder a la pregunta de por qué no había ningún caso en nuestro país. Sin embargo, los hay. Si había descubierto aquél solamente hablando con la gente que conocía, ¿qué podría descubrir si llevaba a cabo una investigación sistemática?

Ni siquiera Stevenson había investigado sistemáticamente casos de vidas pasadas en Estados Unidos. Sin embargo, a través de pacientes y personas que llamaban cuando vieron la mención de este trabajo en los medios de comunicación, Stevenson había recogido más de cien casos de niños norteamericanos que hacían afirmaciones sobre vidas pasadas y había investigado algunos de ellos.

Estadísticamente, los niños americanos tienen menos recuerdos específicos que los niños del Líbano y la India. No suelen hablar de lugares o mencionar nombres personales y probablemente no suelen identificarse con una personalidad previa. De hecho, los únicos casos norteamericanos en que los niños han mencionado detalles para identificar claramente una personalidad previa y proporcionado afirmaciones verificables sobre sus vidas eran «interfamiliares», como el de un niño que decía recordar la vida de su abuelo.

No obstante, al margen de cuán convincentes pudieran ser, estos casos tenían dos puntos débiles: el primero, una clara motivación —el dolor y el deseo de que un miembro de la familia regresara— y, segundo, el deseo inconsciente de generar el caso.

Stevenson me explicó un caso interfamiliar que estaba investigando en Chicago. La madre, una camarera de la cadena Dunkin'Donuts, había tenido una trágica experiencia con su primer hijo, que murió a los tres años de cáncer. El niño tenía un tumor en el lóbulo izquierdo del cerebro y en su ojo izquierdo, y una pierna tullida. Antes de su muerte había aprendido a caminar con la ayuda de una muleta. Pero pronto tuvo que ser hospitalizado y el cáncer se extendió.

La madre estaba desolada y siguió llorando la muerte de su hijo incluso después de tener dos hijos más. Cuando dio a luz a su cuarto hijo, un niño, se convenció de que su primer hijo había renacido en él. El niño tenía marcas y defectos congénitos que coincidían con las zonas afectadas del niño fallecido: un nódulo en la zona de la cabeza donde estaba situado el tumor, un defecto en el ojo izquierdo donde el primer niño tenía otro tumor, un defecto en su pierna que le hacía cojear y una marca de nacimiento en el pecho allí donde los médicos habían implantado un tubo al primer hijo cuando agonizaba. Esta marca de nacimiento había incluso supurado alguna vez.

El problema fue que el prolongado dolor de la madre por su hijo fallecido generó una sólida posibilidad de que se tratara más de una fantasía que de la evidencia de la reencarnación. Cualquier correspondencia entre las marcas de nacimiento o defectos y la enfermedad del primero de sus hijos podía ser una coincidencia que aumentaba en la madre la creencia de que su primer hijo se había reencarnado. Por otra parte, la brevedad de la vida del primer niño, junto con el apasionado deseo de la madre por creerle reencarnado, podía hacer que el niño estuviera condicionado a hacer afirmaciones acerca de recuerdos de su vida pasada sin apenas valor para llevar a cabo una investigación en regla.

Yo sabía que incluso el caso interfamiliar ideal seguiría teniendo el inconveniente intrínseco de que el niño, rodeado desde el nacimiento por fuentes potenciales de información sobre su alegada vida anterior, estuviera condicionado a hacer ciertas afirmaciones. Sin embargo, quería analizar personalmente uno de estos casos por una sencilla razón: porque este tipo de casos constituía un alto porcentaje del conjunto de casos norteamericanos de Stevenson.

Stevenson tenía un caso de estas características muy cerca de su casa, en Charlottesville. Poco después de regresar de la India, volé hasta allí para reunirme con él. Ante mi petición, se había puesto en contacto con la familia y ésta había accedido a hablar conmigo.

—No me importa hacerles otra visita —dijo Stevenson—. Todavía hay detalles que me gustaría comprobar de nuevo.

Así pues, una mañana recorrimos las pintorescas montañas del sur de Charlottesville, justo al este de las montañas Blue Ridge. El sujeto era un niño que ahora contaba con nueve años de edad, cuya familia creía que recordaba la vida de un tío muerto en un accidente de tractor veinte años antes de que el niño naciera.

La familia accedió a que la entrevistáramos a condición de que mantuviésemos el anonimato del niño. Vivían en una caravana en una pequeña llanura entre unas montañas boscosas.

—Todo cuanto ve desde aquí es nuestra tierra —dijo la tía del niño al entrar por la puerta. La mujer, hermana mayor del tío fallecido, era de baja estatura —no más de un metro veinte— y trabajaba como consejera en una escuela local. Jennifer, su hermana pequeña, mucho más alta que ella, era la madre del niño. La madre nos dio la bienvenida en la zona de la caravana más parecida a un salón, donde el niño, Joseph, estaba sentado en un sofá. Cuando entramos, el niño ni siquiera nos miró, estaba enfrascado viendo la programación matinal de dibujos animados del sábado. Joseph era regordete, como su madre, tenía la cara redonda, el cabello castaño y la mirada inocente de cualquier niño. Más tarde, su tía puntualizó que sus compañeros de escuela le llamaban peyorativamente «granjero» por vivir en medio del campo.

—Lo más divertido es que ninguno de estos chicos ha visitado nunca una gran ciudad —bromeó la tía.

El tío, David, había muerto cuando el tractor que conducía volcó y pasó por encima de su pecho. La madre explicó que Joseph había nacido con problemas asmáticos que a veces le impedían asistir a la escuela.

—Mis padres estaban destrozados cuando murió David —dijo la tía—. Nadie hablaba de su muerte. Y ciertamente nadie le mencionaba en las conversaciones informales cuando Joseph nació. Así que las cosas que cuenta mi sobrino no las pudo escuchar siendo pequeño.

«Las cosas que cuenta» eran una serie de afirmaciones que Joseph había hecho y que parecían coincidir con la vida de su tío. Casi siempre llamaba a su abuela «mamá» y se refería a su madre por su nombre, pero nadie hizo demasiado caso a aquella confusión. Después de todo, ella y Jennifer llamaban «mamá» a la abuela de Joseph. Pero Joseph no tardó en decir otras cosas.

—Una vez estaba sentado en el sendero de la casa de mis amigos mirando el tejado —explicó la madre—, y de pronto llamó a mi madre y le dijo: «Mamá, ¿recuerdas cuando papá y yo pintamos el tejado y acabé lleno de pintura roja de la cabeza a los pies. "¡Estás loco!", me dijiste!» Mi madre exclamó ¡Joseph!, pero él no respondió. Luego me dijo: «¡Dios mío, Jenny, David acaba de hablar conmigo. Porque David pintó el tejado y se manchó de pies a cabeza de pintura. El problema es que pintamos el tejado de rojo en 1962, y desde entonces ha sido verde.»

»Luego un día estabamos en la carretera 11 y Joseph dijo: "Cuando era pequeño no había casas por aquí. Solía haber bosques e íbamos de caza." Y otra vez, mientras pasábamos frente a la granja de los Bureau, dijo: "Recuerdo que esto era un campo de maíz. Solía ayudar a cosecharlo con unos tipos llamados Clark y Floyd." "¿De veras?", le pregunté y él me contestó: "Si, y nos enfadamos por un par de botas."

Stevenson y yo preguntamos si ella o David conocían a aquellas personas.

—No les conozco —dijo la mujer—, pero en esta zona hay muchos Clark y Floyd.

»Joseph hizo otra serie de afirmaciones similares de vez en cuando, pero siempre hablaba como si no supiera distinguir esos "recuerdos" de los de su propia vida. Una vez me dijo: "¿Cuándo jugaremos con las sábanas y la ropa como hacíamos tú y yo?" Cuando éramos niños, David y yo solíamos jugar con la ropa tendida. Pero aquí no hemos tendido ropa desde hace doce o trece años. Secamos las sábanas en la secadora, como todo el mundo.

»Joseph nunca dijo que su nombre fuera David ni nada parecido a "Yo era tu hermano y ahora soy tu hijo" —explicó Jennifer—. Una vez, sin embargo, ella le mostró una fotografía de David del álbum familiar y el niño dijo: "Es exactamente como yo."

Jennifer nos contó que durante muchos años Joseph había tenido un amigo imaginario llamado Michael. Podía oírle hablar y decir el nombre de Michael cuando estaba solo en su habitación. Incluso compraba juguetes para Michael y cuando añadía a su colección de sombreros uno, siempre compraba otro para Michael.

«Es divertido: si me enfado con Michael y le lanzo mi coche, siempre acierto», dijo Joseph una vez a su madre.

—¿Y usted qué hizo?

—A veces se me eriza el vello de la nuca y percibo un aire frío al recorrer la casa. Una vez se llevó a mi pequeña sobrina Jamie para que jugara con Michael y con él, y ella volvió diciendo: «No me gusta jugar con Michael. Se ríen de mí.»

La mujer también contó que a veces el perro gruñía cuando Joseph decía que Michael estaba junto a él. Michael hacía tiempo que no parecía estar con él. «Se enfadó conmigo y se marchó», dijo Joseph.

Joseph nunca mencionó el apellido de Michael o cualquier relación con su tío fallecido. Pero su madre dijo que una vez, cuando pasaban con el coche junto al cementerio, Joseph dijo: «Visitemos la tumba de Michael. Es alguna de estas que tienen una bandera norteamericana.»

Muchos niños tienen amigos imaginarios y la gente cree en este tipo de cosas. Sólo por el hecho de que Joseph lo tuviera y de que su madre potenciara la idea de que Michael debía de ser algo más que una mera fantasía, su historia respecto a las afirmaciones relacionadas con el tío del niño no dejaban de ser menos creíbles. Pero Stevenson había dicho que no llevaría este caso ante un tribunal.

Cuando estábamos a punto de irnos, preguntamos si recordaban alguna cosa más.

—Estoy segura de que hay otras cosas —dijo su tía—, pero nunca las hemos anotado.

Luego, mientras nos encaminábamos hacia la puerta, dijo algo acerca de los zapatos de Joseph.

—¡Hay algo que he olvidado! Cuando era pequeño insistía en comprar los zapatos un número mayor que el suyo. Decía: «Mamá, sé perfectamente la talla que llevo, es la número ocho.» Era un verdadero suplicio comprarle zapatos. No daba su brazo a torcer. De hecho, teníamos que comprar un par y, una vez en casa, demostrarle que eran demasiado grandes para él.

—¿Qué talla calzaba David? —pregunté. Sin embargo, no hacía falta que me respondiera; sabía de sobras la respuesta.

17

Los límites de la ciencia

Aquella semana Stevenson estuvo muy ocupado con la celebración —en Charlottesville— del congreso anual de la Society for Scientific Exploration, de la cual Stevenson tenía esperanzas de que el grupo que constituía la sociedad sirviera para combatir el aislamiento de los estudios parapsicológicos y ayudar a aquellos que como él trabajaban en las fronteras de la ciencia ortodoxa.

Stevenson era una eminencia en su campo, alguien a quien los demás miembros de la sociedad respetaban. A principios de aquella semana, había hablado del tema sobre el cual versaría su conferencia. Lo habíamos discutido la noche que regresábamos a Agra tras haber tenido la desagradable experiencia en Sharifpura, argumentando que el tipo de investigación de campo que habíamos llevado a cabo era científicamente válido, incluso aunque no se llevara a cabo según los estándares de los laboratorios.

No pude asistir a su conferencia, pero la leí en el programa del congreso. Estaba redactada con un habitual lenguaje informal, pero, en su conclusión detallaba en sólo tres frases cuarenta años de algunas experiencias frustrantes, así como las esperanzas que depositaba en el futuro. «Cuando los informes de las observaciones parecen entrar en conflicto con los hechos que la mayoría de científicos aceptan como establecidos e inmutables, surgen dificultades. Los científicos tienden a rechazar observaciones conflictivas... Sin embargo, la historia de la ciencia demuestra que las nuevas observaciones y teorías finalmente prevalecen.»

Stevenson estaba tan solicitado aquellos días que incluso me llamó para que le sustituyera en el partido de tenis semanal que jugaba en un club deportivo cercano al campus a las ocho de la mañana. A tenor del sorprendente nivel de estamina que Stevenson demostró durante nuestros viajes, no me sorprendió descubrir que sus compañeros de juego, de edades entre cuarenta y setenta años, demostraran una formidable forma física.

El hecho de que Stevenson estuviera tan ocupado me permitió disfrutar de tiempo libre para pasear por el campus, situado justo enfrente de mi hotel, y para asistir a algunas conferencias.

Aquélla era mi primera oportunidad de visitar uno de los más espectaculares campus del país en una época del año inmejorable, pues aunque estábamos a finales de mayo el verano parecía haberse anticipado. Los árboles estaban en su máximo esplendor y por la tarde la temperatura subía hasta los 27°C. La Universidad de Virginia es un monumento al genio de Thomas Jefferson; una versión ideal de un momento ideal en el tiempo. Las magníficas cúpulas, los exuberantes jardines amurallados y las sombras de los árboles en el césped que se extendía a lo largo de senderos de ladrillo rojo y columnatas blancas lo convertían en un lugar de ensueño. Podía sentir el incondicional optimismo de Jefferson, su ilimitada confianza en la mente humana. En los albores del siglo XIX, cuando fue construido el campus, el universo parecía entregar rápidamente sus secretos a la ciencia. Pronto no habría más misterios que resolver. Toda la creación sería tan metódica, serena y organizada como aquel campus.

Había transcurrido más de un año desde que visitara a Stevenson por primera vez en aquella misma universidad. Desde entonces me había sumergido compulsivamente en la lectura de libros sobre teoría cuántica y sobre la investigación bioquímica y la inteligencia artificial, la clase de temas casi impenetrables que siempre habían permanecido en la frontera de mi conciencia, un indicador de la oscura y escarpada frontera entre la ciencia moderna y mi ignorancia.

Lo poco que sabía de aquella frontera lo había conocido de refilón pero tenía una vaga idea de que el avance de la ciencia había sido más espectacular incluso de lo que el propio Jefferson hubiera podido soñar, aunque finalmente menos satisfactorio. Ciertamente, era consciente de que no todos los misterios habían sido ya descubiertos.

De aquellos temas específicos yo no tenía más conocimiento que la mayoría de la gente. Sin embargo, ahora tenía un aliciente para explorarlos, una necesidad por comprender si en aquellas teorías había algo que pudiera encender una bombilla que iluminara, aunque indirectamente, todo cuanto había presenciado durante mis viajes.

Cuando abandoné la física en el instituto, ya sabía que ni siquiera los electrones y las partículas que constituyen un átomo nuclear eran los «ladrillos básicos de que se constituía la materia» y que los físicos siempre habían buscado. Además, también tenía el presentimiento de que una vez te sumerges en el nivel subatómico de la materia, todo se te escapa de las manos y parece actuar de forma independiente, al margen de los humanos.

Lo que no comprendía era que la ciencia del mundo subatómico estuviera basada en un misterio. Los físicos, tratando de observar esas partículas, descubrieron que no podían decir con exactitud el lugar que ocupaba una partícula si medían su velocidad, y tampoco a qué velocidad se movía si conocían su localización. Esto no significaba que no tuvieran la preparación o el conocimiento para ello, sino que resultaba literalmente imposible. Las partículas no ocupan espacio alguno ni se desplazan a través de una vía susceptible de definir con términos corrientes y cuantificables. La verdadera esencia de esas partículas era totalmente diferente de cualquier cosa vista antes. Estas partículas iban en parejas y aunque una de ellas fuese separada de la otra, ambas seguían influenciándose recíprocamente. La cuestión era cómo y de qué forma.

Algunos científicos pensaron en alguna causa física, algún tipo de extraordinario y rápido mensaje transmitido de una partícula a la otra. El problema de esta explicación, sin embargo, era que las partículas estaban demasiado separadas para que cualquier fenómeno físico atravesara el espacio entre ellas con la suficiente rapidez para transmitir el mensaje, porque la velocidad tendría que exceder la velocidad de la luz, lo cual es imposible.

Esto abría la puerta a una inexplicable sincronicidad, a un fenómeno desconocido. A estas circunstancias los físicos asignaron el perfecto aunque poco elegante nombre de «causa no-local».

También descubrí que la materia era sólo otra forma de energía, y que el origen de dicha energía resultaba difícil de determinar. ¿Acaso procedía de la nada? Se desconocía su origen; la energía y la materia podían haber sido creadas a partir de la nada y volver a desvanecerse en ella.

Todas las fronteras de la llamada realidad no estaban tan bien definidas y delimitadas como imaginábamos. Incluso el tiempo trascendía el marco inmutable que la mayoría de la gente le atribuye. Mi modesta comprensión de la teoría de la relatividad de Einstein no me había preparado para saber que el tiempo depende del lugar y las condiciones en que es observado. Ambas, la gravitación y la velocidad, literalmente cambian la forma del tiempo y el espacio.

A partir de aquí, y teniendo en cuenta que el tiempo discurre con más lentitud en la cima del Everest que en su base, resultaba difícil y extraño admitir la existencia de una cuarta dimensión en un universo donde pasado, presente y futuro son simplemente aspectos diferentes.

En algún sentido, el presente, el pasado y el futuro, por seguir utilizando palabras convencionales, sólo serían términos apropiados en un mundo tridimensional pero no simultáneamente. Y aquí radica precisamente el problema. Nuestro lenguaje y nuestra experiencia no pueden designar y experimentar una realidad cuatridimensional, porque ambos sólo conciben realidad tridimensional.

¿Pero qué ocurriría si el mundo fuera cuatridimensional? Parecía inconcebible. Sin embargo, se me ocurrió una metáfora que al menos ayudaba a imaginarlo. Así pues, imaginé un mundo bidimensional. En este mundo de pronto surge un punto de la nada, a continuación se esparce en un gran círculo cada vez más grande hasta alcanzar un diámetro máximo para finalmente empequeñecerse y desvanecerse.

Sin embargo, en la realidad —es decir, en nuestro mundo tridimensional—, el fenómeno se percibirá como un simple balón moviéndose tras recibir un impulso.

Quizá todos estos extraños fenómenos que la ciencia había descubierto presentaban un efecto parecido. Quizá sólo aparecían sorprendiendo a criaturas tridimensionales condenadas a vagar a través de un espacio cuatridimensional percibiendo sólo las sombras de las cosas.

¿Y qué éramos nosotros al fin y al cabo? Los genetistas, los biólogos y los informáticos habían luchado entre ellos durante décadas tratando de ser los primeros en crear, duplicar y casi incluso definir la conciencia. Sin embargo, ninguno de ellos había dado nunca con una solución.

¿En qué situación nos dejaba todo esto...? ¿Dónde nos encontrábamos? ¿Quizá sumidos en un estado de sobrecogimiento paralizante?

Éste, sin duda, no era el futuro que Jefferson imaginaba. En mi opinión, esta insatisfacción explicaba, por lo menos parcialmente, el límite de la ciencia y la búsqueda de nuevas respuestas. La Society for Scientific Exploration era una federación rigurosa de científicos que habían vislumbrado el agujero negro que la ciencia ortodoxa no había sabido explicar y que consideraba demasiado radical para ser tenido en cuenta.

No todos los miembros de la sociedad proponían ideas radicalmente contrarias a la ciencia ortodoxa, como las de Stevenson. Sin embargo, todos trataban de aproximarse a temas desdeñados por la ciencia ortodoxa a través de un enfoque científico, temas como el fenómeno OVNI, la vida después de la muerte, la percepción extrasensorial, la sanación psíquica o incluso al mecanismo que determina que ciertas mujeres que viven juntas tiendan a sincronizar sus períodos menstruales.

Los temas iban de la seriedad más circunspecta («Proyecto de creación de un centro para probar la eficacia de terapias complementarias y alternativas para reducir el dolor y la angustia en pacientes seleccionados») al delirio («El corazón no es una bomba de presión que fuerza a que la sangre inanimada fluya como el agua por los grifos. Todo lo contrario, la corriente sanguínea se debe a una fuerza cósmica oculta durante 300 años por el falso concepto teorizado por Borelli y Newton»).

Algunos de los participantes no eran científicos, sino auténticos chiflados que pretendían alimentar las voces internas que les hablaban de proyectos y conspiraciones para mantenerles al margen de la verdad. Cuando entraba en el auditorio una tarde, fui arrinconado por una mujer que se dirigió a mí encolerizada:

—Usted es periodista. Dígame por qué nunca se han publicado las auténticas fotografías de la expedición a Marte.

Comprendí a lo que se estaba refiriendo: a las fotos que mostraban que la llamada «cara de Dios» no era más que una formación geológica en la superficie de Marte.

—Todos pueden ver que la primera fotografía (la que muestra claramente un rostro) tiene mucha más resolución que las supuestas fotos que los periódicos publicaron después del segundo lanzamiento —prosiguió la mujer con nerviosismo—. Alguien consiguió fotografías antiguas, de mala calidad y las sustituyó por las auténticas. O fue esto lo que realmente ocurrió o quieren ocultarnos la verdad.

—Pero ¿por qué querría alguien ocultar la verdad sobre este particular? —pregunté.

—Eso es lo que a mí me gustaría saber —respondió mirando de reojo a ambos lados de la sala como si temiera que alguien nos espiara.

Esta mujer se codeaba con algunos innegables intelectos. Uno de los conferenciantes, David Bishai, demógrafo de la Universidad Johns Hopkins, participaba con un charla-coloquio sobre la dinámica de la migración que explicaría por qué la explosión demográfica no refutaba automáticamente la reencarnación. El propio Bishai no creía en la reencarnación, pero una noche, vio un programa de televisión sobre uno de esos «misterios científicos» en el que se decía que nunca han vivido tantos seres humanos como para suministrar un número suficiente de almas para la población actual.

—Obviamente, afirmar esto es un craso error —dijo Bishai.

En primer lugar, señaló que la cifra estimativa del número de seres humanos fallecidos supera el número de las que viven en la actualidad. Pero incluso aunque esto no fuera así, no tendría importancia. Bishai dibujó un diagrama mostrando una línea que dividía dos hipotéticos estados, A y B. A era el mundo que nosotros conocemos, al que la gente inmigra a través del nacimiento y del que emigra cuando muere.

—Supongamos que los seres humanos proceden de un lugar desconocido y viajan a otro lugar también desconocido, al que llamaremos estado B.

Entre el murmullo del público, una voz se levantó para protestar:

—¡Pero usted está asumiendo que todos vienen y van al mismo lugar!

Bishai, que todavía estaba escribiendo en la pizarra, giró sobre los talones y se enfrentó al escepticismo del público.

La hipótesis de Bishai era la siguiente: incluso asumiendo que no puedan crearse «nuevas almas», el estado B podía haber empezado con un incontable número de almas. Mientras la población aumentaba en el estado A, decrecía en el B, pero podía haber una enorme reserva, lo que podría permitir que la población del estado A creciera de forma ilimitada.

Bishai tenía razón. Lo que decía era obvio. Al escuchar sus palabras recordé la conversación que unos meses antes había mantenido con Ricardo, el ecologista cristiano, en el balcón con vistas a Beirut. Ricardo había elevado los brazos al cielo cuando, en una conferencia mundial sobre población, su colega druso se negó a admitir que la explosión demográfica era una prueba contra la reencarnación. Me preguntaba qué hubiera pensado Ricardo de la teoría de David Bishai.

No había entrado expresamente en el auditorio para asistir a la conferencia de Bishai, que en ese momento la estaba pronunciando. Mi intención era asistir a la que iba a impartir Jim Tucker, un psiquiatra infantil de 39 años de edad que trabajaba con Stevenson desde hacía cinco años. Stevenson hablaba muy bien de Tucker, y aunque nunca lo mencionó, me pregunté si pensaba en él como su posible sucesor.

Tucker iba a hablar sobre los casos que había estudiado en el sudeste asiático, en Burma y Tailandia, donde tenían la costumbre de marcar el cuerpo de un pariente muerto con carboncillo u otra sustancia con el convencimiento de que cuando su alma se reencarnara, el niño tendría una marca de nacimiento en el mismo lugar.

Tucker, un hombre de cabello oscuro, facciones muy marcadas y elegantes maneras, mostró algunas diapositivas muy significativas en las que se comparaban las marcas de un cadáver con las marcas de nacimiento de un niño y se demostraba su sorprendente parecido. También puntualizó un aspecto que me interesó mucho: en «casos experimentales de marcas de nacimiento», como él los llamaba, los casos interfamiliares deberían ser más numerosos que los casos con personas desconocidas. Como él explicó, las probabilidades de que una familia encuentre una marca de nacimiento en un niño —ajeno a la familia— en el mismo lugar que la del cadáver serán mayores si pueden incluir en su investigación a cualquier niño, pero sin duda la encontrarán si el niño es de la propia familia.

No obstante, la mayoría de los casos investigados por Tucker eran de personas desconocidas.

—Hay varias posibles explicaciones para este fenómeno —dijo Tucker—. Una, que las marcas de nacimiento se corresponden con las experimentales por pura coincidencia. Otra, una mala memoria de quien marcó el cadáver. Otra, la impresión materna (esto es, que la expectativa de la madre de tener un bebé con una marca de nacimiento influya en la formación de dicha marca). Finalmente, que algunos casos fueran reencarnaciones de personalidades anteriores.

Después de la conferencia, encontré a Tucker en el vestíbulo y, tras presentarme, le pregunté cómo se había implicado en este tipo de investigación.

—Hasta hace cinco años nunca había pensado en la reencarnación —dijo—, pero leí los libros del doctor Stevenson y empecé a interesarme por el tema.

La coincidencia de que Stevenson también viviera y trabajara en Charlottesville era otro punto. Tucker había leído un informe sobre experiencias previas a la muerte en pacientes cardíacos del departamento que Stevenson dirigía. Llamó y se prestó voluntario para ayudar a evaluar informes médicos sobre si los pacientes estaban o no cerca de la muerte cuando tuvieron sus experiencias. Una vez empezó a participar en las reuniones de trabajo y leyó los libros de Stevenson se interesó en la investigación de niños que decían recordar vidas anteriores.

—De entre todas sus explicaciones —le comenté—, la que parece tener más peso es la referida a la desintegración de la memoria, las capacidades y la personalidad de quienes padecen Alzheimer. Todo se desintegra en correspondencia directa con el deterioro físico del cerebro. La cuestión es: si la desintegración del cerebro destroza todos los aspectos de una persona que podría reencarnarse, ¿cómo puede haber algo que sobreviva a la total destrucción del cerebro?

—Hay una respuesta —replicó Tucker—, y creo que es buena: es como un aparato de radio. Si lo destroza enmudecerá. Pero eso no significa que las ondas de radio hayan desaparecido. Sólo significa que no hay aparato que las reciba.

∽

Coincidí con Tucker otra vez antes de irme del pueblo. Tuvimos también una larga conversación, al final de la cual él manifestó una frustración que Stevenson también albergaba.

—Desearía investigar a fondo los mecanismos particulares que se ocultan detrás de cada caso —dijo—, en lugar de buscar constantemente una manera general para todos.

—El problema radica en que si se empieza hablando sobre la transmigración de las almas antes de saber qué es el alma y antes de que la gente acepte que eso es lo que demuestran sus casos, su investigación parece una tontería —comenté con sinceridad.

Tucker asintió. Aquélla no era la primera vez que sopesaba aquella hipotésis.

Mi turno de participación en la conferencia llegó en la sesión de clausura. Yo era uno de los cinco contertulios en un debate sobre cómo los medios de comunicación cubrían las noticias científicas. Cada participante había preparado una exposición de diez minutos sobre algunos temas relacionados, pero pronto constatamos que la verdadera razón de que estuviéramos allí era para que los asistentes manifestaran su descontento sobre la forma en que los científicos «alternativos» eran discriminados, o incluso malinterpretados por los periodistas. La mesa estaba compuesta por tres reporteros —televisión, radio y periódico de Charlottesville—, un amigo mío del *Washington Post* —Joel Achenbach— y yo. Por lo que a mí respecta, fui invitado porque el organizador del congreso sabía que estaba escribiendo un libro sobre Stevenson, y yo sugerí que invitara a Joel, que estaba escribiendo un libro «sobre extraterrestres».

Joel, una de las personas más amables que conocía, había trabajado para mí en el *Herald* escribiendo una columna de divulgación científica, adoptando siempre su propio punto de vista. Me explicó que su libro, entre otras cosas, refutaba la posibilidad de que una vida extraterrestre hubiera existido, vía OVNI o cualquier otra vía. Al hacer esto también hablaba del método científico tradicional y defendía el conservadurismo y rigidez que algunos de los participantes en la conferencia censuraban.

Joel no sólo fue el centro de la discusión, sino que se las ingenió para despertar una polémica insistiendo en que la ciencia corriente era corriente por una razón: tenía sentido común, no profundizaba ni se arriesgaba a formular conclusiones ni se comprometía en conspiraciones para ocultar la verdad. Simplemente insistía en que las cosas debían ser demostradas con rigor científico, es decir, debían ser susceptibles de ser repetidas, ratificadas o refutadas mediante experimentos objetivos.

Un asistente le dijo a Joel que se equivocaba de pleno. Y añadió que él mismo había ayudado a demostrar la efectividad de la fusión fría —nada menos que una potencial fuente para la energía limpia, ilimitada y libre—. Sin embargo, como la ciencia corriente sostenía que la fusión fría era imposible y los periodistas como Joel creían religiosamente lo que la ciencia corriente dictaba, su trabajo no era tenido en cuenta.

«Si realmente ha descubierto cómo hacer que la fusión fría funcione —le dijo Joel después de la conferencia—, no creo que necesite a nadie que le crea. Pruebe a iluminar Washington y todo el mundo se convencerá.»

Casi anochecía, y Joel y yo paseábamos por las espléndidas montañas a las afueras de Charlottesville en el coche que había alquilado. Las curvas cerradas formaban una espiral a través de los bosques que conducían a Monticello, el mejor lugar para un hogar según Jefferson. Además de trabajar juntos durante años, Joel y yo habíamos sido compañeros de habitación durante una breve temporada en Miami, cuando Joel acababa de salir de Princenton. De esto hacía muchos años, pero algo hizo que lo recordase y tuve la sensación de que no había pasado el tiempo.

—Así pues, ¿qué os traéis entre manos tú y Stevenson? —preguntó.

Le expliqué lo que había visto en el Líbano y en la India, así como durante los dos últimos días en Virginia. Le conté que después de más de un año de viajar por el mundo echaba de menos todo aquello. Sin embargo, por alguna razón, no podía decir que creyera ciegamente en la reencarnación.

Joel dijo lo previsible: cómo puede alguien hablar seriamente sobre la reencarnación cuando nadie sabe qué es el alma, o si existe siquiera. Además, si las almas existen, cómo se mueven de un cuerpo a otro. Todas las cosas que aquellos niños parecían saber corroboraban ese hecho, pero sólo como argumento de un buen libro, no como prueba científica.

—Créeme, he pensado mucho sobre todas estas cosas —comenté a mi amigo—. Sólo que...

De pronto supe qué se ocultaba en el fondo de mi mente desde que llegué a la India, e incluso antes de haber emprendido aquel viaje.

—¿Quieres escuchar una larga historia? —dije.

—¡Por supuesto! Soy todo oídos.

—Cuando salí de la universidad (fue el año del bicentenario, el verano de 1976), un amigo y yo decidimos hacer un viaje por el país, hasta donde nos alcanzase el dinero. Una típica fantasía *on the road*. Aquel viaje acabó convirtiéndose en una conversación maratoniana. Puesto que los dos teníamos poco más de veinte años, el tema de conversación solía versar sobre las mujeres. Había habido un par de mujeres en mi vida, y yo asociaba a cada una de ellas con una diferente visión de mi futuro. Una era segura, predecible, casi un refugio espiritual. La otra era peligrosa, arriesgada, un torbellino. Involuntariamente, asocié a cada una de ellas y cada una de estas dos actitudes con dos temas musicales: el refugio espiritual era *From the Storm*, de Bob Dylan; el lado salvaje y peligroso era *She's the One,* de Bruce Springsteen.

—¡Sin duda dos grandes temas! —exclamó Joel.

—En efecto. Y, al igual que aquellas dos mujeres, me tenían totalmente atrapado. Dos mujeres y dos canciones. Mi amigo y yo no dejamos de hablar de ello durante todo el viaje, de la única forma en que se puede hablar de estos temas cuando sólo tienes veintidós años, no tienes trabajo, conduces por una carretera solitaria al atardecer y te diriges a un lugar desconocido.

»En fin, como puedes imaginar, este tema monopolizó nuestra conversación mientras nos encaminábamos al Oeste y el territorio se hacía cada vez más salvaje y despoblado. Visitamos a algunos conocidos más en Phoenix, y luego nos dirigimos a Los Ángeles, nuestro destino final. Pensábamos parar y hacer una excursión por el Gran Cañón, pero ya era entrada la noche y decidimos parar en una zona de acampada a una hora al sur, pernoctar allí e ir al Gran Cañón a primera hora de la mañana.

»La zona de acampada era una planicie al pie de una montaña.

Había algunos árboles pero estaba bastante despejada. No había agua corriente ni electricidad, el lugar ideal para plantar una tienda de campaña, una mesa y una hoguera. Además, no había nadie. Estábamos completamente solos.

»Pasamos las dos primeras zonas de acampada y nos detuvimos en la última. Montamos la tienda, hicimos fuego y decidimos dar un paseo por una de las montañas. Era tarde y mientras ascendíamos se fue haciendo cada vez más oscuro. Empezamos a hablar del tema de nuevo. Pero cuanto más hablábamos, más crucial me resultaba saber cuál era la decisión correcta: ¿tomar el camino desconocido, tener coraje para enfrentarme al riesgo, me conduciría a la gloria o al declive?, ¿decidirse por la seguridad era razonable, o una cobardía, acaso el primer paso hacia una vida de tedio y resignación?

»Aquella indecisión empezó a reflejarse en nuestras decisiones inmediatas. ¿Debíamos ir a Los Ángeles tal como habíamos planeado o dar media vuelta y viajar hasta México, que era una tierra desconocida? ¿Debíamos regresar a Florida y buscar trabajo, como siempre habíamos asumido que haríamos? ¿O quedarnos en el Oeste, establecernos en Phoenix, y empezar de cero, sin dinero, sin contactos, pero con grandes esperanzas?

»Aquél fue un momento crucial en mi vida. La indecisión, la incapacidad de ver qué era verdad y qué una mera fantasía, empezó a convertirse en una obsesión.

»Caminamos y hablamos durante horas. Cuando regresamos a la tienda ya era plena noche. Estaba agotado y me dolía la cabeza. Mientras avivábamos el fuego con un palo, mi amigo me dijo: "Quizá deberíamos conducir hasta México toda la noche."

»La idea era atractiva. Osada, impulsiva, aventurera. Pero luego empecé a pensar en lo cansado que estaba, en que finalmente acabaríamos durmiendo en el coche, en mitad de una carretera perdida en mitad de la nada sintiéndonos estúpidos por haber abandonado aquel hermoso paraje de acampada sin haber visto el Gran Cañón.

»Mi cabeza estaba a punto de estallar. Entonces grité: "¡Aguarda un momento. Ésta es la misma decisión que todas las demás." De pronto comprendí que había estado perdiendo el tiempo durante horas y semanas sopesando inútilmente mi gran dilema. "Nunca más volveré a hacerlo así. A partir de ahora voy a esperar una señal."

»Tras pronunciar aquellas palabras sentí que mi dolor de cabeza había remitido. Sentí un silencio sepulcral en mi mente, y permanecimos sentados junto al fuego escuchando el crujir de los troncos.

»De pronto oímos el motor de un coche en mitad de la noche. Al principio era sordo pero fue aumentando gradualmente. Luego vimos el resplandor de los focos a través de los árboles. Las luces desaparecían y aparecían a medida que la carretera serpenteaba. Era una furgoneta que venía hacia nosotros por el camino de tierra. Recuerda —comenté a Joel— que la zona de acampada estaba desierta, pero curiosamente la furgoneta se detuvo a pocos metros del fuego.

—¡Vaya! —exclamó Joel—. Será mejor que no sea la canción de Springsteen.

—La portezuela de la furgoneta se abrió —proseguí— y oí la canción de Bruce Springsteen y su voz ronca, las guitarras, los teclados... *She's the One.*

—¡Vaya! —volvió a exclamar Joel.

—Sonó hasta la estrofa «Y tú intentas una vez más abandonar...», luego se hizo el silencio, como si alguien hubiera parado el radiocasete. La puerta se cerró, la furgoneta se alejó y volvió el silencio. Ya no oímos nada más. Silencio absoluto.

Joel lanzó una carcajada.

—Mi amigo y yo nos miramos y yo dije: «Es divertido, pides una señal y la tienes, pero sigues sin saber qué significa.» Mi amigo dijo: «¿Acaso no es obvio?» Sabía a lo que se refería: la señal estaba diciéndome que tomara el camino osado, que fuera tras la mujer peligrosa. Era obvio que aquella coincidencia inexplicable no era una guía de las decisiones prácticas que debía tomar. Resultaba demasiado increíble, demasiado grande y demasiado trivial para ser real. De pronto tuve la certeza de que el universo se estaba riendo de mí, de mi asociación libre de ideas, y al punto la ansiedad que me embargaba se desvaneció.

»A pesar de que inmediatamente pensé que la señal no era lo que parecía, pasaron años hasta lograr considerarla de la forma que ahora la considero. Por alguna razón, alguien me había hecho un regalo, me había ofrecido aquella extraña, misteriosa e irrefutable prueba de que el mundo es más que su mera superficie. De que al margen de cuál sea nuestra constitución o la del universo, el mundo es mucho más

que una mera máquinaria. Hay algo..., fuerzas, algo más allá del conocimiento, que a pesar de ello podemos sentir en algún nivel, y ver e
interactuar con ello. Mi simple vida, y todas mis preocupaciones, de
alguna manera conectada con algo más grande, que me trascendía,
que podría representar una pequeña escena que encajara perfectamente con la mente de un niño confuso.

»Una zona de acampada en mitad de ninguna parte y en medio de
la noche. Dos jóvenes junto al fuego discutiendo todo en función
de dos canciones durante dos semanas, y en cuestión de un minuto
dices "Voy a esperar una señal" y una furgoneta se detiene, se escucha
una canción y luego desaparece. Yo hubiera pensado que se trataba
de una alucinación, pero mi amigo estaba allí, y tengo un testigo.
A la mañana siguiente, estábamos durmiendo cuando escuchamos
otra vez la furgoneta y el final de la canción. Luego la furgoneta se
alejó.

Habíamos estado hablando durante un buen rato. Debíamos haber visto Monticello hacía varios minutos. Supuse que había tomado
una salida equivocada en algún lugar y estábamos en Virginia. Así pues,
giré el volante en mitad de la carretera y desanduvimos el camino.

—No hay duda de que se trata de una historia muy significativa
—dijo Joel—. No cuestiono si realmente ocurrió tal como lo recuerdas. Pero no creo que haya alguna energía mágica que convierta un
acontecimiento improbable en la «prueba» de algo desconocido.
¿Qué era ese algo exactamente? ¿Cómo podía tu mente o tus emociones haber creado la furgoneta, el conductor? Dame una teoría que
trascienda ese hecho y luego una forma de demostrarla.

—Lo que tenemos es un hecho extraño y ninguna teoría que lo
explique, salvo que hay algún tipo de fenómeno mayor que conecta
las mentes de los seres humanos con realidades físicas. Personalmente no creo estar bajo ninguna fuerza que emane del cerebro de otras
personas. La respuesta más fácil es decir que, aunque fuera una situación improbable, no requirió ningún fenómeno extraño para que
ocurriera, sólo que alguien condujera hasta nosotros y pusiera la cinta de Bruce Springsteen. Y eso es lo que ocurrió, o al menos eso creo
yo que ocurrió.

—El problema con los fenómenos paranormales es que por definición trascienden las leyes y, en consecuencia, son difíciles de clasifi-

car. Así que no puedes refutar su existencia, pero tampoco verificarlos. Por lo tanto, no puedo asegurar que fuese imposible que hubiera alguna conexión entre tus pensamientos y la furgoneta, pero tampoco afirmar que fuera probable.

Joel y yo nos echamos a reír.

—Ahí lo tienes —dije—. Ésta es la conexión entre mi historia y los casos de reencarnación. Sabía que había una conexión, pero no podía encontrarla. El razonamiento es exactamente el mismo. Tengo un conjunto de hechos que parecen imposibles de explicar de una forma normal. Tengo testimonios y declaraciones de sujetos. En tu opinión, no hay forma teórica para probar o desmentir su veracidad. Por mi parte, creo que es lícito comprobar otros casos donde los testigos alegan hechos semejantes y tratar de establecer si pueden ser explicados como fraude o ilusión. Lo que ocurre es que en mi propio caso no tengo que preocuparme de si los testigos son creíbles o si se están engañando a sí mismos. Alguien podría ponerlo en duda, pero no yo, porque sé que ocurrió.

»Así pues, la cuestión ahora es hallar una explicación coherente a todo esto. Es posible que pienses que se trata de una mera coincidencia, pero en mi opinión es imposible que todos esos niños, familias y testigos estén simplemente mintiendo o equivocados. Esos niños sabían cosas que no podían saber de forma convencional. Sí, lo admito.

»Pero en mi caso, incluso aunque aceptara que lo ocurrido en el campo no era una coincidencia, tampoco aceptaría la interpretación más obvia. Hacerlo sería como decir que esos niños saben lo que saben porque están reencarnados. Aunque suena demasiado simplista, es igual que asumir que sabemos cosas que no sabemos, por ejemplo, qué es el tiempo, o la identidad personal.

»Así pues, creo que estoy llegando a la misma conclusión del principio: que esos niños son menos importantes por lo que dicen respecto a qué ocurre después de morir, que por lo que dicen sobre cómo funciona nuestro mundo. Ellos nos enseñan que el mundo es un misterio, que hay fuerzas superiores que lo hacen funcionar y que, de alguna manera, estamos todos conectados por estas fuerzas que trascienden nuestra comprensión pero aun así son importantes en nuestras vidas.

Finalmente, la puerta de Monticello apareció frente a nosotros.

Estaba cerrada. Miré mi reloj. Teníamos tiempo de regresar, dar una vuelta y participar en el banquete de clausura del congreso. Mientras nos dirigíamos al campus, Joel, como de costumbre, fue quien dijo la última palabra.

—Yo no digo que eso no sea posible, lo único que digo es que no es ciencia.

Pues si no es ciencia quizá debería serlo, pensé.

18

Crisálida

Tiene usted suerte, y yo también», me había escrito Stevenson poco antes de volar a Charlottesville. «He hablado con la madre del caso que comentamos por teléfono. Ha accedido a hablar con usted. Lamentablemente, compromisos previos me impedirán acompañarle.»

Me sentía muy afortunado. Aquélla sería la última familia a la que entrevistaría y, a tenor de las características que presentaba, aquel caso llenaba un vacío en todos los sentidos. Era un caso norteamericano en el que la vida que el niño recordaba era la de una persona completamente ajena a él. Y también existía la posibilidad de que fuera el primer caso norteamericano no interfamiliar en el que la personalidad previa podía ser identificada.

De hecho, era bastante similar a la historia que Arlene Weingarten me había contado sobre su hermano, el chico que decía ser de Dixie. Un niño de Virginia había estado obsesionado con llevar botas de vaquero y tejanos desde muy pequeño. Se negaba a vestir otro tipo de ropa y constantemente hablaba de «su» granja. Un día, mientras su madre y él iban en coche por el campo, el niño empezó a gritar: «¡Éste es mi rancho!» Desde entonces, sus padres no habían hecho absolutamente nada por verificar aquella afirmación.

Conduje durante dos horas por las afueras de Charlottesville hasta llegar a una nueva urbanización en construcción. Era uno de esos lugares donde el diseño arquitectónico del conjunto, desde los buzones a los tejados de las casas, era severamente custodiado por la asociación de propietarios y un jardín descuidado era considerado un acto de traición. Árboles jóvenes crecían en cada solar y empezaban a producir sombras. Aunque los efectos eran aparentes, las grandes casas de dos plantas construidas parecían haber tomado prestado algo de un pueblo de Nueva Inglaterra.

Me sentía extraño conduciendo un Ford alquilado por el típico paisaje familiar norteamericano de los años noventa, sabiendo que en pocos minutos estaría formulando la misma clase de preguntas que había hecho en las casas de piedra de las montañas de Shouf y en las chabolas de Uttar Pradesh.

Debbie Lentz tenía 35 años de edad, cabello rojizo y un saludable rostro franco y amigable. Se trataba de una mujer sin estudios superiores que hablaba con acento californiano. Ella y su marido eran propietarios de dos gimnasios en el pueblo, un negocio que Debbie había sacado adelante gracias a sus propios esfuerzos y dedicación. Antes había sido instructora de aeróbic en un gimnasio que quebró repentinamente, y ella se quedó sin cobrar varios salarios y comisiones, y sin docenas de clientes. Con fuerza y determinación logró solventar el mal trago y ahora era propietaria, junto con su esposo, del edificio y de un segundo gimnasio, y se había convertido en el pilar económico de la comunidad (precisamente por esta razón no quería que su nombre se hiciera público).

—Tendría que conocer a la gente con la que hago negocios —me dijo mientras nos sentábamos a la mesa de la cocina, frente a una ventana que daba al nuevo jardín que florecería al año siguiente—. Todos pensarían que todo esto es muy raro.

La propia Debbie nunca había pensado en la reencarnación u otros temas relacionados con la espiritualidad de la New Age. Se consideraba entre aquellos millones de americanos que vivían cómodamente en el mundo secular y no pensaban demasiado en temas espirituales.

Sin embargo, Debbie había tenido que superar grandes dificultades que no cuadraban con el tópico de que siendo una buena persona te pasan cosas buenas. Su padre, un joven escritor que había trabajado con Rod Serling, había muerto de un ataque cardíaco cuando ella tenía tres años. Su madre había vuelto a casarse con un hombre que resultó un alcohólico que odiaba a la niña.

Cuando le pregunté si alguna vez había intuido que la personalidad sobrevive a la muerte, ella me respondió:

—En muchas ocasiones cuando estaba tumbada en la cama llorando por mi padre, todo cuanto sentía era ese insoportable vacío interior, ese saber que él nunca más estaría conmigo.

Más tarde, hacía once años, después de contraer matrimonio y trasladarse a vivir al Este, descubrió que tenía un cáncer: dos tumores en la ingle izquierda.

—El tratamiento de quimioterapia destruyó el ovario derecho —dijo—. El izquierdo se salvó, pero dos años después tuve un embarazo muy difícil y mi médico tuvo que extirparlo. Así que me dije a mí misma que ya nunca podría tener un niño porque sabía que el ovario derecho no funcionaba.

Los análisis de sangre confirmaron que sus ovarios ya no producían estrógenos. Tenía síntomas de menopausia a los 24 años. Los médicos le prescribieron una terapia de estrógenos.

Mientras conversábamos, Robert, su hijo de cinco años, entró en la cocina.

Le había visto en el patio de la casa con una bicicleta. Al verle, advertí que llevaba pantalón corto, no vaqueros. Pero lo que sí llevaba era un par de botas de goma negra que casi le impedían pedalear. Ahora estaba junto a la mesa de la cocina. Tenía el cabello rubio y unos expresivos ojos azules.

—Mamá, estoy muy aburrido —dijo.

—Estoy hablando con este señor —repuso ella—. Sal a jugar un rato al patio o baña a *Nickelodeon*. Si lo haces, esta tarde iremos a la tienda de un dólar.

—¡Pero mamá...! —se quejó Robert, pero a continuación obedeció a su madre.

—Es la primera vez que lleva pantalón corto —dijo Debbie—. Se negaba a llevar cualquier cosa salvo tejanos. Sólo quería botas y tejanos desde que aprendió a hablar. Las botas de vaquero las llevó hasta hace un año. No se las quitaba ni siquiera para bañarse en la piscina.

—Robert —le llamé desde la cocina—, ¿por qué te gustan tanto las botas de vaquero?

—Me gustan —respondió mientras veía la televisión de rodillas frente al aparato.

Debbie se sentó frente a mí y prosiguió la conversación donde la había dejado.

—Tomé estrógenos durante cinco años pero no parecía mejorar, así que visité a mi oncólogo y él pensó que estaba otra vez enferma con otro tumor debido a los síntomas (muy agotada, muy deprimida, se me caía el cabello, tenía frío y calor y estaba muy sensible a los cambios de temperatura). Así pues, me recomendó que me hiciera unas pruebas. Yo abandoné su consulta pensando en la posibilidad de estar embarazada. Era muy improbable. Tras someterme a todas las pruebas, volví a visitar al médico. Me hizo un análisis de sangre y me dijo: «Debbie, es la prueba que utilizamos para detectar un tumor y si da positivo es porque tienes un tumor. No estás embarazada.» Y yo respondí: «Sí, lo estoy.» Así que fui a mi ginecóloga al día siguiente y me hicieron una prueba de ultrasonido. Estaba embarazada.

»La doctora me dijo que las posibilidades de que mi sistema reproductivo funcionara después de sufrir la menopausia y los tratamientos de quimioterapia eran una entre un millón.

»Pero la verdadera lucha fue contra mi oncólogo que no quería que siguiera adelante con el embarazo porque podría despertar las células cancerígenas. Cabía también que el niño naciera con malformaciones congénitas, así que trataron de convencerme para que me sometiera a más pruebas. Recuerdo que le dije a mi marido: "Es maravilloso que me haya quedado embarazada. No me importa si el bebé no tiene piernas. Así que, ¿para qué hacerme todas esas pruebas?"

»La ginecóloga quería hacerme un escáner fetal a los cinco meses y yo acepté. Así pues, me hicieron el escáner. El feto estaba en perfectas condiciones. No había nada anómalo en él. Estaba en mi matriz chupándose el dedo y tenía todos los deditos de los pies y las manos. Podía verse todo. Así que dijeron: "Es probable que tenga síndrome de Down."

Pero no lo tenía. De hecho, parecía extrañamente inteligente.

—Una noche estábamos en la carnicería, hacía frío. Su padre le llevaba en brazos y Robert me miró y dijo: «Hace frío.» Y yo dije: «¡Dios mío, sólo tiene seis meses y ya habla.»

Robert empezó a construir frases enteras a los doce meses.

—Siempre parecía comprender lo que le decíamos —comentó la madre—. Nunca tuvimos que enseñarle la diferencia entre «dentro», «fuera», «al lado de», «junto a» (sabía lo que significaba desde el día que nació). Sin embargo, un niño de un año no sabe distinguir esta clase de cosas.

Robert volvió a entrar en la cocina llevando un juego de mesa.

—¿Cómo se juega al juego de la oca?

—¿Por qué no vuelves al salón e intentas averiguarlo tú mismo? —sugirió Debbie. Robert salió de la cocina, se sentó frente al televisor y empezó a sacar el tablero y las piezas de la caja.

—¿Cuándo pensaron por primera vez que podía estar hablando de una vida anterior? —pregunté.

—Todo empezó como una broma. Cuando mi esposo y yo estábamos rodeados de gente, Robert siempre decía: «Mi granja» y la gente solía decir: «Así que vives en una granja», a lo que nosotros respondíamos: «No, debió de ser en una vida anterior.» Solíamos bromear sobre ello.

Robert debía de tener dos años entonces. Los Lentz vivían a una media hora al norte de su casa actual, en un viejo barrio.

—Había algunas granjas por allí, pero Robert nunca tuvo ninguna reacción, no obstante, siempre hablaba de «su granja». A medida que crecía, fue aumentando su vocabulario y empezó a dar detalles al respecto. A los tres años averiguamos que empezó a fumar cuando tenía trece años. Recuerdo que un día, sin venir al caso, me dijo: «Mamá, en mi granja, cuando tenía trece años, fumábamos.» Aquella afirmación me sorprendió. Desde que empezó a caminar, simulaba fumar llevándose a la boca un bastoncillo, un lápiz o cualquier cosa. Ni mi esposo ni yo fumamos y no tenemos ningún conocido que lo haga. Robert también empezó a hablar de tractores, del trabajo en la granja, del ganado. En su granja siempre había vacas. Recuerdo que una vez dijo que una tormenta había derrumbado el establo. No hace mucho, quizá el invierno pasado, estábamos sentados viendo la televisión y mi esposo encendió la chimenea. De pronto Robert dijo: «Mi madre solía sentarse frente al fuego cuando estaba embarazada. Te lo mostraré», y se sentó frente a la chimenea y dijo: «Se sentaba en la silla y se acariciaba el vientre.» Y luego le preguntamos: «Cuántos hijos tuvo tu madre?», y el respondió: «Seis.»

»En una ocasión, la señora que cuidaba de él me preguntó: "Debbie, por qué habla tanto Robert de una granja?" "¿Te ha hablado de ello?, no quería contárselo a nadie porque no tengo la menor idea de lo que está sucediendo." Así que nos sentamos a conversar durante media hora y comprobamos que los detalles de los que hablaba Robert eran idénticos. Tenía una madre que le abandonó y tenía una hermana mala, y un tractor verde, y una furgoneta negra. Todos los detalles eran idénticos. Era muy interesante. Puedes hablar con niños y sus historias cambian todo el tiempo, pero cuando un niño sigue contando la misma historia desde muy pequeño, resulta realmente increíble.

A veces, cuando Robert hablaba de su granja cambiaba el tono de voz.

—Podía advertirse perfectamente. Cuando hablaba de la granja lo hacía con cierto tintineo y sin parar. Luego, cuando dejaba de hablar con aquel tono comprendías que ya se había acabado.

Estuvimos conversando durante más de una hora. Lo que la madre de Robert me estaba explicando era fascinante. Pero ponía de relieve el poder de lo que Stevenson me había mostrado durante nuestro viaje: los niños que se comportaban de forma muy parecida a Robert hacían afirmaciones más específicas, afirmaciones que posteriormente se demostraban ciertas al compararlas con la vida de una persona extraña. Era esta corroboración lo que cambiaba todo, lo que hacía que todo este extraño comportamiento precisara ser explicado más allá de la típica afirmación «¡son sólo niños!».

Antes de viajar a Beirut y la India, hubiera explicado así lo que Debbie me estaba contando: una historia evocativa de cuán misteriosos pueden llegar a ser los niños y cómo no siempre saben distinguir entre la realidad y la fantasía. Y también hubiera supuesto que Debbie se engañaba a sí misma pensando que podía distinguir la diferencia del tono de voz de Robert cuando éste empezaba a hablar de su granja. De no haber viajado con Stevenson, hubiera supuesto que se trataba de puras imaginaciones de Robert.

Había otras cosas sobre Robert que parecían bastante extrañas, dijo Debbie. Por ejemplo, desde el momento en que aprendió a hablar, demostró un interés precoz por las motocicletas.

—Cuando circulábamos por la carretera y se escuchaba el motor de una motocicleta, Robert decía: «Mamá, es una Harley», y lo adivinaba. Esto era lo realmente extraño, Robert podía distinguir el motor de una Harley del de una Suzuki. No tengo ni la menor idea de cómo lo hacía. También le atraía mucho la vestimenta de los motoristas, cabello negro, cazadoras de cuero, pendientes, tatuajes. Una vez, Robert no podía quitarle los ojos a un hombre que caminaba detrás de nosotros. El hombre estaba cubierto de tatuajes y Robert dijo: «¡Mira a ese hombre, mamá...» El hombre oyó el comentario de Robert y se echó a reír. Luego me dijo: «¿Acaso tuvo usted una pesadilla cuando estaba embarazada o qué?»

—¿Alguna otra cosa sobre Robert que pareciera impropia de su edad?

—Bueno, nosotros no comemos carne, pero cuando estaba en casa de su canguro una noche ella cocinó un bistec. Robert tenía diez meses y le pareció poco.

—¿Alguna vez le preguntó cuál era su nombre cuando vivía en la granja?

—Sí, pero nunca nos lo dijo. Sólo hablaba de la granja pero nada más. Cuando le hacíamos preguntas sobre el tema, nunca respondía. No parecía tener interés en hablar de ello.

En noviembre de 1995 Debbie y su marido compraron la casa donde vivían ahora.

—Vivimos aquí desde hace seis meses y teníamos que tomar la carretera 301 cada vez para ir a comprar a la tienda. Una vez mi marido dijo: «Debe de haber un camino más rápido.» Así pues, aquel día decidimos tomar un camino antes de meternos en la carretera. Tan pronto lo enfilamos, Robert empezó a gritar: «¡Mi granja! Éste es el camino que lleva a mi granja. Mamá, está por aquí.» Aquel comentario nos puso los pelos de punta. Mientras avanzábamos le dije a Robert: «No veo ninguna granja, cariño. Es el camino que lleva hasta la escuela a la que irás cuando seas mayor», y el me respondió: «No; sé que está aquí, sé que está aquí.» Nunca habíamos pasado por aquel camino y seguimos hasta que pasamos por la escuela elemental y, para mi sorpresa, al girar a la derecha, vimos una granja. Robert parecía muy emocionado. «¡Es ésta!», exclamó, pero él siempre hablaba de un establo en su granja y yo le dije: «De acuerdo, cariño, hay una granja pero no tiene el establo del que tú hablas.» Él dijo: «Sigue conduciendo, papá. Sigue por el camino...» Pasamos frente a la casa y miramos a la derecha y allí había un viejo establo. Y él lo señaló con el dedo y dijo: «Lo ves mamá, ya te lo dije.»

Unos meses más tarde, alguien dio a Debbie un libro sobre una mujer llamada Carol Bowman que creía que su propio hijo había recordado vidas pasadas durante una sesión de regresión hipnótica. Había visto aquel libro antes de iniciar mi investigación y descubierto que los niños sometidos a hipnosis recuerdan vidas de generaciones anteriores, pero no proporcionan detalles que no pudieran fácilmente haber aprendido de novelas o películas de televisión.

Debido a lo que estaba pasando, el libro tocó la fibra sensible de Debbie, que de inmediato se puso en contacto con Bowman, que, a su vez, escribió a Stevenson. Éste y su joven ayudante Jim Tucker entrevistaron a Debbie y empezaron a examinar la casa que había puesto tan nervioso a Robert.

Stevenson descubrió algún material interesante. La casa había pertenecido a la misma familia desde 1962, y el hombre que la había comprado había muerto en noviembre de 1992, justo cuatro meses antes de que Robert naciera. La esquela en el periódico decía que había muerto a la edad de 82 años y lo describía como un «agente inmobiliario y granjero». Aparentemente, los miembros de su familia seguían viviendo allí.

—Robert ya no parece excitarse cuando pasamos por allí. Ahora ya no habla mucho acerca de la granja, pero desconozco el motivo —Debbie hizo una pausa.

Le pregunté qué creía sobre los recuerdos de Robert ahora.

—No sé qué pensar —dijo, y reflexionó unos segundos—. Hay otra historia. Una de las señoritas de la guardería de Robert tiene una hija, Ashley, de casi dos años de edad. Padece un soplo en el corazón y tiene una cicatriz en el pecho, sobre el corazón. Nació con ella, pero no hay razón para que tenga esa cicatriz. Ashley no habla, casi tiene veinticuatro meses y no habla. Pero tiene miedo de los hombres que tienen el cabello oscuro. Una especie de fobia.

—¿Hay algo sobre Robert que le haga pensar que esto tiene que ver con una vida anterior?

—Sus nervios no parecían normales. Si algo no salía como él quería, le daba un berrinche, algo que los niños suelen hacer, pero solía decir cosas como: «Odio esta vida.» Cuando le entra una de esas pataletas, no puedes siquiera tranquilizarlo. Cuando era una bebé, recuerdo, le abrazaba hasta que se le pasaba. Pero siempre he tenido esta sensación de que sus nervios no eran normales para un niño de su edad. Carol y yo pensamos que tal vez estuviera relacionado con sus recuerdos, que su hermana traviesa le hubiera hecho cosas a él, que algo le había ocurrido.

Luego estaban los tatuajes y las motocicletas.

—Quizá pertenecía a una de esas bandas. Quizá el hombre era un tipo depresivo. ¡Quién sabe!

En aquel momento sonó el teléfono. Se trataba de la niñera de Robert.

—Desea hablar con usted, si no le importa —dijo Debbie.

Debbie me dio su dirección. La canguro vivía a media hora de la casa. Mientras recogía mis notas, recordé algo que no había preguntado a Debbie.

—¿Tiene Robert alguna marca de nacimiento?

—El doctor Stevenson también me preguntó lo mismo —respondió—. Le dije que no, pero olvidé que tiene una en la cabeza —señaló con el dedo la parte del nacimiento del cabello— y otra justo aquí. —Y movió el dedo hasta la coronilla—. Siempre lo había sabido. Nació con ellas y fue calvo durante dos años. Pero las recordé cuando estábamos en la piscina el otro día. Su cabello es todavía tan fino que cuando se moja la cabeza se pueden ver las marcas. Me pregunto si la familia de ese anciano tiene fotografías de él, si perdió el cabello y si tiene marcas en la cabeza. Supongo que sería interesante, no tengo la menor idea, pero tendría que decírselo al doctor Stevenson.

»Robert, ven aquí un momento, cariño —llamó Debbie a su hijo. El niño entró en la cocina y la madre le separó el cabello para mostrarme que en la parte frontal tenía una señal y otra en la parte de la coronilla—. Ésta de aquí me preocupa —dijo, mientras recorría con el dedo la marca más larga—. Había pensado llevarle al médico. Se oscurece mucho y como yo tuve cáncer de piel, me da un poco de miedo.

Poco después del mediodía, atravesé el pueblo en coche para entrevistar a la niñera de Robert. Había estado toda la mañana en casa de los Lentz, pero no estaba satisfecho de los resultados. No estaba acostumbrado a escuchar sólo una versión del caso, sin hablar con la familia de la personalidad anterior para comprobar hasta qué punto los recuerdos del niño se correspondían o no con la vida de aquella persona.

Mientras trataba de recordar la dirección que me había dado Debbie, mi única obsesión era regresar a la casa y pedirle que me acompañara con Robert a la granja.

Pero Debbie no había querido hacerlo antes, así que no estaba seguro de que debiera forzarla a hacerlo. Cada segundo me alejaba de la posibilidad de comprobarlo. Hablaría con la niñera, regresaría a Charlottesville y nunca sabría qué habría ocurrido de haber llamado a la puerta de la granja.

Me equivoqué de salida y tuve que dar la vuelta. Cuando llegué a la casa, una pequeña casa de madera en un barrio obrero, llamé a la puerta. Al entrar advertí que el garaje había sido convertido en una sala de jardín de infancia y que media docena de niños jugaban. La niñera, una mujer rubia llamada Donna, se acercó a la puerta y me dijo:

—¿Es usted Tom? Debbie acaba de llamar y me ha pedido que le diga que la llame.

Telefoneé pero nadie respondió.

—Debe de haber ido a la tienda con Robert —susurré.

—Tengo el número de su teléfono móvil —dijo Donna.

Debbie respondió a la llamada.

—Se ha olvidado su libreta de notas —dijo—. No sabía hasta qué punto es importante.

—¿Estará en casa dentro de media hora? —pregunté.

—Haré todo lo posible.

—Pasaré a recogerla. —Tras una pausa, pregunté—: Debbie, ¿qué diría si le sugiero que me acompañe a la granja?

—¿Hablará usted?

—Por supuesto.

—De acuerdo.

La niñera de Robert volvió a contarme la misma historia. Cómo Robert hablaba de su granja y cómo, al comparar las historias que les había contado, Debbie y ella habían descubierto que se trataba de la misma historia. Hablé con ella durante media hora, y luego volví de nuevo a casa de los Lentz. Cuando llegué vi que Robert estaba esperando en la puerta a que los niños que vivían en la casa de enfrente llegaran del colegio para jugar con ellos. No quería ir a ningún sitio.

—Vamos a visitar tu granja —dijo Debbie, tratando de convencerle.

De pronto, Robert pareció transformarse tal como había descrito con aterioridad Debbie. Empezó a patalear y gritar con voz angustiada.

—¡No! Yo quiero jugar con los chicos. ¡Te odio! ¿Por qué me haces esto? ¡Te odio! ¡Eres una estúpida!

A pesar de la rabieta, subimos a la furgoneta de Debbie y salimos en dirección a la granja. Robert seguía gritando y llorando en el asiento trasero. Debbie trataba de calmarle hablándole con tranquilidad pero con firmeza. Cuando tuve ocasión, le pregunté qué había comprado en la tienda de un dólar. Robert me habló como si tal cosa, como si no hubiera tenido la rabieta. Su ira había desaparecido de la misma forma que había venido.

La casa de ladrillo blanco en la encrucijada de la carretera estaba a sólo dos kilómetros de allí. Mientras conducíamos pude ver las ruinas que Debbie supuso debía de haber sido un establo. Miré a Robert, que ahora iba sentado en el asiento juiciosamente. El niño se inclinó hacia la ventanilla y dijo: «Teníamos una rueda de Ferris allí.»

Seguimos hasta la parte delantera de la casa. Una niña que se estaba columpiando al vernos corrió hacia la puerta. Me pregunté si la esposa del anciano se habría trasladado o si aquella niña sería su nieta.

—¿Está tu madre? —pregunté a la niña.

La niña nos miró y dijo confundida:

—No, mi madre no está. Yo estoy aquí para que me cuiden de día.

Una joven salió de la casa.

—¿Vive usted aquí? —pregunté.

—Con mi madre y mi abuela —respondió—. Mi madre hace de niñera de estos niños.

—¿Podría hablar con tu madre?

La joven se volvió y llamó a su madre:

—¡Mamá! Aquí hay unas personas que quieren hablar contigo.

Una mujer de rostro dulce, de unos cuarenta años, apareció en la puerta.

—Adelante, pasen —dijo con acento del sur de Virginia—. Mi nombre es Lynn.

Entré en el recibidor, frío y oscuro en contraste con el sol exterior. Tras recorrer un pasillo entramos en la cocina. Debbie me siguió y detrás de ella Robert.

No sabía cómo abordar el tema. Podía sentir la mirada de Debbie sobre mí.

—Este niño está convencido de que una vez vivió aquí —dije finalmente.

Lynn se mostró sorprendida.

—Querido —dijo—, eso es imposible. Vivimos aquí desde hace muchos años.

—Lo cierto es que cree que vivió aquí en una vida anterior —añadió Debbie. La boca de Lynn se abrió de sorpresa y miró a Debbie con una mezcla de escepticismo y lástima.

—¿Tenía su padre algunos hobbies, algo que le gustara mucho hacer? Robert no deja de hablar de motocicletas.

—Tengo un amigo que murió en un accidente de motocicleta —dijo negando con la cabeza—. A mi padre nunca le gustaron. —Guardó silencio durante unos segundos y a continuación añadió—: Mi padre tenía camionetas.

—¿De veras? —pregunté—. ¿Recuerda algún color en especial?

—Blanca —respondió—. Tenía camionetas blancas.

No cuadraba nada. Nada de granja, nada de motocicletas, y nada de camionetas negras.

—¿Fumaba? —preguntó Debbie.

—Sí, era un fumador empedernido.

—¿Sabe cuándo empezó a fumar?

—Muy joven —dijo—. Tal vez a los quince años. Recuerdo que siempre contaba que empezó a fumar cuando era adolescente.

—Robert recuerda haber tenido problemas por fumar en el establo cuando tenía trece años —comenté, y luego pregunté—. ¿Ha oído contar alguna historia así?

Lynn guardó silencio con gesto pensativo.

—Creo que sí, pero no relacionada con mi padre, sino con el hermano de mi padre. Vivía en aquella casa grande, por entonces era una sola propiedad. Una vez, cuando eran adolescentes, mi padre y él iban a llevar la ropa a la lavandería y a él se le cayó el cigarrillo y quemó toda la ropa. Supongo que se metieron en un buen lío.

Lynn volvió a pensar durante unos segundos y luego prosiguió:

—Teníamos vacas, algunos cerdos y también soja. Mi padre solía llevarlos en la camioneta al mercado.

¿Cerdos, vacas, soja? Aquello parecía la descripción de una granja. Además estaba la necrológica «Agente inmobiliario y granjero» y Robert había hablado sobre «hierba» de su granja en la parte trasera de su camioneta.

Pero no me habían dado muchos detalles específicos. Robert decía tener seis hermanos y hermanas. Lynn dijo que eran ocho hermanos en la familia, una diferencia de uno. Robert había hablado sobre un establo derrumbado durante una tormenta, pero Lynn no lo recordaba. Su padre nunca había hablado de una hermana mala; no tenía tatuajes. Llevaba botas y vaqueros pero aquello no era extraño. Había el hecho de que muriera antes de que Robert naciera, pero sin duda también otros hombres en otras granjas habían muerto por aquella época.

Cuando ya empezaba a descartar el caso, de pronto recordé algo y pregunté:

—¿Tenía su padre marcas, cicatrices en el cuerpo?

—Tuvo muchos fibromas que tuvieron que extirparle. Yo también los tengo —Lynn suspiró—. A mí también tuvieron que extirparme uno. Antes de que mi padre muriera le extirparon uno bastante grande.

—¿Dónde estaba localizado?

Lynn señaló con el dedo la parte de la coronilla, ligeramente a la izquierda, exactamente donde Robert tenía la señal.

Lynn me miró y luego a Debbie. Estaba a punto de echarse a llorar.

—Mi padre era un hombre extraordinario —dijo con voz entrecortada—. Murió cuando tenía 87 años. Hace seis años, y míreme. Todavía me echo a llorar cuando pienso en él. Era el hombre más cariñoso que jamás he conocido, tan amable con las mujeres. Siempre que veía a una mujer embarazada le preguntaba si podía ayudarla. Cuando estaba embarazada de mi hijo, siempre me preguntaba si quería una pizza.

Lynn se echó a reír al tiempo que las lágrimas le caían por la mejilla. Tras tocarse el estómago dijo:

—Supongo que esto se lo debo a mi padre.

Después se dirigió a Debbie.

—Si hay algo de mi padre en su hijo, me sentiré muy dichosa.

Desde la cocina podían oírse las voces de los niños jugando. Lynn se inclinó hacia Robert:

—¿Quieres ir a jugar con los demás niños?

Pero Robert se escondió detrás de su madre y empezó a llorar.

—¿Qué te ocurre, Robert? —preguntó Debbie.

Lynn se arrodilló delante de él y dijo:

—No llores, cariño. No tienes que avergonzarte de lo que dices. Puedes decirme lo que quieras. Siempre estaré aquí para escucharte. Yo siempre le digo a la gente que cuando muera me convertiré en una mariposa. Cuando regrese, volaré convertida en una mariposa.

Durante el camino de vuelta, Robert parecía haberse tranquilizado.

—¿Por qué te pusiste a llorar? —le pregunté.

—No lo sé —respondió.

—¿Te pareció interesante hablar con esa señora, Robert?

Sus ojos se abrieron como platos y asintió con la cabeza.

Cuando llegamos a su casa, Debbie preguntó:

—¿Te resultaba familiar esa señora, cariño?

—Sí —respondió Robert, y tras una pausa, preguntó con inocencia infantil—: ¿Por qué, mamá?

Agradecimientos

Siempre agradeceré la valentía y gentileza del doctor Ian Stevenson al permitir que un periodista al que ni siquiera conocía le acompañara en su último viaje por tres continentes para analizar la labor de su vida sin mostrarse en ningún momento molesto por mi presencia e insistentes preguntas. Extiendo mi gratitud a sus ayudantes, la doctora Satwant Pasrich en la India, Majd Abu-Izzedin en el Líbano y el doctor Jim Tuckes en Estados Unidos, así como al equipo del Departamento de Estudios de la Personalidad, de la Universidad de Virginia, que se extralimitaron en sus obligaciones para ayudarme en mi trabajo.

También estoy en deuda con un gran número de personas que leyeron el proyecto de mi trabajo y me ayudaron con sus consejos y palabras de aliento, en especial con Lisa Shroder, Joel Achenbach, David Fisher, Stephen Benz, Bill Rose y John Dorschner.

Asimismo, quiero dar las gracias a Bob Tischenkel, que me descubrió el trabajo de Brian Weiss y colaboró conmigo en la redacción de un artículo sobre Weiss publicado en la revista *Miami Herald's Sunday Topic* ampliamente recogido en el segundo capítulo de este libro.

La redacción de este libro no hubiera sido posible sin el apoyo de mi agente Al Hart, la experta supervisión de mi editor Fred Hills, y la indulgencia de Doug Clifton, del *Miami Herald*, que dejó que me tomara el tiempo necesario para terminarlo.

Bibliografía seleccionada

ALMEDER, Robert: *A Critique of the Arguments Against Reincarnation,* en *Journal of Scientific Exploration* 11, nº. 4, 1997, 449-526.

CAPRA, Fritjof: *The Tao of Physics,* Boston, Shambhala, 1991.

EDWARDS, Paul: *Reincarnation: A Critical Examination,* Amherst, Nueva York, Prometheus Books, 1996.

MILLS, Antonia: *Replication Studies of Cases Suggestive of Reincarnation by Three Independent Investigators,* en *Journal of the American Society for Psychical Research* 88, julio, 1994.

PENROSE, Roger: *Shadows of the Mind: A Search for the Missing Science of Consciousness,* Nueva York, Oxford University Press, 1994.

STEMMAN, Roy: *Reincarnation: True Stories of Past Lives,* Londres, Judy Piatkus Publishers, 1997.

STEVENSON, Ian: *Ten Cases in India,* Charlottesville, University Press of Virginia, 1972.

— *Twelve Cases Suggestive of Reincarnation,* Charlottesville, University Press of Virginia, 1995.

— *Reincarnation and Biology,* vol. 1: *Birthmarks,* y vol. 2: *Birth Defects and Other Anomalies,* Westport, Conn.: Praeger, 1997.

WEISS, Brian: *Many Lives, Many Masters,* Nueva York, Simon & Schuster, 1988.

Acerca del autor

Tom Shroder ha sido un galardonado periodista, escritor y editor durante más de veinte años. Escritor de cuarta generación (su abuelo, el novelista MacKinlay Kantor, ganó el premio Pulitzer), Shroder edita en la actualidad la sección *Sunday Style* de *The Washington Post*. Desde 1985 a 1998 fue editor de la revista *Miami Herald's Topic*, en la que publicó la columna del humorista Dave Barry. En 1996, él y Barry crearon y publicaron una novela por entregas con la ayuda de Elmore Leonard y Carl Hiaasen. La novela, titulada *Naked Came the Manatee*, pronto se convirtió en el bestseller del *New York Times*.

En 1995 y en colaboración con John Barry, Shroder publicó *Seeing the Light*, una biografía novelada del fotógrafo naturalista de Everglades, Florida, Clyde Butcher, muy aclamada por la critica. En la actualidad vive en el norte de Virginia con su esposa, Lisa, editora y escritora, y con sus dos hijos, Emily y Sam, de diez y ocho años de edad respectivamente. Su hija mayor, Jessica, de veintidós años, estudia en la Universidad de Florida y, con una obra de teatro ya estrenada en su haber, pertenece a la quinta generación de escritores de su familia.

ESTE LIBRO HA SIDO IMPRESO
EN LOS TALLERES DE
LIMPERGRAF. MOGODA, 29
BARBERÀ DEL VALLÈS (BARCELONA)